主编简介

吴昊，重庆大学副研究员，管理学博士研究生，网络评论员，入选 “高校网络教育名师培育支持计划”，从2005年起开始从事校园网络文化建设工作，发表多篇网络文章，主持教育部首批大学生网络文化工作室（重庆大学前锋网络文化工作室）建设，荣获“第九届高校校园文化建设优秀成果特等奖”，主持教育部高校思想政治工作网络育人精品项目。

本书为教育部人文社会科学研究专项任务项目（高校思想政治工作）《优秀校园网络文化作品生产引导机制研究》（项目批准号：18JDSZ1017）的阶段成果。

高校校园文化建设成果文库

重大青年做前锋

——我们这样玩转校园微信公众号

吴　昊◎主编

光明日报出版社

图书在版编目（CIP）数据

重大青年做前锋：我们这样玩转校园微信公众号 / 吴昊主编 . -- 北京：光明日报出版社，2018.9

ISBN 978 - 7 - 5194 - 4674 - 1

Ⅰ.①重… Ⅱ.①吴… Ⅲ.①互联网络—应用—高等学校—思想政治教育—研究—中国 Ⅳ.①G641-39

中国版本图书馆 CIP 数据核字（2018）第 223751 号

重大青年做前锋：我们这样玩转校园微信公众号

CHONGDAQINGNIAN ZUOQIANFENG：WOMEN ZHEYANG WANZHUAN XIAOYUAN WEIXIN GONGZHONGHAO

主　　编：吴　昊

责任编辑：许　怡　　　　责任校对：赵鸣鸣

封面设计：中联学林　　　责任印制：曹　净

出版发行：光明日报出版社

地　　址：北京市西城区永安路 106 号，100050

电　　话：010 - 67078251（咨询），63131930（邮购）

传　　真：010 - 67078227，67078255

网　　址：http：//book. gmw. cn

E - mail：xuyi@ gmw. cn

法律顾问：北京德恒律师事务所龚柳方律师

印　　刷：三河市华东印刷有限公司

装　　订：三河市华东印刷有限公司

本书如有破损、缺页、装订错误，请与本社联系调换，电话：010 - 67019571

开　　本：170mm × 240mm

字　　数：386 千字　　　印　　张：21. 5

版　　次：2019 年 4 月第 1 版　　　印　　次：2019 年 4 月第 1 次印刷

书　　号：ISBN 978 - 7 - 5194 - 4674 - 1

定　　价：88. 00 元

序　言

冯　刚

党的十八大以来，以习近平同志为核心的党中央高度重视网络建设与管理工作，十八届三中全会进一步强调“积极利用、科学发展、依法管理、确保安全”的网络管理16字方针，做出加大依法管理网络力度、加快完善互联网管理领导体制、确保国家网络和信息安全等战略部署。2016年4月19日，习近平总书记在京主持召开网络安全和信息化工作座谈会并发表重要讲话，强调推进网络强国建设，推动我国网信事业发展，让互联网更好地造福国家和人民。我们要本着对社会负责、对人民负责的态度，依法加强网络空间治理，加强网络内容建设，做强网上正面宣传，培育积极健康、向上向善的网络文化，用社会主义核心价值观和人类优秀文明成果滋养人心、滋养社会，做到正能量充沛、主旋律高昂，为广大网民特别是青少年营造一个风清气正的网络空间。2016年12月7日，习近平总书记在全国高校思想政治工作会议上再次指出，“做好高校思想政治工作，要因事而化、因时而进、因势而新”①“要运用新媒体技术使工作活起来，推动思想政治工作传统优势同信息技术高度融合，增强时代感和吸引力”②。

随着网络信息技术的迅猛发展，互联网日益成为重塑国际政治、经济、文化、社会和军事发展新格局的重要力量，成为影响教育事业改革发展和人才培养质量的“最大变量”。当前，意识形态的热点在网上，舆论引导的难点在网上，思想政治教育的重点在网上。落实立德

---

① 习近平在全国高校思想政治工作会议上强调——坚持立法树人，实现全程育人[N]，人民日报(海外版)，2016-12-09.

② 王清义．运用新媒体技术使高校思想政治工作活起来[N]．河南日报，2017-02-20.

树人的根本任务,要求我们紧紧抓住高校网络文化这一切入点和着力点,把工作重心延伸到网络空间,把教育要求融入网络空间,把文化阵地构筑到网络空间,切实提升高校网络思想政治教育工作质量和水平。网络作为青少年学生学习生活的重要空间,既是思维活跃的创新之所,也是思想教育和舆论引导的必争之地。在网络空间上,我们能否掌握主导权和管理权,直接关系到社会主义建设者和接班人的培养,关系到国家政治安全和政权安全,一定程度上决定了党的长期执政地位,其重要意义毋庸置疑。当前大学生是伴随中国网络发展而成长起来的一代,是网上的“原住民”,最懂得网络的话语体系和擅长使用网络开展学习工作。同时,广大青年学生朝气蓬勃、好学上进、视野宽广、开放自信,是可爱、可信、可为的一代。大学生理所当然成为网络文化建设的生力军和后备军,既是网络的使用者,也是网络精神家园的建设者。大学生网络文化工作室的建设,为广大青年学生积极发挥学生主体作用,不断创作丰富的网上正能量作品,勇于发出正面声音提供了工作阵地和平台。

为深入学习贯彻党的十八大和十八届三中全会精神,深化教育领域综合改革,探索创新高校学生参与校园网络文化建设的新模式、新机制,引导青年学生自觉培育和践行社会主义核心价值观,提升思想政治教育工作质量,根据教育部、国家互联网信息办公室《关于进一步加强高等学校网络建设和管理工作的意见》要求和教育部改革工作计划安排,教育部思政司于2014年启动了首批大学生网络文化工作室培育建设工作。重庆大学前锋网络文化工作室(以下简称“工作室”)被评选为首批“教育部大学生网络文化工作室”,重庆大学前锋网络文化工作室在组织学生积极参与网络文化建设和网络舆论引导方面进行了有效的探索和实践,形成了工作特色。工作室以“教育部大学生网络文化工作室”项目平台建设为契机,狠抓队伍培养,强化内容建设和阵地建设,建立大学生自我管理的活力运转机制,调动和激发学生参与网络文化建设的积极性主动性,初步探索创新高校学生参与校园网络文化建设的新模式新机制。工作室以唱响网上主旋律、积极传播正能量为工作重点,注重网络文化传播规律和青年人网络行为的规律,将社会主义核心价值观融入丰富多彩的文化活动和网络文化作品中,不断增强吸引力和凝聚力,把不断增强青年大学生"四个自信"作为政治责任,以服务学生为切入点,转化话语体系,注重网上参与和互动,注重网言网语的呈现,注重网络文化作品创作紧贴热点和亲近青年大学生,以水滴石穿和润物细无声的工作作风为营造干净的网络空间贡献力量,引领广大青年大学生努力成为理性爱国的中国好网民。经过两年的建设,工作室不断探索创新,创作了大量优秀的网络文化作品,产生了积极的社会效应,在师生中形成了良好的影响,在网络空间凝聚了强大的青春正能量,并荣获第九届全国高校校园文化建设优秀成果特等奖,本书是工作室建设情况阶段性的成果展示。

高校网络文化建设是一项充满生机与活力的崭新事业,但也需要我们积极破解一些现实难题。一是在内容建设上,要着力破解优秀作品产生、传播机制的问题。理论不会用网言网语来表达、文章刊发在网站上没人点击浏览、缺少转发评论是当前很多高校网站面临的主要问题。网络文化建设必须要坚持用户导向,坚持"内容为王",坚持正能量是总要求,坚持传得开是硬道理。要积极探索网络文化产品的评价认证机制,研究建立优秀网络文章认证平台,对在网络上产生较强影响力的优秀文章进行第三方评估认证,并推动将认证结果作为科研成果统计和职务职称评审的依据,以突破将网络文章作为成果的机制瓶颈,从而激发调动广大专业教师在网络上发文、发声的内生动力,唤醒"沉默的大多数",形成网上正面舆论场。二是在阵地建设上,要着力破解网络、传统媒体统筹协调的问题。网络文化建设要特别注重加强网上网下的工作统筹,实现目标导向相一致、标准要求无例外。网上宣传方式应当"活一点",但绝不意味着导向要求可以"松一点"。不能为了引人注意而去做"标题党",更不能以"爆料"等方式哗众取宠。必须依照同样的标准尺度和纪律要求开展宣传、引导舆论,最大限度地壮大网上正能量。要加快推动传统媒体和新兴媒体融合发展,增强主流媒体的传播力、公信力和影响力。对校园微信公众账号等新的媒体业态和传播平台,一开始也要立好规矩、亮明底色、筑牢底线,要与传统媒体协同发展,并保持同一导向要求和内容标准,推动传统媒体和新媒体在重大宣传上同频共振，形成互补互动、一呼百应的生动局面。在高校层面，要着力推动增强校园网站的思想性、教育性、服务性、互动性，加强综合性门户网站、主题性教育网站、专业性学术网站建设，推进辅导员博客、思想政治理论课教师博客、校务微博、班级微博及校园微信公共账号建设，扩大网络文化的育人覆盖面和社会服务面。三是在队伍建设上，要着力破解人才成长动力、环境的问题。建设一支强大的网军，是提升互联网宣传管理能力的关键所在。要进一步研究完善网络工作队伍的培养培训和激励评价体系，做到工作有任务、有考核、有评价、有奖惩。要让网络文化建设工作者在理论上、笔头上、口才上或其他业务能力上有“几把刷子”、有几样“撒手锏”。要努力完善高校网络文化建设管理干部培养体系，强化网络应急、网络宣传、网络评论、网络管理、网络研究、网络技术队伍建设，解决好干部的职称职级、待遇、培训、发展等问题。四是在方式方法上，要着力破解网络传播话语转换、加工的问题。网络文化的发展传播有别于传统媒体，有其自身的规律和特点，需要从思想认识到行动落实上努力实现“两个转变”。网络空间的教育引导活动，不能仅仅拘泥于单向灌输式的教育引导模式，一方面要打好防御战，另一方面要打好主动仗；一方面要强调教育引导者的主导作用，另一方面更要注重在与受教育者的互动中实现潜移默化的引导。当网上的正能量无限放大，负面信息才能被有效挤压，才不至于让“虚拟”扰乱“现实”。所以，要充分重视学生网民作为受教育者的主体性，尊重学生的网络行为方式和接受习惯，提高主动设置议题和引导舆论的能力，用学生容易接受的“普通话”去阐释他们关心的热点难点问题，在平等的网络互动中“因势利导”，在互动的氛围中“顺势引导”，切忌“居高临下”，善于“换位思考”，力求“教学相长”。要重视传播的有效性，对于传统媒体的新闻信息，不能简单照搬到网上，要从“搬运工”变为“深加工”，网络既是现实人的延伸，又是现实社会的延伸。但网络世界又不是现实社会的简单“复制”，网络舆论引导和网络思想政治教育也不是网下对应工作的“电子版”。需要立足于掌握网络信息传播交流技术的作用机制，坚持文化传播和思想政治教育的基本原则，创新网络文化建设的方法方式,强调文化产品标题的凝练性、内容的故事性、蕴涵的深刻性、语言的感染性、阅读的便捷性,用网言网语来发声,让广大网民愿意看,看了能够信服。

网络作为青少年学生学习生活的重要空间,既是思维活跃的创新之所,也是思想教育和舆论引导的必争之地。在网络空间上,我们能否掌握主导权和管理权,直接关系到社会主义建设者和接班人的培养,关系到国家政治安全和政权安全,一定程度上决定了党的长期执政地位,其重要意义毋庸置疑。青年是祖国的未来、民族的希望,也是我们党的未来和希望。习近平总书记多次指出,历史和现实都告诉我们,青年一代有理想、有担当,国家就有前途,民族就有希望,实现我们的发展目标就有源源不断的强大力量。网络空间是亿万民众共同的精神家园,网络空间天朗气清、生态良好,符合人民利益,广大青年大学生有责任、有义务共同坚守和守卫好我们共同的精神家园,希望我们的网络空间有更多的青年前锋,也希望本书的出版能对网络文化建设和网络思想政治工作起到更好的推动作用。

2017 年 8 月于北京

（作者:北京师范大学教授、博士生导师,思想政治工作研究院院长）

目　录

CONTENTS

第一篇 01

总　论

重庆大学前锋网络文化工作室建设的总体思路和推进方式;如何调动和激发学生参与网络文化建设的积极性主动性;探索创新高校学生参与校园网络文化建设的新模式新机制。

总论:复兴民族兮 誓做前锋

——教育部·重庆大学前锋网络文化工作室建设的探索与实践

近年来,重庆大学高度注重网络文化建设,积极依托网络信息技术大力开展思想政治教育。2015 年 1 月,重庆大学前锋网络文化工作室(以下简称前锋工作室)在扎实的工作基础上,被教育部命名为首批“教育部大学生网络文化工作室”(教思政司函〔2015〕5 号)。工作室连续被评定为重庆大学网络实践重点项目,是重庆大学意识形态工作重点建设基地,也是参与重庆市好网民工程建设的工作力量。教育部、中央网信办、团中央、重庆市委宣传部、重庆团市委等部门主要负责同志先后到工作室调研和指导工作。

▲教育部党组书记、部长陈宝生同志调研重庆大学前锋网络文化工作室

工作室运营公众号“重大青年”被团中央学校部评定为全国高校共青团官微百强,学校就新媒体工作情况在团中央学校部培训班作主题发言,还连续应邀参

加在北京大学举行的新媒体交流活动。工作室积极参与重庆大学“易班”班建设,创作大量文化作品,先后荣获第四届上海大学生(国际)微电影节优秀组织奖,学生参加青年导演特训营获最佳作品奖和优秀作品奖。前锋工作室还获评“重庆大学青年五四奖章”、重庆大学“唐立新十佳优秀学生社团”称号,《中国教育报》、新华网、华龙网等多家媒体先后报道工作室工作情况。2017 年 4 月,重庆大学前锋网络文化工作室建设成果荣获第九届全国高校校园文化建设优秀成果特等奖。

一、以社会主义核心价值观坚定工作室建设方向

重庆大学前锋网络文化工作室在学校领导的高度重视和党委宣传部的指导下,由重庆大学团委负责组织学生团队运营,充分发挥青年学生的工作热情和创作能力,以传播社会正能量为主要工作内容。工作室牢记习近平总书记提出的“开展网络斗争、加强网络管理、弘扬网上主旋律,共青团义不容辞”的使命,把弘扬社会主义核心价值观的各项具体工作落小落细落实。在 2016 年 4 月 19 日召开的网络安全和信息化工作会议上,习近平总书记指出,我们要本着对社会负责、对人民负责的态度,依法加强网络空间治理,加强网络内容建设,做强网上正面宣传,培育积极健康向善的网络文化,用社会主义核心价值观和人类优秀文明成果滋养人心、滋养社会,做到正能量充沛、主旋律高昂,为广大网民特别是青少年营造一个风清气正的网络空间。前锋工作室始终坚持以弘扬社会主义核心价值观作为工作的总方向,同时也是各团队和全体成员开展工作的总要求。

▲重庆大学前锋网络文化工作室官方网站

前锋工作室建设的总体思路是:以"教育部大学生网络文化工作室"项目平台建设为契机,狠抓队伍培养,强化内容建设和阵地建设,建立"项目支撑、硬件支撑、师资支撑、学习支撑"的四维活力运转机制,调动和激发学生参与网络文化建设的积极性主动性,探索创新高校学生参与校园网络文化建设的新模式新机制。以唱响网上主旋律、积极传播正能量为工作重点,注重网络文化传播规律和青年人网络行为的规律,将社会主义核心价值观融入到丰富多彩的文化活动和网络文化作品中,不断增强吸引力和凝聚力,把巩固和扩大党执政的青年群众基础作为政治责任,不断增强青年大学生的"四个自信",把围绕中心、服务大局作为工作主线。以服务学生为切入点,转化话语体系,强化网上参与和互动,强化网言网语的呈现,注重网络文化作品创作紧贴热点和亲近青年大学生,以水滴石穿和润物细无声的工作作风为营造清朗网络空间贡献力量,引领广大青年大学生努力成为理性爱国的中国好网民。

前锋工作室通过努力建设,依托社会公共资源和自我创新,形成了以微信微博运营和视频、动漫动画、广播等多种文化产品创作为主,具有研究能力的综合型学生组织,具体为:

1. 微信公众号和官方微博宣传内容的策划和制作;
2. 微电影的创作、拍摄、制作和发布;
3. 校园系列视频节目的策划、录制和发布;
4. 公益广告大赛的组织和作品推广;
5. 线上线下互动活动和赛事的策划和组织实施;
6. 基于网络的大学生网络行为研究;
7. 校园网络广播台的建立与节目制作、播出;
8. 网络直播的策划和组织。

二、探索创新大学生网络文化工作室建设的四个"1+N"工作模式

前锋工作室充分发挥教育部首批大学生网络文化工作室的示范引领作用,初步探索了可复制可推广的运营经验。一是建立了工作力量的"1+N"工作模式。前锋工作室由校团委宣传部组织优秀的学生团干作为核心运营力量,保证了工作室的政治性、先进性、群众性。同时,前锋工作室还依托学院的专业优势和社团的活力,拓展N个工作副中心和N个文化作品创作基地,形成充满活力的生态系统。二是建立了传播渠道的"1+N"工作模式。前锋工作室遵循教育部开展大学生网络文化工作室选培计划的目的,积极发挥学生无限的创作能力,发挥共青团团组

织紧贴更多青年学生的优势,发挥各种团学组织能够广泛聚集联络青年学生的优势,不但使得前锋工作室的工作力量源源不断,更依托学生组织和覆盖全体学生的网上团支部、各类学生工作群建立了广泛的传播渠道,使得坚守国家主流声音的前锋网络文化作品和宣传图文能够迅速在学生中传播扩散。三是建立了师资力量的"1+N"工作模式。前锋工作室由时任校团委副书记吴昊负责日常管理指导,同时拓展了党委宣传部等党政干部、辅导员、专业教师以及又红又专的校外文艺界人士担任前锋工作室兼职指导老师和辅导力量。时任学校党委宣传部副部长凌晓明长期指导学生开展网络评论工作,学校艺术学院的程云莲老师亲自参与《山上山》《重庆为你等候》等文艺作品的策划制作,电影学院播音系主任马欣亲自指导《夜读》栏目并推荐主持人参与节目制作,优秀毕业生刘欢担任《前锋》访谈栏目制片人,打造优秀的访谈类节目。校内外优秀教师资源的参与指导,确保了工作室网络作品的丰富内容。四是实现了"1+N"工作模式的放大效应。前锋工作室作品创作采用程序化和流程化方式进行,大一、大二学生作为前期产品初加工,大三、大四同学进行整理完善,研究生同学进行再审核修改,最后由指导老师进行审定修改。一个网络文化作品的创作要经过多次的反复推敲和意见反馈,学习和交流多次在学生团队之间流转,整个团队在一个作品创作中得到了多次学习教育,100多人的学生团队养成了中国好网名的优点,并在同学中间形成示范作用。

▲前锋网络文化工作室部分师生成员

三、立足“四个坚持”唱响青年网上的前锋精神

1929年，重庆大学的先贤们提出了“复兴民族兮，誓作前锋”的宣言，今天的重大学生，以“前锋”为名，继续在网络空间弘扬前锋精神。以全年无休的实际行动，坚守传播网上正能量，坚守服务国家意志，坚守传递主流声音的网络主阵地建设初衷，服务学校立德树人的根本任务，立足大学生实际需求，紧跟互联网技术发展趋势，强化服务功能，实现了大学生在互联网时代的自我成长和自我教育，不断增强广大学生的理论自信、道路自信、制度自信和文化自信。经过几年建设，已经形成良好的网络育人格局。

一是始终坚持主流价值引领和及时评论，实现了大学生自我思想引领工作主动权和话语权的有效契合。习近平总书记强调，网络已是意识形态斗争的主战场。现在，网络是一个巨大的舆论场，各种声音鱼龙混杂、真假难辨，正面声音出不来，负面的东西就会大行其道。做工作不仅要看到有形的对象，而且要看到无形的对象；开展网络斗争、加强网络管理、弘扬网上主旋律，共青团义不容辞。为了积极有效传播正面的声音，前锋工作室遴选组建了20多人的学生核心评论员队伍，并及时关注网络的舆情动态，开展舆情研判。先后针对时事热点和重大事件，及时撰写100多篇网络评论文章，及时在网上发出青年人的最强音，得到师生、家长等网友和有关领导的多次点赞。如2016年3月5日，撰写评论《坚定地扛起新时代学雷锋的大旗》，倡议广大青年在新时期勇于做雷锋精神的继承人。2016年4月19日，习近平总书记在北京主持召开网络安全和信息化工作座谈会后，组织的评论文章《一个大一学生眼里的网信事业》，表达了大一学生对国家网信事业的深刻认识和关注支持。针对美国大选期间的各类新闻爆料，前锋工作室组织了理性的评论文章，帮助青年学生认清西方民主的本质，深化中国特色社会主义的理论自信。

二是始终坚持创新发展，找到了营造学生喜爱的网络思政教育环境的基本规律。前锋工作室坚持从学生中来到学生中去的发展思路，紧贴学生需求，坚持创新发展，将思想教育融入其中，举办丰富多彩的活动，形成了“每月都有有奖活动、每周都有话题互动”，问策问需从学生的兴趣出发，解决了普通思政类网络教育平台缺乏新颖性和吸引力的问题，赢得了学生的关注。如利用中秋节、母亲节等节庆日开展讲述和家人的感人故事送礼物的活动，将感恩教育融入网络互动游戏中，一大批学生自述的好故事在网上传播，感动了许多网友。如国庆节“我和国旗合张影”活动印发广大同学纷纷主动报名参与，发出了青年人最靠谱的爱国宣言。如先后采访的100多名优秀学生个人和团队，挖掘他们的成长经历，把可信可学

的优秀学生故事推送到广大学生的手机,引起他们强烈的对比和纷纷留言。如举办每日步数 PK 送牛奶活动,引发 5000 多名师生参加,在学生中倡导了健康生活的习惯。前锋工作室每年还设立了微电影申报项目,鼓励带动广大同学积极参与到网络文化作品的创作中来。前锋工作室每年举办 50 多次丰富多彩的具有趣味性的原创网络文化作品活动,让学生在潜移默化中乐于接受教育。

▲部分网上活动截图

三是始终坚持以文化人,激发了校园网络文化建设的生命力。前锋工作室认真落实习近平总书记在文艺工作座谈会上的重要讲话精神,坚持以文化人,以社会主义核心价值观为引领、以中国精神为灵魂、以“中国梦”为时代主题、以中华优秀传统文化为根脉,担负历史使命,发挥青年大学生的文艺创作能力,培育有筋骨、有道德、有温度的文艺作品。如打造了工作室卡通形象人物——锋哥,在学生中成功塑造了一个积极健康向上的爱国青年形象,并以锋哥为元素创作了故事、动漫、表情包、明信片等实物,让锋哥在学生中鲜活起来。如创作了青春励志演说节目《青春演说家》《前锋访谈》,讲述青春奋斗故事,组织专业团队,拍摄制作青春演说节目视频在网络传播,真人、真事和有魅力的演说,引发学生关注。举办“校园好歌曲”原创音乐创作大赛,并在网上展播,产生了一批优秀的校园歌曲,深受好评。充分发挥音乐的教化作用,成功原创《山上山》《重庆大学陪你度过漫长岁月》《我的歌声里》等 MV,为庆祝重庆直辖 20 周年创作歌曲《重庆为你而等候》MV,还原创了网络安全主题歌曲《清朗的天》,有的单曲点击率超过 5 万,有校友留言“饱含热泪看完作品”,其中作品《山上山》已经成为学校重大活动的暖场曲和学生自发传唱的曲目。在纪念长征胜利80周年创作的朗诵《长征,刻在民族脊梁上的图腾》,一经发布便感动了师生,多家高校、部队、电视台等单位联系授权排演。前锋工作室的作品正在产生积极的社会效应,以其中的重大青年微信平台,2016年正能量文章的阅读量就超过200万次,留言互动50多万次,转发30多万次。一则军训的微博被阅读6万多次,一条关爱环卫工人的公益广告视频被播放20多万次。以中华优秀传统文化和革命文化、社会主义先进文化为根源,以创作生产优秀作品为中心环节,持续为国家发展和民族复兴提供价值引导力、文化凝聚力和精神推动力。

▲前锋工作室卡通形象"锋哥"造型

四是始终坚持网上网下一体化工作格局,找到了网络文化建设内涵式发展的新动力。网络空间不是独立现实生活的存在,而是现实生活的反映。网络文化建设不能脱离现实生活,而应该取材于现实生活并紧密联系现实生活。网络文化建设要取得良好的效果,关键是要有生命力和影响力的作品。前锋工作室坚持网上网下一体化工作格局,双向互动,实现了网络文化建设提升质量内涵式发展。如2016年是红军长征胜利80周年,利用暑假,前锋工作室的10多名师生分别前往贵州遵义、江西瑞金、陕西吴起镇开展重走长征路活动。同学们在活动中寻访长征旧址、参观长征纪念馆、收集长征故事、重温长征精神。在重走长征路活动中,学生深受教育和感染,回校后,他们创作了一组手绘明信片。整套明信片以长征为主题,将"重大青年"的锋哥形象融入到了长征"爬雪山,过草地"等场景中,每张都配有毛主席诗词中的经典选句，让我们仿佛置身于那个年代之中，重温了那段峥嵘岁月。该套明信片一经发布，就广泛受到中央和地方有关部门领导、师生、媒体、网络大V的赞许和转发。华龙网精心制作H5作品宣传，《紫网在线》首页头图、《一点资讯》多篇推文。《重庆日报》《重庆晨报》等传统媒体积极跟进，教育部思政司作为高校典型工作素材采集报送有关部门。此外，结合学院专业优势，推动网络文化作品创作进课堂，加强与艺术学院、电影学院等相关专业课程老师互动，以前锋工作室组织大赛或设定征集主题的形式，将网络文化作品创作的工作带入课程作业或课程设计中，广大学生在完成专业课作业任务的同时也实现了网络文化作品的创作，先后创作完成动漫作品50余部。如先后举办了第一届、第二届、第三届校园手机APP设计大赛，通过培训、初赛、复赛、答辩和决赛展示等环节，提高了学生参与APP研发的能力，先后产生近百款校内APP应用，同时通过大赛产生的优秀选手，研发工作室网络平台的服务功能，增强了网络平台的服务能力和对青年学生的黏度。

▲央视及地方卫视主持人参与录制《夜读》文章

▲前锋工作室手绘长征明信片

习近平总书记在全国思想政治工作会议上指出,“做好高校思想政治工作,要因事而化、因时而进、因势而新”①“要运用新媒体技术使工作活起来,推动思想政治工作传统优势同信息技术高度融合,增强时代感和吸引力”。②《中共中央国务院关于加强和改进新形势下高校思想政治工作的意见》提出,要使互联网成为开展思想政治教育的新平台。高校学生既是网络新媒体的受众,也是改善网络生态的重要力量。习近平总书记肯定现在的高校大学生朝气蓬勃、好学上进、视野宽广、开放自信,是可爱、可信、可为的一代。对当代高校学生,党和人民充分信任、寄予厚望。我们要继续深入学习贯彻习近平总书记系列重要讲话精神,根植于中华大地,在中华优秀传统文化和革命文化、社会主义先进文化中吮吸养分,充分发挥高校学科优势和人才优势,利用所知所学,正面发声、理性思辨,唱响网上好声音,传播网络正能量,澄清是非、伸张正义,不做沉默的大多数,共同建设好、守护好我们共有的网上精神家园。

---

① 习近平在全国高校思想政治工作会议上强调——坚持立法树人,实现全程育人[N]. 人民日报(海外版),2016-12-09.

② 王清义. 运用新媒体技术使高校思想政治工作活起来[N]. 河南日报,2017-02-20.

第二篇 02

我的中国梦

“中国梦”是中国共产党第十八次全国代表大会召开以来，习近平总书记所提出的重要指导思想和重要执政理念，自提出以来，受到社会各界支持。“中国梦·我的梦”，中国梦饱含着人民对于国家富强、民族振兴、人民幸福的殷切期盼。从“一带一路”到文化自信，从女排精神到长征精神，中华儿女正以前所未有的姿态，自信地走在实现中国梦的康庄大道上。

工作感悟："中国梦"关乎着中国未来的发展方向，凝聚了中国人民对中华民族伟大复兴的憧憬和期待，它是整个中华民族不断追求的梦想，是亿万人民世代相传的夙愿，每个中国人都是"中国梦"的参与者、创造者。重庆大学前锋网络文化工作室把中国梦的宣传教育作为网络文化建设的重要内容，利用重要节庆日和国家重大事件，组织网上宣传，扩大正能量宣传，让青年网友可真实感受到中国梦的强大力量。

"中国梦"，全体中华儿女的共同向往

重大青年评论员文章

扫码观看

只有创造过辉煌的民族，才懂得复兴的意义；只有历经苦难的民族，才对复兴有如此深切的渴望。实现中华民族伟大复兴的"中国梦"，凝聚了几代中国人的夙愿，饱含着全体中华儿女的期盼。"中国梦"的本质是国家富强、民族振兴、人民幸福。这个梦想，把国家的追求、民族的向往、人民的期盼融为一体，体现了中华民族和中国人民的整体利益，表达了每一个中华儿女的共同愿景。

实现"中国梦"，意味着中国的经济实力和综合国力、国际地位和国际影响力大大提升，意味着中华民族以更加昂扬向上、文明开放的姿态屹立于世界民族之林，意味着中国人民过上更加幸福富裕安康的生活。

"中国梦"是国家的梦、民族的梦，也是每一个中国人的梦。实现中华民族伟大复兴，不是哪一个人、哪一部分人的梦想，而是全体中国人民共同的追求；"中国梦"的实现，不是成就哪一个人、哪一部分人，而将造就全体人民。因此，"中国梦"的深厚源泉在于人民，"中国梦"的根本归属在于人民。历史告诉我们，每个人的前途命运都与国家和民族的前途命运紧密相连。国家好，民族好，大家才会好。只要每个人都把人生理想融入国家和民族的伟大梦想之中，敢于有梦，勇于追梦，勤于圆梦，就能汇聚成实现"中国梦"的强大力量。

实现"中国梦"必须走中国道路、必须弘扬中国精神、必须凝聚中国力量。生活在我们伟大祖国和伟大时代的中国人民，共同享有人生出彩的机会，共同享有梦想成真的机会，共同享有同祖国和时代一起成长与进步的机会。只要全国各族人民牢记使命，心往一处想，劲往一处使，13 亿人的智慧和力量就能汇集起不可战

胜的磅礴力量。

“中国梦”也是和平、发展、合作、共赢的梦，与世界各国人民的美好梦想相通。中国梦不仅造福中国人民，而且造福世界各国人民。

现在，我们比历史上任何时期都更接近中华民族伟大复兴的目标，比历史上任何时期都更有信心、有能力实现这个目标。让我们一起为实现中华民族伟大复兴的中国梦奉献青春和力量，奔梦路上，全体中华儿女，谁都不应该缺席。

点评：“中国梦”，是国家的梦、民族的梦，更是每个中华儿女的梦。它的实现，需要以坚持助力，用汗水浇灌。而这个重任，理所当然地寄托在当代青年身上。无论身在何方，身处何职，都应以国家富强、民族振兴为己任。复兴民族兮，誓作前锋；实现中国梦，青年在行动！

评论|从“一带一路”谈文化自信

作者：付彦博

扫码观看

2017年5月14日，“一带一路”国际合作高峰论坛在北京举行，习近平总书记出席了本次高峰论坛的开幕式并主持了领导人圆桌峰会。来自130多个国家的约1500名各界贵宾作为正式代表出席的论坛，让全世界人们再一次领略了中华民族的浓厚底蕴与灿烂文化。

这样的场景，对于中国人来说既熟悉又陌生。自汉唐以来，中国与西方诸国的合作日益密切，世界各国纷纷派使臣来访，以寻合作，求共赢。遥望西方，张骞手中高擎的节杖仿佛还飘摇在中亚沙漠中，长空下的孤烟缠绕着翻飞的节旄；霍去病的战刀金甲似乎仍在烈日下熠熠生辉，炽热的烈风中传来了战马的嘶鸣。这些过往，是我们每一个中国人共同拥有的自豪，但是这样的日子却与我们相隔太远了。百年来，我们先是经历了闭关锁国，停止了与他国的来往与合作；后是在外敌入侵战争中步步退让，一点点地痛失沃土。自闭、愚昧、懦弱、屈辱取代了曾经所有炎黄子孙共同享有的骄傲和荣光。

到了如今，已经没有任何国家敢再像从前那样把中国当成一块砧板上的肥肉来任意宰割，可是相比曾经的盛世辉煌，大多数中国人的心里还是缺了些东西，那就是民族自信心。

“一带一路”国家合作高峰论坛的召开不仅是一次意义非凡的国际峰会，更是我们打的一场漂亮的胜仗。自中华人民共和国成立以来，中国的军事、经济都迅速发展，可唯有在文化方面，我们始终底气不足。中国有如此灿烂的文明，更有儒、道、法、理学、心学等诸子百家、众多哲人为我们留下的宝贵文化财富；在“一带一路”经过的土地上，在亚太周边的国家里，到处都能见到曾经的中国文化所刻下的深深印记。可是近年来，我们的地方电视台却在争先恐后地大把花钱引进国外娱乐综艺节目，民间大多数人追捧着其他国家的漫画、影视作品、音乐。国外的艺术作品固然有其本身的优点和值得赞赏的地方，可是不知你想过没有，现在又有多少人拿着西方魔幻小说爱不释手，费尽心思去记忆那些拗口的人名与称呼，却不愿意从头到尾好好读一遍《西游记》的原著。

中华民族不仅具有悠久的历史，还有灿烂的文化，我们必须对中华文化充满自信。“一带一路”高峰论坛更是提醒了我们，不应崇洋媚外，中国文化是要去影响世界的。不像某些国家打着自由与民主的旗号在他国的土地上肆意掠夺，除了战乱和死亡，什么也没有留下；我们的崛起不仅会给朋友们带去林立的高楼大厦，而且给他们带去了更多的合作机遇。曾经的“一带一路”，将多少中国的珍宝、艺术作品、文化典籍传入了西方，以至于对他们的艺术、文化、生活习惯带去了深远的影响。今天，我们更应该看到，中国文化仍然有着顽强而旺盛的生命力，也在慢慢恢复着恰如当年的影响力。莫言获得诺贝尔文学奖、《朗读者》节目被加拿大电视台收购、孔子学院在全世界遍地开花、再到如今“一带一路”高峰论坛又一次将曾经丝路上的古国联系在了一起，建立了中国在亚欧地区自己的朋友圈，中国在文化方面也像在军事、经济方面一样进行着从大国到强国的转变。

文化的复兴也许对于一个走在复兴路上的民族来说是最艰巨的任务。虽然不会一帆风顺，但只要我们对自己的国家和民族充满信心，让我们再给自己一点时间，不久的将来，我们一定可以再一次自豪地宣称：从远东亚太到西方欧罗巴诸国的人们，曾经的那个泱泱中华的文化也一定会复兴。

点评：五千年历史文化在丝路重现生机，“一带一路”的再次启动，是对古代交流合作的重新演绎，更是唤醒了国人文化自信的强大底气。我们有理由相信，中华文明会在这里再放光彩，中华民族也会以新的昂扬姿态屹立于世界文化之林。

评论|自信,追逐我们的青春中国梦

作者:程雅妮、尹晨阳

扫码观看

国庆节期间,当我们沉浸在举国欢庆的欢乐海洋中,在大洋的彼岸,一则校园枪击案的新闻再度让我们的神经紧张起来:当地时间 2015 年 10 月 1 日上午,美国西北部俄勒冈州的一所社区学院传出枪声。据俄勒冈州司法部门透露,这起枪击事件造成 13 人死亡,20 人受伤。美国总统奥巴马表示愤怒和悲痛,再次呼吁全民支持立法管制枪支。奥巴马针对这起屠杀案举行记者会,他感叹美国枪击事件不断,他每隔一段时间就要为枪击案发表谈话,“这似乎已成了例行公事。”校园枪击案在美国屡见不鲜,造成严重的社会危害引起了人们的愤怒与恐慌。我们不禁深思,美国所标榜的民主与自由给民众带来了什么呢?

实际上,如果毫无约束的话,自由就会对他人造成伤害。当然,美国“允许私人拥有枪支”的初衷,绝不是为了鼓励人们去滥杀无辜,但有人却打着“自由”的旗号,对道德、法制进行践踏。人人持枪不仅不能给人们带来安全感,相反,它是人人自危的根源。所以,不必钦羡他人拥有泛滥的自由,我们要用规范和有序构建出更加和谐美好的社会。我们不必用黑漆漆的枪口对准自己的同胞,手无寸铁依然可以保障自身的权益,这才是用法治推进国家治理能力现代化所带来的效果。

摸着石头过河的改革开放已经为我们国家取得了巨大的成就,在发展建设中走出了我们的道路自信、理论自信、制度自信,全国各族人民正昂首阔步走在实现中国梦的复兴之路上。时值中华人民共和国成立 66 周年,今日的青年应该怎样来热爱我们自己的国家,这才是时代青年应该发出的最强音。

提起爱国,经常想到的往往是“头可断,血可流”的大无畏的革命精神,是“天下兴亡,匹夫有责”的铁肩担道,抑或是“苟利国家生死以,岂因福祸避趋之”的大义凛然。其实,爱国在不同的时期有不同的内容和表现,在远离硝烟的和平年代,它更经常体现在我们日常生活的细枝末节之中。所谓爱国,就是维护祖国的尊严,就是关心祖国的发展,就是在一点一滴中践行社会主义核心价值观,维护社会的和谐与稳定。当我们明白了爱国的意义,做到爱国就不是一件难事。遵守法律,节约资源,帮助他人,提升自我……正如《大学》中提到的“格致诚正修齐治平”一说,每个人都做好自己分内的事,就是最大的爱国。

习近平总书记在“五四讲话”中充满情感地说道：“人的一生只有一次青春。现在，青春是用来奋斗的；将来，青春是用来回忆的。”①只有激情奋斗的青春，只有顽强拼搏的青春，只有为人民做出了奉献的青春，才会留下充实、无悔的青春记忆。愿我们的青年以有为担当、富于创新、自强不息，回应这个伟大的时代，让青春梦与中国梦交相辉映，共同推动青春的中国豪迈前进。

你是中国，我是中国，你我脚下这片土地就是中国。只要你我行动起来，我们的国家就会大步昂首向前，屹立在世界民族之巅。

点评：当美国枪击案时刻刺痛人们的神经的同时，也引起大家对枪支泛滥“自由”的反思。安全是一个国家带给青年人最好的礼物，和世界许多国家相比，我们更要珍惜和平稳定的环境，走好我们自己的路。对于青年而言，大好时光万不可挥霍浪费，而应倍加珍惜、积极奋斗、努力进取，为梦想而拼搏奋斗。

壮美|点赞女排，为中国梦加油！

作者：吴昊　张璇

扫码观看

“我们赢了，中国女排获得了冠军！”北京时间 8 月 21 日上午，这欢呼声响彻神州大地，正如里约赛场中国队赢了后播放的《小苹果》一样，这是一个伟大的时刻，值得全国人民庆祝的辉煌时刻！在本届奥运会上，中国女排在小组赛出师不利的情况下，坚定信心，顶住巨大压力，咬牙一分一分拼搏，在近 2 万名巴西观众的狂嘘中逆胜东道主巴西队挺近四强，随后艰难战胜荷兰队后进入决赛，最后姑娘们用自己的顽强拼搏为祖国赢得了较大的荣誉，令全体中华儿女欢欣鼓舞。祝贺、感动、自豪……朋友圈被一波波图文刷屏。

我们要为女排点赞。在决赛的苦战中，面对提前休息了一天的塞尔维亚队紧追比分，20 平，21 平，23 平，紧张的局势，现场的气氛在一个个得分球后被点燃，而中国女排的姑娘们一直临危不乱，强大的气场、过硬的专业技能，用稳定出色的发挥击溃对方一次次打出的小高潮。一次次顽强救球，一次次完美的进攻配合，呈现了一场史无前例的精彩比赛。最终，一个探头一锤定音，赢得最终的胜利。姑

① 在同各界优秀青年代表座谈时的讲话[N]. 光明日报，2013－05－05.

娘们相拥流下热泪,12 年的坚守与付出,终于重回世界之巅。这胜利与女排姑娘们刻苦训练、顽强拼搏、团结协作是分不开的。

我们要为郎平点赞。这是郎平继 2015 年带领中国女排获得女排世界杯冠军后又一次登上世界之巅。有人说,没有她,就没有中国女排的新一代,而中国女排也为郎平的职业生涯、执教生涯画上了浓墨重彩的一笔。国际奥委会官微配文写道:“在中国体育史上,几乎从来没有一个人能连续 30 年受万众顶礼膜拜。只有郎平做到了。球员时代的五连冠带领中国走上世界之巅;执教以后再次率领中国女排重回世界之巅……这 30 年来,中国女排的所有荣誉,几乎都和这个女人息息相关。”是的,我们应该感谢这位伟大的体育人。青少年时代,郎平曾经历大松博文倡导的“魔鬼训练”之苦;退役之后,郎平曾体验到异国他乡艰辛求学之苦;人到中年,郎平再尝孤身闯荡异国排坛的漂泊流离之苦。艰难困苦才造就了宠辱不惊的郎平。看到郎平在比赛暂停时对女排姑娘们如母亲般的叮咛教诲,便知她的人格魅力已与执教艺术早已融为一体。如果说陈忠和的女排“黄金一代”传承了袁伟民时代的老女排精神,郎平则用她的人生积淀为女排精神赋予了新的内涵。

我们要为中国观众点赞。如果说本届奥运会中国观众已经普遍能够以平和的心态来看待比赛了,但是郎平和中国女排姑娘们却是一个例外,因为这场比赛牵动着亿万国人的心,他们早已提前守候在电视机旁等待直播。《人民日报》一张“赢了一起狂、输了一起扛”的海报一早刷爆朋友圈,大家以一种平和的心态关注着女排姑娘们,非常期待能够带来喜讯。“我的小心肝快受不了了……”国人的关注跟着每一次得分失分都跳动着,对着电视屏幕也放声欢呼吼叫,当最后一个球获得胜利的那一刻,围在电视前的一家人站起来抱着欢呼,有的观众还流出了激动的热泪。这比赛,不仅仅只是 6 个姑娘在场上的较量,更包含全国人民对她们的期盼。

我们还要为这个强大的祖国和伟大的时代点赞。在以习近平同志为总书记的党中央带领下,全国各族人民正凝心聚力为全面建成小康社会、为实现中华民族伟大复兴的中国梦而努力奋斗。我们要以女排为榜样,顽强拼搏,勇挑重担,为实现中华民族的伟大复兴献上自己的力量。

点评:中国女排重回世界巅峰,用优异成绩回报国人期盼。面对困难,她们迎难而上;面对劲敌,她们绝不退缩。这枚来之不易的金牌在带给我们感动的同时,也成为我们每个人自强不息的精神动力。我们要踏踏实实做好自己的工作,让青春在奋斗中闪光!

长征万里不忘初心

作者：林佳妮

扫码观看

美国记者艾格尼丝·史沫特莱在《伟大的道路》一文中写道："事实、数字和一路上千山万水的名称，都不足以说明长征的历史意义，它们更不能描绘出几十万参加长征的部队的不屈不挠的奋斗精神，以及他们所遭受的苦难。"对于国人而言，长征不仅仅是一段历史，更是至今鲜活于心中的一种信念。

那永不锈蚀的金色鱼钩，那风雪中屹立不倒的身影，那重重阻碍之中激荡出的坚毅与豪情，无一不是长征寄予后人的宝贵财富。可以说，长征所完成的不仅仅是战略转移，更是中国革命史上的奇迹、世界军事史上的壮举，创造了无与伦比的英雄业绩。长征精神，是中华民族百折不挠、自强不息的民族精神的最高体现，是保证革命和建设事业走向胜利的强大精神力量。

"长征是宣言书，长征是宣传队，长征是播种机。"①尽管不知道前路到底在何方，但坚信只要脚步不停，只要追随着心中的信仰，那么就终有抵达的一天。

虽然在这条路上，有无数人倒下后就再也没有起来，但是他们的精神依然流传，那一份无私与奉献，那一片热血与赤诚，将永远流淌于后人的血液之中，而他们的故事，也会在人们的口耳相传之中历久弥新，绽放出新的光芒。

而在长征胜利80周年的当下，我们纪念长征，我们探访旧事，我们重走长征之路，不仅仅是为了感受历史的召唤，还在找寻历史与我们之间的联系。长征没有终点，永远在路上。我们青年一代当不忘初心，继续前进，在实现中国梦的历史进程中，谱写一曲创造伟业的铿锵乐章。

"一切伟大的成就都是接续奋斗、接力探索的结果，一切伟大的事业都需要在承前启后、继往开来中推进。"愿作为新时代青年的我们，也能坚定不移地行走在"新长征"的路上，更希望有越来越多的人，在长征精神的引领下，继往开来，再创辉煌。

点评：长征是人类历史上的伟大奇迹，中央红军共进行了380余次战斗，攻占

① 人民拥护和支持是党执政的最牢根基[N]. 人民日报，2017-11-06.

700多座县城，其间共经过11个省，翻越18座大山，跨过24条大河，走过荒无人烟的草地，翻过连绵起伏的雪山，行程约二万五千里。在长征胜利80周年的纪念日发表的这篇文章，重新向读者们展示了红军战士们在长征过程中展现出来的顽强意志力与坚定的革命决心，鼓舞着每一个当代青年继承革命先辈的意志，走好新时代属于自己的长征路。

7月1日，怀思“血写的大字”

作者：刘欢

扫码观看

7月1日，是你的生日。我带着一本略显泛黄的诗集，追寻着你成长的足迹，诗集里满是青春的笔迹，定格着那历史由黑暗走向光明的往昔。

走过上海的石库门，穿过喧嚣的新天地，就是你的诞生地。在距离上海并不远的嘉兴南湖，那一派江南的水色烟光里开启了你的历史航程。从那一天开始，许多和我差不多大的二十来岁的青年人，信仰着你、追随着你、直至牺牲生命为你的荣光而奋斗。那一本诗集里，满是这些年轻人对你的深情倾诉；其间的每一行诗里，都是“血液写成的大字”（殷夫语），至今看来是那样的鲜明有力、沉郁壮烈。

时间回转到诗集里陈辉的笔停下的那一天，那一天的陈辉只有24岁，他的生命永远终止在了那个时刻：

也许吧，
我的歌声明天不幸停止，
我的生命。
被敌人撕碎，
然而，
我的血肉呵，
它将
化作芬芳的花朵，
开在你的路上。

——献诗——为伊甸园而歌

二十来岁的年纪，也有对爱情的渴求，也有对生活的希冀。可当枪声响起时，他倒在血泊里，他不是不留恋尘世的美好，可他为了大多数人的幸福，将血肉的躯体长埋在古老的土地。他盼着血渗透进土壤,润泽了贫瘠,在绝望与黑暗中盛开出自由的花。

在这本诗集里,何止一个陈辉呵!杨超在就义时高声朗诵着英雄壮语:“满天风雪满天愁,革命何须怕断头?留得子胥豪气在,三年归报楚王仇!”李少石的遗诗铿锵回响在山河之间“不作寻常床箦死,英雄含笑上刑场”,“生当忧患原应尔,死得成仁未足悲”。恽代英在诗中写道:“已摈忧患寻常事,留得豪情作楚囚”。周文雍更是高喊:“头可断,肢可折,革命精神不可灭。志士头颅为党落,好汉身躯为群裂。”

一句句诗歌犹在,一句句誓言回响,今天是 7 月 1 日,我们再一次郑重提及那些经历风云而永不褪色的名字;脱口背出你们的诗章的时候,整个天际都是“血写的大字”,迎风飘扬的旗上闪耀着对“光荣与梦想”的敬意。1959 年,中国青年出版社整理编辑了这本诗集,诗集的名字,叫作《革命烈士诗抄》。从我的中学时代开始,便阅读背诵这本书;这里面的作者,不是普希金,不是惠特曼,不是聂鲁达,但他们用“血写”的大字铸就的文章却更优美、更壮阔、更激荡心灵!那一代青年,用生命树立起丰碑;以“血写的大字”,为我们民族的精神史诗,留下了最为浓墨重彩的篇章!

在当下,当和他们牺牲时一样年纪的年轻人,你、我、他,捧读起他们的遗作时,内心应当油然而生一种崇高感。没有他们的壮烈牺牲,就没有我们今天的幸福生活;他们当年在青春十字路口做出选择时的精神,也应当成为我们追寻你时所应有的态度!

7 月 1 日,是你的生日;在今天,你已经 95 岁了。对于一个人来说,95 年已经进入人生的迟暮;而对于你,95 岁正青春,不忘初心,继续前进,在你的灵魂里,有无数青春的名字,青春的诗!

点评:建党 95 周年之际,作者在革命诗集中寻觅共产党人壮丽的故事,正是那些感天动地的故事,铸就了光辉的镰刀与斧头,95 年来,共产党人不忘初心,继续前行。

重大学生热议习近平总书记全国思想政治工作会议重要讲话

重大青年组稿

扫码观看

导读

2016 年 12 月 7 日至 8 日，全国高校思想政治工作会议在北京举行。中共中央总书记、国家主席、中央军委主席习近平出席会议并发表重要讲话。讲话在全国高校师生中引起强烈反响，重大青年学生纷纷表达了自己的看法。

张璇　2015 级经管学院研究生

12 月 8 日，习近平总书记在全国高校思想政治工作会议上强调，把思想政治工作贯穿教育教学全过程，开创我国高等教育事业发展新局面。习近平总书记强调，要教育引导学生正确认识世界和中国发展大势。做好学生的思想教育，首先要树立国家荣誉观以及国家利益观，国荣我荣，国家的利益是最高的利益，国家富强是人民幸福的保障。

李光睿　2014 级软件学院本科生

习近平总书记的讲话，有两点激起了我强烈的共鸣。首先是建设中国特色社会主义高校，坚定不移地坚持自己的道路和特色。我们的大学正处于奋起直追的阶段，虽说短期内还有差距，但我们的理念和趋势决定了我们的美好前景，因此对自身充满信心是十分必要的；其次是教育和引导学生正确认识世界和中国发展大势。当今网络、社会信息渠道的多元化也使得大家接触到了很多误导性、不实的信息，导致部分同学缺乏当代大学生应有的辨识能力和对当今国内国际环境正确的认知能力。

蔡淑婷　2016 级新闻学院本科生

高校是为国家输出人才的主阵地，高校教育以立德树人为立身之本是学生向着优秀方向发展的前提。思想引领行动，只有做好思想政治工作才能让学生怀着积极的心态学习生活，才能培育出德智体美劳全面发展的学生。我们作为重庆大学的青年，要有誓做先锋的信念，做有思想的行动者，树立正确的世界观、人生观、价值观。

吴礼波 2016级外国语学院本科生

12月7日至8日，在北京召开的全国高校思想政治工作会议在全国高校中引起了强烈反响。习近平总书记发表了重要讲话，提出了将“立德树人”作为高校思想政治工作的中心环节。我国提出了建设“双一流大学”的目标，在学术领域不断攻克难关的中国高校，也要将思想政治建设作为工作重点。“以德治国”是我们追求的目标，而培养德才兼备的人才就是我们实现目标的重要途径。培养一流人才，打造一流高校，不仅仅要有雄厚的学术实力，更要有德智体美全面发展的人才。

邹潇 2016级弘深学院本科生

我们的人生理想和中国梦是紧紧联系在一起的。我们要做走在时代前列的奋进者，珍惜韶华、脚踏实地，把远大抱负落实到实际行动中。勤奋学习，让青春飞扬；立德树人，让梦想起航。

付彦博 2016级建管学院本科生

青年大学生是即将肩负起中华民族伟大复兴历史重任的群体，思想政治工作重点在于大学生，要确保每一个大学生树立起社会主义核心价值观，以带动全社会的正直风气。中央召开全国高校思想政治工作会议，抓住了思想政治工作的重点——强调大学生的思想教育，功在当代，利在千秋。

王苏妍 2016级城环学院本科生

作为新一代大学生，我们应积极响应全国高校思想政治工作会议精神的号召，在勤学业、扬个性的同时，注重自身法律法规、社会道德和职业伦理思想的提升，以提高对有害思潮和不良思想的辨析和抵御能力；端正自身态度，认真对待学校开设的思想政治课和各类讲座、报告、主题活动，担负起国家赋予我们的使命与责任。

闫涵 2016级法学院本科生

“中国梦”是全民族的复兴之梦，也是当代大学生的青春之梦。习近平总书记在全国高校思想政治工作会议上的讲话，更加坚定了我们的自信心和使命感：当代中国日新月异，当代青年大有作为，时代潮流中，我们会紧随党的领导，以社会主义核心价值观指导思想与行动，以个人梦想托举国家之梦，以个人奋斗助力国家长治久安！

许听晨　2016级弘深学院本科生

习近平总书记在全国高校思想政治工作会议上的讲话极具思想性与针对性，引人深思。我们应认真贯彻落实习近平总书记重要讲话内容，重视马克思主义理论的学习，弘扬延安精神，传承红色基因，争做新时代有思想、有远大抱负、积极上进的青年！

肖镕　2016级光电工程学院本科生

2016年12月7日至8日，全国高校思想政治工作会议在北京召开。会议中，习近平总书记指出，思想政治工作应围绕学生、关照学生、服务学生，不断提高学生思想水平、政治觉悟、道德品质和文化素养，让学生成为德才兼备、全面发展的人才。对此，我以为，把思想政治工作的开展贯穿于教育教学过程，会增加同学们的接受度。同时学校可以举办各种活动促使同学们多了解、多关注世界和中国发展大势，这对于培养出思想健全、学识渊博并且符合当今社会需求的人才有积极的作用。

曹偌琳　2016级法学院本科生

习近平总书记在讲话中强调了高等教育对实现中华民族伟大复兴的重要作用。“立德树人”是高校的立身之本，身为当代大学生，我们应当在马克思主义和社会主义核心价值观的引领下，提高思想水平、政治觉悟、道德品质、文化素养，争做德才兼备、全面发展的优秀大学生，为新时代中国特色社会主义事业的建设而不懈奋斗。除此之外，大学生应当正确认识世界和中国发展大势，承担起时代责任和历史使命，把个人的理想追求融入国家和民族的事业中。一百年前，周恩来总理在学生时代便提出“为中华之崛起而读书”的宏伟目标；而今，我们应当“为中华之复兴而读书”，将思想教育与专业学习相结合，做德智体美全面发展的新时代大学生！

温鑫　2016级建管学院本科生

我们大学生是社会主义事业的建设者和接班人，我们将会在中国特色社会主义建设事业中扮演重要的角色，因此我们的思想状态和精神境界建设都不容忽视。但是，在我身边仍然有一小部分同学认为政治学习没有意义、党团活动没有意义。这就说明他们的思想境界还有待提升,我们的精神建设活动还不到位。那么,我们就要帮助他们,带动他们,不落下任何一个人。因为每一个同学,都是国家未来的栋梁。

徐汉轩 2016级动力工程学院本科生

习近平总书记在全国高校思想政治工作会议讲话中所强调的以德立身、以德立学的重要性,使我深受启发。先学做人,再学做学问。在接受高等教育的同时,我们亟须认识到,我们的一举一动恰恰反映着青年一代的精神状态。心怀大志亦须从点滴做起,只有慎独知省,拒做看客,在有违道德的行为面前不妥协、不迁就,方可展现我辈飒爽风姿。

张启航 2016级计算机学院本科生

习近平总书记讲得好,大学生是建设国家的新血液和后备军,应当从我们大学生抓起,培养我们的爱国精神和主人翁意识,让我们在日常生活中从细微处做起,一点点努力,展现新时代大学生的精神面貌。

谢睿 2016级公共管理学院本科生

教育强则国家强,人才兴则民族兴。"要坚持把立德树人作为中心环节,把思想政治工作贯穿教育教学全过程,实现全程育人、全方位育人。"习近平总书记在全国高校思想政治工作会议上的重要讲话,站在实现中华民族伟大复兴的全局和战略高度,科学回答了高校培养什么样的人、如何培养人以及为谁培养人这一根本问题,为做好新形势下高校思想政治工作、发展高等教育事业指明了行动方向。我们应该从小事做起,努力展现新时代大学生风貌。

黄霈 2016级城环学院本科生

习近平总书记的讲话令我深受鼓舞,先做人后做事,在大学生的素质培养中,理应把思想教育放在首位。我们当代的大学生,作为社会建设的生力军,只有在道德方面有较高的觉悟,才能拥有艰苦奋斗的优秀品质;只有在学习中肯吃苦,敢创新,才能有更大的突破。教育强则国家强,人才兴则民族兴。"要坚持把立德树人作为中心环节,把思想政治工作贯穿教育教学全过程,实现全程育人、全方位育人。"同时我们应该从小事做起,努力展现新时代大学生风貌。

高啓超 2016级数学与统计学院本科生

听完习近平总书记的讲话，我深受鼓舞，为了中华民族伟大复兴的中国梦，需要付出不懈的努力，而当代大学生就是实现中华民族伟大复兴强有力的一股力量，而作为一名学生干部，更应当扮演一个领头羊的角色，积极落实自己的工作任务，勇于担当，刻苦学习，积极创新，开拓视野，发扬先辈不畏劳苦的品格。

接力民族复兴之前锋，纪念孙中山先生诞辰150周年

作者：重大青年评论员

扫码观看

“亟拯斯民于水火，切扶大厦之将倾”，面对晚清山河破碎、生灵涂炭的景象，青年时期的孙中山如是立誓。如今，全国人民正为实现中华民族伟大复兴而奋斗的历史时期，我们当代青年又该立下怎样的誓言呢？

中国青年，应誓作民族复兴之前锋，做振兴华夏之英雄。一百多年前，孙中山先生为中华民族的存续而四处奔走，大声疾呼。他开创了实际意义上的近代民族民主革命的先河，打开了中国进步闸门，传播了民主共和理念，极大地推动了中华民族思想解放，以巨大的震撼力和影响力推动了中国社会变革。今天，中国青年是中国特色社会主义的继承者，是“中国梦”的建设者，是国家的未来和民族的希望。我们要学习和继承孙中山先生的宝贵精神，团结一切可以团结的力量，为振兴中华而继续奋斗。

我们要学习孙中山先生热爱祖国、献身祖国的崇高风范。中国青年之所以是中国青年，是因为青年们所属于的伟大祖国与民族。中华民族的伟大复兴，必将在中国共产党的领导下，沿着中国特色社会主义道路，由全体中国人民共同奋斗实现。中国青年作为中国人民中最具激情、最具勇气、最具力量的一部分，要将青春献身于祖国建设最艰苦的地方。林则徐诗云：“苟利国家生死以，岂因祸福趋避之”，不正是我们中国青年决心的写照吗？

中国青年的重要组成人员是大学生。作为大学生，我们是知识的传承者，是真理的探求者。思想的前沿，科技的前沿，都是我们应当涉及的地方。要想在这些领域有所成就，就要有与孙中山先生一样的追求真理、不屈不挠的优秀品质。科学技术是第一生产力，科学上的伟大复兴，必然是民族复兴的前提，每一个中国青年都应当努力学习，探索真理，为中华民族的伟大复兴增添力量。

无论做任何事情，都不是一蹴而就的，就如同攀登万丈峭壁，其中艰难险阻，

不足为外人道也。孙中山先生坚信“吾心信其可行，则移山填海之难，终有成功之日；吾心信其不可行，则反掌折枝之易，亦无收效之期也”，只要我们“精神贯注，猛力向前”，便无不可成之事。这种坚忍不拔、百折不挠的精神力量，一直会鼓舞着我们青年一代奋勇前行。

孙中山先生肩上的担子是沉重的，因为当时的民族存亡、国家兴衰全系于他人；而如今中国青年肩上的担子同样不轻，因为我们背负着中华民族的希望与未来。历史的脚步未曾止息，我们的民族需要我们作为前锋，我们就应当学习和继承孙中山先生的负重奋进，誓做前锋！

信仰的力量|张翔：做好边疆扶贫的一线兵

扫码观看

一个行李箱和一封党组织介绍信，这是张翔第一次到绿春县时携带的所有东西。两年边疆扶贫的经历让他感触颇深，“也许这就是信仰的力量。”他笑着说。

绿春县是坐落在云南南部边疆的一个小县城，在这里，一条街道就是一座县城，这里还是全国唯一一个没有红绿灯没有十字路口的县城。2013 年，重庆大学与绿春县签订定点帮扶协议，从人才、教育、技术等多方面对绿春进行了重点帮扶，连续四年派领导干部到绿春挂职副县长。2015 年 8 月 1 日，曙光初露，机械学院的张翔老师拉着小皮箱，怀揣着一封党组织介绍信，踏上了前往绿春的征程。他是重庆大学首任公派驻村第一书记，在绿春县牛洪村开展精准扶贫工作，在大山深处一干就是两年，其间除了处理公事，只回过两三次家。

“真正实现党员的价值”

“这是一场没有硝烟的战争，我们的敌人是贫困。战争年代的战场上，需要同志们奉献生命；和平年代的战场上，需要我们奉献青春。”在前段时间热播的电视剧《人民的名义》中，老党员陈岩石回忆道，上战场扛炸药包是党员的权利，只有党员才有资格扛炸药包。张翔认为，在今天，到贫困山区的村里当第一书记，成为脱贫攻坚战场上的先锋，对于党员这是多么光荣的事情啊。

“来之前就有人提醒我，绿春地势险峻，自然灾害频发，经济发展也不好，在这里工作的环境虽然艰苦，但慢慢也就习惯了。”张翔初到绿春县时，在生活、饮食以及语言沟通方面都遇到了一些困难。张翔牢记习近平总书记的话:“人的一生只有一次青春。现在,青春是用来奋斗的;将来,青春是用来回忆的。”①其实在张翔还是在校大学生时,他就有一个梦想,就是到祖国边疆工作。他认为自己学的是岩土工程,只有到了山区才能更好地发挥专长。贫困山区的生活条件虽然艰苦,但是只要心中有信仰,工作就有动力。张翔说:“其实边疆人民非常需要我们这样的知识青年。记得刚到村上时,我是全县唯一的一个研究生,县里非常重视,县住建局、工信局、农科局的领导多次邀请我去协助他们解决问题。其实在基层工作往往能更贴切地了解我国贫困地区和人民的现状,打好扶贫攻坚这一场绝对不能输的战争,能真正实现党员的价值。”

张翔进村入户走访村民

“组织是我最坚强的后盾”

张翔回忆道:因为出发时情况紧急,走得突然,经过两天两夜到村里已是筋疲力尽,当时是傍晚7点左右,村支书还在办公室加班。我赶紧过去,掏出了怀里的党组织关系介绍信,激动地说:“您好!我来自中共重庆大学委员会支部。”老支书接过介绍信仔细看了看,非常热情地招待我,让我在竹凳上坐下,还给我倒了一杯热茶。虽然他的方言我听不太懂,但从他的眼神中我能够感受到党员同志之间的亲切。他打了几个电话,不一会儿县委组织部的副部长和大兴镇的党委副书记就到村委会来了。组织部白部长亲切地对我说:“同志,您辛苦了!听说你要来,老

---

① 在同各界优秀青年代表座谈时的讲话[N]. 光明日报,2013-05-05.

支书一直在办公室等您呢。还没吃饭吧，走，咱们吃饭去。”之后老支书又给我安排了住宿，时常关心我的生活起居。虽然背井离乡，饮食和生活都有很多不习惯，但我还是能够感受到党组织的温暖。

张翔在田间观察农作物长势

进村后不久，村里开始大力推进“美丽家园”建设，张翔联系了住建局规划股的负责人共同研究都玛寨的规划方案。为了使规划和布局的科学性达到最大化，张翔打电话请本学院的王书记帮忙。王书记非常热情，立即为他们联系了建筑城规学院的设计人员，张翔和负责人带着初步方案回到学校向专家们请教。在专家们的专业指导以及他们和技术员的不懈努力下，团队设计了滨河休闲区、哈尼美食街、时尚购物区、神树朝拜区等功能区布局，首次提出采用哈尼分水器引流牛波水库方案，完成了都玛寨平面规划图、鸟瞰图、三维效果图，最终确定的优化方案得到了住建局局长的肯定。现在县城的许多建筑已经有了哈尼民族特色，住房建设也日趋合理化。

与村民们的朝夕相处，张翔与乡亲们越发熟络起来。谁家电脑系统坏了，上不了网了，都跑到村委会来找他帮忙。有时他也会把村里的党员聚集起来，聊聊天，教他们说普通话。随着对村子的了解愈发深入，张翔发现了一个帮扶的新方法。村子东边有个坡头小学，这个小学设施简陋，总共有 130 多个学生，都是贫困人家的孩子。孩子们很爱学习，喜欢看课外书籍。张翔赶紧跟学校联系，请求帮助。在机械学院团委和微声工作室的组织下，他们动员志愿者开展义捐活动，筹集资金在坡头小学建立了“机智小屋”图书室，并捐赠了大量书籍。其间重庆大学出版社为坡头小学捐赠图书1000余册,价值约1.5万元,在发现捐赠的部分书籍过于晦涩难懂之后,又为“机智小屋”购置了很多适合小学生阅读学习的读物,机械学院2014级机自专业团支部也为坡头小学捐献价值约2000元的学习用品。现在,孩子们已经可以在图书室里面阅读自己喜欢的课外书籍了。通过进一步调研,张翔发现坡头小学的孩子有很大一部分都是父母外出打工的留守儿童,于是他联系了重庆大学“五彩石”青年志愿者协会,定期为孩子们批改作文,同时依托“机智小屋”组织志愿者开展“关爱留守儿童”等系列活动,给他们心灵上的关怀。

“虽然我是一个人来到绿春,但无论是在绿春生活的时候,还是在我们的工作需要配合和帮助的时候,组织永远是我最坚强的后盾。尤其是重庆大学党委给了我非常大的支持,每一个人都竭尽全力地为我们的工作提供便利,感觉非常温暖。”

张翔帮助村民照料牲畜

“打好扶贫攻坚战”

张翔挂任第一书记期间的重要工作是精准扶贫和电商发展。所谓“精准扶贫”贵在精准,成败也在精准。“我们不能够再像以前那样散弹枪打麻雀,必须精准到户,帮扶到人,从以前的输血式扶贫,到现在的帮助贫困户提高造血功能。”因此县里开展了“挂包帮,转走访”活动。张翔和村两委成员走村入户,详细了解村民的情况,最终确定建档立卡的贫困村民共1258人,紧接着他们就联系县住建局、州党史研究室等部门的工作人员结对帮扶。2017年建档立卡贫困村民已全部脱贫。张翔挂包的一户人家有一位老人叫白麻波,已经70多岁了,老伴儿已经去世,子女又在外地务工,老人很孤独,张翔有空就去家里看看他。老人住的房子很破旧,张翔多次到镇上为他协调危房改造补偿款,还帮他设计房屋改造方案。另一位对口帮扶的村民则在他的帮助下走出了失业的迷茫,找到了快递员的工作。

在研究绿春的致贫原因时,张翔发现了一个严重的问题,村民们辛苦劳作,养殖的鸡蛋和种植的茶叶、八角、石斛等农产品都是被一些外地商人收走的,如果外地商人不来收,那就滞销了。针对这种情况,张翔想到了李克强总理提出的“互联网 + ”战略。“咱们如果通过发展电子商务,是不是就可以把我们的农产品卖出去了呢? 村民们不是就可以获得更多的收入了吗?”他的想法很快得到了村支书的赞同。由于不是电商专家,所以一开始他并没有绝对的把握。在后续工作中,张翔一方面自学电商基础知识,另一方面他邀请了重庆大学经管学院电子商务专家邵兵家教授和软件学院的符云清教授到村里来调研,并积极联系县工信局,一同建立了重庆大学青年社会实践基地,组织博士志愿者到村里开展电商创业培训,积极动员村民向“互联网 + 农业”转型。2016 年 7 月 24 日至 27 日,重庆大学“阳光行动”专家服务团走进云南省绿春县开展科技支持、精准扶贫活动。专家服务团由生命科学研究专家李正国、互联网平台建设专家符云清、电子商务专家邵兵家、农学专家殷幼平、产业经济规划专家冉戎等组成。重庆大学科技处副处长、科协秘书长刘敢新率队,为绿春县社会经济、农业产业和民族教育文化事业发展把脉问诊、献计献策。专家团利用重庆大学的软件开发技术、互联网应用技术帮助绿春搭建电子商务平台,利用现代农业包装技术、创新药物研发技术,帮助绿春提升农产品质量,全方位立体化地帮助绿春建立三级县域电商服务平台。

“村民不脱贫,我就不脱钩”

从帮扶计划开始以来,重庆大学派驻专家完善绿春基础设施建设规划和城市规划、通过网络教育免费为绿春县培养党政管理干部和专业技术人才,从教育、科技、支教等方面对绿春进行了多方位的帮扶。2017 年暑假,重庆大学“炬心筑梦”之爱上源产地——“生态绿春”社会实践团走进绿春。张翔担任指导老师,机械学院大四毕业生张永杰任队长。经了解,接下来张永杰将留在绿春进行为期一年的支教活动,用自己的知识和力量为绿春做贡献。重庆大学将继续巩固每年常驻绿春的扶贫力量,即每年六位学生和两位老师固定进驻绿春进行帮扶工作,其间也有学生力量陆陆续续输入。机械学院拟定了对口帮扶牛洪村的五年帮扶计划,张翔鼓励毕业生们到绿春来参加扶贫工作,跟随他的脚步,继续把这份责任担当起来,沿着这条道路走下去。同时张翔计划组织重庆大学“互联网 + 团支部”,即一个团支部对应一户农户,运用网络和自媒体推动绿春的电子商务发展,让更多青年参与到扶贫攻坚的工作中来。张翔说:“虽然我在这里的挂职任期结束了,但是对绿春的关注和帮助会一直继续下去。村民不脱贫,我就不脱钩。在这两年的时间里,我不求做出多么大的业绩,只想尽力去做了就好,能帮一点是一点,这是我的初心。绿春的发展我们看得见,在政府的努力下,不久的将来,交通基础设施会得到完善,绿春会越来越好。”

第三篇 03

青年最强音

从荧幕上的"国学热"到魏则西之死,从南海仲裁案到 APA 酒店事件,重大青年以笔发声,从青年大学生的独特视角出发,理性表达自己的观点和看法,成为网络时评中的一股新鲜力量。

工作感悟:青年大学生是祖国的未来和民族的希望,也是伴随中国网络发展成长起来的一代,是构建清朗网络空间的重要力量。我们第一时间代表青年发声,发出理性、客观、有态度的声音。

评论|在央视《中国诗词大会》中坚定文化自信

作者:张云天

扫码观看

继《中国汉字听写大会》《中国成语大会》《中国谜语大会》之后,央视 10 台在 2016 年推出一档新的文化益智节目——《中国诗词大会》。目前,《中国诗词大会》的第二季已经在今年 1 月 29 日正式开播,不仅收视率很高,而且好评如潮。

你可能会问道:"这样一档综艺性质的节目,仅仅关注诗词,真的会有什么意义吗?"答案是肯定的。

节目意义

《中国诗词大会》这一节目的内容主要是对诗词知识的比拼,但节目的整体氛围却是对中国诗词的褒扬和宣传;节目通过分享和鉴赏诗词,从诗词中了解中国的国学和传统文化。从这个角度来看,《中国诗词大会》的立足点可谓极高。

诗词是用来言志抒情的文学形式,诗人或词人使用凝练的语言和瑰丽的想象,怀着丰沛的情感书写人类社会和精神世界。这样的文字,往往需要用心灵去触碰,才能被真正地感动,才能产生内心深处的共鸣。

就像《中国诗词大会》主旨——"赏中华诗词、寻文化基因、品生活之美"所言,诗词的魅力,不多读、多看不足以体会。诗词初学或许会很难,可是当你愈发了解,便会愈发喜爱,如饮美酒,不知自醉。

《中国诗词大会》只是一档电视节目,但是,从来就没有人规定学习诗词必须从教室中开始。当我们打开电视，在富有趣味的诗词对答中听闻各类诗词，掌握诗词背后的意境和创作缘由，我们就能发现诗词的美，进而愿意了解更多的诗词，这正是这档节目的意义所在。

传承推广

不仅如此，中国自古以来所传承的文化，有人说是道教，有人说是禅宗，有人说是儒学，但也许真正传承下来并且发扬光大、为世界各国人民所钦佩的文化瑰宝，应该是中国的诗词。

然而如今学习过诗词的我们在做什么呢？我们用诗词，多在默写填空；我们学诗词，多为考试分数。在那些真正了解诗词的内涵、愿意学习诗词的人看来，这样的做法无异于舍本逐末。

当我们在《中国诗词大会》中看到专家们评点诗词背后的“前世今生”，体悟诗词语言中饱藏的感人肺腑的情感，我们将会更加为诗词之美所倾倒，甚至从诗词延伸学习到诗人、词人乃至他们所处的时代。相较于枯燥的默写、考试，《中国诗词大会》显然有助于更多的人了解，进而继承、推广中国的诗词文化。

中国的文化博大精深，源远流长，所以需要我们换一种形式让它在当今时代继续绽放光芒。习近平总书记曾说过：“没有文明的继承和发展，没有文化的弘扬和繁荣，就没有中国梦的实现。”①总书记的这些话仿佛仍然萦绕在我们耳边，提醒着我们要重视中华传统文化的传承和推广，而这其中必然少不了对诗词的再度重视。

古人云：观千剑而后识器，操千曲而后晓声。当我们在现代社会中迷恋电子产品的时候，我们可能没有更多的时间去学习和了解这些经典，而《中国诗词大会》却恰恰给予广大观众一个了解诗词、国学和中国传统文化的好机会。

正如习近平总书记在强调“文化自信”时曾说过的，“文化自信是一个民族对其文化的生命力持有的坚定信心”；当中华民族崛起的时候，中华儿女的文化自信也随之觉醒，《中国诗词大会》开播后得到的热烈反响正是这种表现之一。

文化自信

我们有博大精深的优秀传统文化。它能“增强做中国人的骨气和底气”，是我们最深厚的文化软实力，是我们文化发展的母体，积淀着中华民族最深沉的精神追求。这些千百年来传承的理念，已浸润于每个国人心中，成为日用而不觉的价

---

① 尤玉军．中国梦的文化内蕴[N]．光明日报，2017－07－10．

值观，构成中国人的独特精神世界。正如习近平总书记所说，中国传统思想文化“体现着中华民族世世代代在生产生活中形成和传承的世界观、人生观、价值观、审美观等，其中最核心的内容已经成为中华民族最基本的文化基因。这些最基本的文化基因，是中华民族和中国人民在修齐治平、尊时守位、知常达变、开物成务、建功立业过程中逐渐形成的有别于其他民族的独特标识”。

我们的文化自信，不仅来自文化的积淀、传承与创新、发展，更来自当今中国特色社会主义的蓬勃生机，来自实现中国梦的光明前景。改革开放30多年来，我们创造了举世瞩目的成就。国家兴旺，文化必然兴盛，特别是党的十八大以来，我们党把建设社会主义文化强国摆到更加突出的位置，中华文化正迎来一个繁荣发展的黄金期。

文化的优秀、国家的强大、人民的力量，就是我们文化自信的强大底气、文化自信的水之源木之本。正如习近平总书记所说：“站立在960万平方公里的广袤土地上，吸吮着中华民族漫长奋斗积累的文化养分，拥有13亿中国人民聚合的磅礴之力，我们走自己的路，具有无比广阔的舞台，具有无比深厚的历史底蕴，具有无比强大的前进定力。中国人民应该有这个信心，每一个中国人都应该有这个信心。”的确，我们没有理由不自信！

从这个角度来看，《中国诗词大会》就是一个好的凸显，它用新的方式再现了我们文化的魅力。

最后，引用《中国诗词大会》的部分开场词送给大家——“从今天开始，我们将和大家一起展开一场诗词之旅，去重温那些历久弥新的经典诗句。我想这样的温故知新可以拂去我们记忆的灰尘，而古代文人的情怀和智慧也同样能够点亮我们今天的生活。人生自由诗意，来吧，一起加入我们的诗词狂欢！”

点评：从《百家讲坛》到《汉字听写大会》，再到如今的《中国诗词大会》，传统文化借助现代媒体平台，将国学精粹传递到千家万户。它让喧嚣的现代生活得以放慢脚步，邂逅优美的古典文化。同时，也让广大观众再次领略中华文化的细腻精巧、博大精深，增强了人民的文化认同感和民族自信心，给人以心灵上的震撼和洗礼。

评论|青年精神，民族精神

作者：付彦博

扫码观看

在岁月洪流中历久弥新的华夏文明，其间或上千年的辉煌，或近百年的屈辱，都由中华青年掌握着民族的轮舵，决定着历史的航向。中华青年之气节，即我华夏民族之气节；中华青年之精神，即我华夏民族之精神。青年的精气神决定着中国在新的时代将以何种姿态屹立于世界民族之林。

历史长河百转千回，每到风云变幻之时，总会有一批优秀青年勇敢地扛起振兴家国的旗帜，成为民族的脊梁。那是谭嗣同“死得其所，快哉快哉”；是五四青年“外争主权，内除国贼”；更是毛泽东“书生意气，挥斥方遒”。这些深明大义、勇为前锋的青年各有自己的胆识与远见。但他们共同拥有的，是一颗热爱国家、热爱民族的赤诚之心。军训的一大目的正是培养每位同学的民族责任心与爱国情怀。在复兴之路上，中国走得还不够远，但已经走得足够快。一百多年前嘲笑中国人不会修铁路的西方列强一定不会想到今天自己的铁路要请中国人铺设；曾用坚船利炮叩开中国国门的强盗们也不会想到今天的中国领海他们再也不敢肆意航行。这样的成就离不开一代代热爱祖国的青年。以国家为荣耀、以民族为自豪的爱国主义精神是每一个中国青年的立身根本，也是中国青年为实现中华民族伟大复兴中国梦做出贡献的先决条件。

徐特立先生曾说：“任何人都应有自尊心、自信心，不然就是奴才。”很遗憾，一百多年前，一些中国人做过奴才，甚至当时的政府也腐朽落后，这对我们的自信心与自尊心都是种巨大打击。有些人习惯于盲目崇拜和一味模仿，习惯于照搬照抄，可沿着他人的脚印前行终究走不到别人的前面，别人的东西未必是适合自己的东西。中华民族想要再次腾飞，中国的当代大学生就必须建立起足够强烈的自尊心和自信心。对道路自信、制度自信、理论自信、文化自信，对科技自信、对民族创新力自信。别人有的我们要有，别人没有的不代表我们就不能有。敢于探索，敢于创新，才能实现发展。除了对自己能力的肯定与敢于挑战的魄力以及对自己尊严的重视，自尊与自信还体现在举手投足间，军训让我们做到了挺直脊梁、仪表堂堂、行为得体，两者也借此在客观世界得到了具象化。

我们一直在提，中华青年，应誓做民族复兴之前锋，做振兴华夏之英雄。然则何为英雄？罗曼·罗兰认为:“世界上只有一种英雄主义,那就是看透了生活的真相之后依然热爱生活。”当代大学生最应做到热爱生活,却很少有人做得到。大学是一个塑造人的良好平台。我们跟自己的故乡道别,于此接受更高等的教育以丰盈自己。但当因熬夜习惯而猝死的消息屡见不鲜,当疏于锻炼让自己变得萎靡不振,我们就应意识到不良习惯是我们享受生活的最大阻碍。保留住军训期间养成的良好作息习惯,久而久之,我们就会发现生活另一副可爱的模样,会遇见一个更好的自己。

想具备以上各种精神品质并非难事,需要我们继续以严格的标准要求自己,不因军训的结束而改变自己的生活态度。历史的车轮不断前行,我们的民族也需要民族精神作为新的动力。只有这样,我们的民族才能昂首阔步地前行。

点评:民族精神是民族文化的精髓。一个民族,只有其精神得到传承和发展,才能有巨大的凝聚力,才能成就伟业,才能自立于世界民族之林。“百年大计,教育为本”,青年学生,是国家的希望、民族的未来,更应勇于承担继承和发扬民族精神的历史使命,为“中国梦”的实现添砖加瓦。

评论|循主席之诲,成读书之习

作者:闫涵

扫码观看

自书籍产生以来,它便一直无言地承载历史。它记录着前哲的事迹思想,见证着文明的兴衰成败。浩如烟海的书籍是人类珍贵的精神财富,从古至今,滋养着人们,带领人们不断前行。无数伟人缘结书籍,习近平总书记即为其一。在总书记的带领和感召下,相信全民热爱读书会蔚然成风,我们青年一代也更加应该热衷于阅读好书。历久弥新的华夏文明,其间或上千年的辉煌,或近百年的屈辱,都由中华青年掌握着民族的轮舵,决定着历史的航向。中华青年之气节,即我华夏民族之气节;中华青年之精神,即我华夏民族之精神。青年的精气神决定着中华民族在新的时代将以何种姿态屹立于世界民族之林。

“读书是最好的学习。追随伟大人物的思想,是最有趣味的一门科学”,普希金曾如是肯定读书的意义。在茫茫世界中,人不过是再微小不过的一点而已。然而读书却能使我们突破时空局限,周游世界,与对话先贤,与古今中外名人相通,从而在文字之中探索大千世界中无尽的可能。

而对人生价值之问,书籍亦总能给我们解答。岳飞背上血色的“精忠报国”,少陵“穷年忧黎元”的嗟叹,燃起了胸中滚滚爱国热血;桑提亚哥的孤独航程,西西弗斯的艰难攀登,铸就了骨中的坚强意志;聂赫留朵夫的赎罪之路,冉阿让的从善之举,温润了心中的高尚道德……人之为人,当有抱负与尊严;而读书能将迷茫困惑中的人们唤醒,引导人走向前路。

读书,有着不同于信息化时代的浮躁。这意味着择前贤经典而精读,不可在嘈杂的信息流中浅尝辄止;意味着找寻理性而深邃的著作,从而把握时代的脉搏;意味着在阅读中思考,意味着于文字中倾听古今各国人民的心声,在此中反思个人应承担的历史责任。唯其如此,方能在读书中增强个人修养,实现人生价值。

在物质匮乏的年代,以习近平总书记为代表的青年们于贫困的乡下仍坚持阅读,以走几十里地借书的精神苦读不辍,乃至将古今经典熟读成诵。他们亦被书籍鼓舞,在那个年代中凭借着名著中的伟岸精神自勉。而在外访的百忙之中,他仍旧用自己的双脚丈量书中描写的土地,用自己的眼睛观察作者看到的一切,用自己的心灵体会书中蕴含的哲理。总书记对阅读的热爱让我们不禁反思,在书籍丰富、阅读便捷的当下,我们该如何更好地阅读?

习近平总书记,便是当今我们青年人读书最好的模范。作为新时代的大学生,我们应当珍惜国家给予的丰富资源,勤奋阅读,毫不懈怠;应当追求阅读的广度与深度,好奇专注,汲取新知;应当在阅读中思考与反省,不断提升文化素质和道德修养;应当以书中所学指导行动,为实现中国梦贡献力量!

点评:随着科技的进步,生活中的很多元素都已被替代。汽车替代了行走,电视替代了观察,但阅读,即使从纸质书衍生出电子书,它也始终是难以被替代的。正如习近平总书记所说,“我最大的爱好是读书”。我们应同总书记一起,将读书作为人生一大爱好。

评论|文明，文明！

作者：索书涵

扫码观看

十一长假期间，各类旅游项目火爆，但不少景区却出现了不文明现象，因此，文明出游必须从你我做起。

中国是四大文明古国之一，被誉为“礼仪之邦”。在五千年的历史长河中，中华民族在创造了灿烂文化的同时，也形成了高尚的道德准则、完整的礼仪规范及优秀的传统美德。礼仪文明作为中华传统文化的重要组成部分，对中国社会历史发展起到了深远的影响，甚至对整个东亚及东南亚的文化精髓也产生了影响。

然而，就是这样一个曾以其彬彬有礼的风貌而著称于世的古老民族，今天却偏偏在文明这一问题上饱受非议，在礼仪这一话题上饱受诟病。这，又是何等讽刺，何等让人心寒！

经过几代人的艰苦奋斗，中国人终于在物质文明上有了极大的飞跃，精神文明发展却似乎与经济提升并不一致。外媒常在国人素质问题上做文章，这时，国人才亡羊补牢般地大力宣传一番，为何总是外人的指责才能唤醒我们的觉悟？鲁迅先生“麻木恣睢”的指责不管用，非要亲身遭受残酷与血腥的暴行后才懂得反抗；柏杨先生“恨铁不成钢”地揭露不管用，非要受尽西方的嘲讽与歧视之后才懂得自强。这样的“传统”在今天的小事上仿佛还在延续，公益广告、警示标语的苦口婆心不管用，非要在外国的神庙丢了脸才开始爱惜自家早已刻满字的城墙；非要与外国的体育馆做了对比才开始打扫自家扔满垃圾的广场；非要看过了外国的优美街景才知道心疼自家街边的草木花香。

当遇老人摔倒扶与不扶成为社会热点话题，当各种“中国式”标签逐渐泛滥，当不文明出游行为占据各大媒体头条，这如何不让人痛心？每至假期，总要悬着一颗心，一颗不希望看见负面消息的心。可高速路上占用紧急通道的事仍在发生，攀折花木破坏文物现象仍然频现，随手抛洒杂物依旧是常态，这让人不禁想问，既生在文明古国、礼仪之邦，您的行为文明了吗？

作为接受良好教育的当代大学生，面对这些问题怎能坐视不管？作为中华优秀传统文化的继承者，面对如此现状怎能袖手旁观？文明，绝不是展示给外人看的表演，而是民族自身的修养与气质。古人于衣着容貌、行为举止、言语辞令等方面严格的规定放在今日或许过于烦琐，但我们应当选择性地继承，着重吸取对今天仍有积极、普遍意义的传统文明礼仪，如尊老敬贤、仪尚适宜、礼貌待人、容仪有整等。加以改造与传承，使传统文明礼仪古为今用，重建一套现代文明礼仪。如果我们每一个人都教养有素，待人有礼，处事有节，我们的生活就会更多一些愉悦，而国家、社会也更多一些和谐与有序。

为了文明，文明！为实现中华民族的伟大复兴，社会主义精神文明建设刻不容缓。作为重大学子，我们必须牢记“复兴民族兮，誓作前锋”的重任，绝不仅限于规范自身行为，更将以实际行动感染他人，为中华民族屹立于世界民族之巅贡献自己的力量！

点评：近年来，“出境旅游”成为越来越多人休闲放松的选择。然而部分游客仍存在不文明行为，“金字塔到此一游”事件的出现也引发了关于国人素质的思考和探讨。中国，自古以来便有“礼仪之邦”的称号，即使身处现代社会，也不能抛弃应有的礼貌和素养。我们每个人都是一面镜子，我们的一举一动彰显的是中华民族的形象。

评论|书写网络时代中国文化最强音

作者：闫涵

扫码观看

“文运同国运相牵，文脉同国脉相连”，在2016年11月30日召开的中国文联十大、中国作协九大开幕式上，习近平总书记如此肯定文化对国家发展的重要作用。无论在古时还是今日，博大精深的文化极大增强了中华文明的世界影响力，给予了中华民族强大精神力量。

在物质文明迅速发展的当代中国，精神文明也需要同步发展，才能更好地实现中华民族伟大复兴。文艺工作者们追溯历史、扎根人民、响应时代，以丰富先进的文化成果推动了社会主义文艺事业的长足进步。而在当下互联网普及、新媒日益体壮大的新时期，如何做好网络文化建设、使先进文化成为网络主流、引领网络风气，是亟待文艺工作者思考的问题。

“坚守艺术理想,用高尚的文艺引领社会风尚”①,习近平总书记对文艺工作者有如此期待。于文艺工作者而言,首先应坚守文化理想、承担文化责任,不被娱乐与资本的潮流裹挟。“两句三年得、一吟双泪流”,文艺工作者们应以纯粹的理想自我约束,以积极高雅、文质兼美的作品引领舆论;拒绝无追求的娱乐、无底线的媚俗。

“人民是历史的创造者,是时代的雕塑者”②,习近平总书记有此精辟论断。网络文化与其他文化形式相比,只是改变了传播的媒介,不变的是文艺引导人们找到思想、力量、快乐的源泉这一创作目的。因此,网络文化同样需要植根人民、歌颂人民,关注人民的所想所思,传递人民的心愿呼声。自屈子“哀民生之多艰”的忧民之叹,到毛主席“只有人民才是创造世界历史的动力”的爱民之思,对人民的敬重关怀长久有之,在网络时代,更应坚持。

中华传统文化博大精深,中国近代历史波澜壮阔,在当今风云际会的国际局势中,中国发展实践尤为可贵。正如习近平总书记所言,希望大家坚定文化自信,用文艺振奋民族精神;在网络文化的创作和传播中应坚持文化自信,从本民族的历史与发展实践中汲取宝贵养料,不盲从于外国文化。对国家的歌颂,对英雄的赞扬,这都是文艺创作中的应有主题。于当今世界竞争激烈的文化格局中,唯有坚持中国特色、中国气派,方可抵制外国不良文化的侵袭,使中国文化屹立于世界。

强调文化创新的重要性,网络文化更应当发挥自身独特优势,创新内容与形式,用多样方式吸引民众关注。如漫画《那年那兔那些事》以活泼笔触、生动形象演绎了新中国成立后中国的发展史,感人至深。网络文化工作者也应当积极依托微博微信等平台进行创作推广。

“文人之笔,劝善惩恶”,网络的普及,是弘扬先进文化的可贵机遇。广大网络文化工作者应肩头担道义、胸中含丘壑、笔下写乾坤,以高尚道德、精湛作品引领正风,积极助力社会主义精神文明的长足发展!

点评:网络文化作为一种新的文化形式,具有传播速度快、传播范围广等特点。而网络文化工作者,在利用这些特点进行文化传播的同时,也要注意其“双刃性”,趋利避害,使其真正为人民所用,为社会健康发展所用。

---

① 用高尚的文艺引领社会风尚[N]. 解放军报,2016-12-04.

② 高擎民族精神火炬吹响时代前进号角　筑就中华民族伟大复兴时代文艺高峰[N]. 人民日报,2016-12-01.

评论|一个大一学生眼里的网信事业

作者:林佳妮

扫码观看

2016年4月19日,习近平总书记在北京主持召开网络安全和信息化工作座谈会并发表重要讲话。他在讲话中指出:“我国经济发展进入新常态,新常态要有新动力,互联网在这方面可以大有作为。”①这是对我国近些年来互联网建设成果的肯定,也是在新时代中对未来的期许和希望。

谁都不能否认今天互联网在我们生活中的重要地位,更无法忽视信息化给我们的生活带来的便利。从买东西到外出旅行,从日常交流到国际会谈,互联网技术应用的例子俯拾皆是。人们越来越依赖互联网。而作为人口大国的中国,更是坐拥得天独厚的七亿网络用户。

正如习近平总书记所言,任何一个市场,最重要的是要有用户。在这样庞大的用户群体的推动下,中国网信事业的发展一直如火如荼地进行着。也许我国的技术在创新性、前瞻性方面不一定走在世界的前列,但是这样庞大的市场却使得我国在全球网信事业领域永远有着不可忽视的发言权。而网信事业,势必会在未来的发展中,成为我国的一大经济支柱产业。

但一项事业若想长远发展,走在世界的前端,最不能缺少的便是人才。如何有针对性地培养对口人才?如何才能使人才在最适合的岗位上发挥其最大的才能?相信在政府的引导之外,还需要学校、企业、社会等多方共同发力,选贤举能,方能在人才的竞争上不落人下风。

有了优秀的人才,思想才能在一次次的交互与碰撞中闪现出创新的火花,每个人的创造力才能被充分激发。创新已经是当今社会每个产业都在努力追求的事情,而它的重要性在网信事业上体现得更为淋漓尽致。没有创新就意味着功能逐渐退化,就意味着发展停滞,而这正是那些不善于创新的产业会被社会渐渐淘汰的重要原因。诚然,科技的发展是日新月异的,而人们的需求也是逐渐增长的。如何用新的科技和形式来满足人们的新需求,这也许是所有网信事业的从业者应该思考的问题。

---

① 在网络安全和信息化工作座谈会上的讲话[N]. 人民日报,2016-04-26.

在肯定网信事业取得的成果和发展前景的同时，我们也不能忽视快速发展背后暗藏着的不利因素。政策和法律的不完善，检查机制未能及时建立，给了那些不法分子可乘之机。网络用户基数庞大，难免鱼龙混杂良莠不齐，如何防止投机分子利用新兴产业作威作福，如何引导并建立网络社区的良好风气，如何弘扬时代的正能量，这也许是在经济发展之外更应该考虑的问题。

而一个良好的市场机制的建立，离不开政策的规范，也离不开从业者的自律。因此，要想响应总书记的号召，让市场资源充分涌流，让人才有所作为，就要拓宽自己的眼界，借鉴发达国家的经验，并因地制宜地进行改进和创新。

进行规划。此外，要严格行业标准，加强管理，积极推动有关政策法规的制定。同时，从业者也要努力学习新的知识技术，对自己高标准严要求，努力提高广大网信事业从业者的素质。在多方努力之下，市场的乱象一定能尽快改善，新的管理机制也能尽快出台。

在新的时代背景下，相信我国的网信事业一定会在用户、人才、创新、管理等方面的推动下，在广阔的天地中，飞速发展，大有所为。

点评：当前，互联网早已融入每个人的生活当中，“互联网+”模式也正推动我国进入全民信息化时代。在此关键时期，我们需要提高对网信事业的关注，重视其发展，制定严格的标准，使其在新的时代背景下茁壮成长，造福人民。

评论|发理性之声，做自由之人

作者：林佳妮

扫码观看

木心在《从前慢》中写过：“记得早先少年时，大家诚诚恳恳，说一句，是一句。”我想，在那个日色很慢，车、马、邮件都慢的年代，人们的说话做事也一定都是温文尔雅、自有一番风度的。而如今，也许是信息更新和传递的速度太快，以至于许多人在信息的洪流中渐渐迷失了方向，时常将离经叛道的狂悖之言当成至理名言大肆宣扬，最终将自己的前途白白葬送。

古有流觞曲水之风雅，于茂林修竹之间论道清谈；今有互联网络之便捷，于一室之内览世界风云。随着时代的变迁，人与人之间的交流渐渐从面对面变成了依靠各种社交网站或者手机应用。在这个时代，人们每天看着屏幕的时间应该是远比看着另一人要长。这样的变化固然有利于获取更多信息，但是在屏幕和键盘的掩藏下，在某些知名大V的推波助澜下，道德和法律的底线却被一次又一次地挑战。

那些以“言论自由”为幌子，行违法之事的人不是现在才有，只不过在以前的环境之中，缓慢的消息传递使得他们所能造成的影响并不算巨大，可如今，一秒钟上万的转发阅读量，使得再简单的字句也有着飓风一般的破坏力。

天下民众的悠悠之口，为个人阅历所限，所说出的话，总难免泥沙俱下，有阳春白雪，自然也少不了下里巴人。这本来无可厚非，但是底线总是存在的。若是流言四起谩骂纷飞，掩盖了真正有价值的言论，那么那些网络暴民的语言暴力，就会囚禁了本该自由发声的理性声音。

在这样的大背景下，身处汹涌信息洪流中的我们，最应该做的，便是端正自己。若曾经尝过玉盘珍馐，那么再吃糠咽菜总觉得不是滋味。身为当代大学生的我们，受过良好的教育，读过诸多流芳百世的名著，理应对这些纷纷扰扰的信息有较强的判断力。不信，则不传。一人不信，也许杯水车薪，倘若万人皆不信，那么谣言终将无奈消亡。那种靠耸人听闻来吸引读者的消息，也将无立锥之地。

《礼记·中庸》中有言“君子慎独”，人前的轻慢张狂并不是最可怕的，最令人毛骨悚然的是独自一人时所滋生出的恶意，是在屏幕的背后，因为无人知晓而恣意妄为的“键盘侠”们。所以，我们要让心中自有一片天地，如此方可不被外物所欺。

当代大学生们要努力学习，增强个人修养，坚守内心的方向，理性思考，不随波逐流，发出自己的理智之声，这才是当代大学生在网络环境中应有的担当。习近平总书记在党的新闻舆论工作座谈会上对新时代条件下做好党的新闻舆论工作做出了战略部署，我们当代大学生应该做时代先锋，积极践行党的新闻舆论工作职责使命。面对歪曲历史、抹黑英雄、扰乱社会、诋毁党和政府的言论，我们要勇于承担起时代所交给青年一代的责任，积极维护党和国家的利益，用自己的知识和修养，敢于批驳，勇于发声。

唯有发理性之声，方能做自由之人。

点评：网络时代让信息的传递达到了前所未有的速度。然而言论众多，难免鱼龙混杂。身处信息洪流中的我们，应当擦亮眼睛，保持思考和判断力，对纷杂的言论进行筛选；同时更应“三思而后言”，避免不实、冲动的言论给他人、社会造成不良影响。

评论|魏则西之死——信息时代的无知与恶意

作者：林佳妮

扫码观看

千百年前，当辛弃疾写下这句“众里寻他千百度，蓦然回首，那人却在灯火阑珊处”时，一定没有料到，今天的“百度”二字，在世人心中，是什么模样。

青年魏则西的不幸离世，然原本就暗流汹涌的网络世界更加波诡云谲。一个普通的渴望生命的青年，就读于西安电子科技大学计算机专业，因身患滑膜肉瘤，通过百度搜索锁定武警北京总队第二医院的“生物免疫疗法”，却在花费20余万之后不治身亡。这样一个鲜活生命的离开，为我们揭开了这个信息时代黑暗的一面。

不知道从什么时候开始，当我们面临疑问时，所做的第一件事很可能就是“百度一下”。的确，输入关键字，轻击回车，海量信息便扑面而来，相比旧时的问别人、查资料，实在是快捷了不少。但是，信息越多，越难以辨别真假。一个搜索引擎，只能将所有与你想知道的东西全部送到你面前，那么，如何知道它是对是错？我们对于搜索结果无理由的相信又源于何处？

甚至可以这么说，百度这样的公司，在某种程度上，控制着我们接触信息的大门，我们所需要的信息由它整合处理，才能传到我们面前。我们不知道在这个过程中，它们对信息做了怎样的筛选和排列，我们不知道那些排名背后又有着怎样的交易。

看似拥有最多最广的获取信息渠道的我们，反而是这个时代里最盲目的一群人。是非对错，真真假假之间，如何选择，如何衡量，这也许是我们每个人都面临的而又一时无法回避的疑问。

那么，以百度为首的这些掌握着信息源头的公司，对自己的要求又是如何呢？

目前，百度百科对“百度公司使命”的描述是“让人们最平等、便捷地获取信息，找到所求”，对“百度核心价值观”的描述是“简单可依赖”。基本还是停留在实用和技术层面，而对自己公司的价值观念和原则没有做出形容和阐述。

在这个飞速发展，一切以利益为先的时代，许多公司的短期利益越来越频繁地与作恶捆绑着出现。追求利益本无可指责，但倘若一家公司，没有坚守的原则，只是一味地看重利益，那么为了短期利益而选择作恶，那一定也是不正常的事情。

然而，这样的赚钱方式要如何收手？收手之后又该何去何从？

想要改变这种作恶和短期利益相捆绑的现状，这就要求公司本身，在追求利益的同时更加关注良知和善意，更要靠监察制度的完善，以及相关法律法规的建设。越早填补这一片管理上的空白，就能越早将这样的悲剧扼杀在萌芽状态。

魏则西事件所折射出的，有普通人在庞杂的信息时代的无知与迷茫，也有企业在利益和良心之间的权衡取舍。生命的消逝总是令人痛心的，而我们在缅怀逝去生命的同时，所能做的，也只有提高自己的辨别能力，拓宽获取信息的渠道，以及穷尽一己之力去推动体制和法律的完善。

正如孟德斯鸠所言："对一个人的不公，就是对所有人的威胁。因为一个人的不公显示的是制度的逻辑，可以拿来对待所有人，无人能保证自己幸免。"①希望这个时代的无知与恶意，可以尽快消散，更希望那些鲜活的生命，不要再消失于这样的时代之中。

点评：青年魏则西的离世，是对"莆田系"医院的揭露，也是对信息门户平台的警告。在越来越多信息来自网络的互联网时代，信息门户平台应如何在商业利益和社会责任中做选择？相关部门应如何加强对信息资源的审查和管理？社会大众应如何在众多名目中进行正确选择？都是值得我们思考的问题。

重新划界，为了历史的尊严

作者：闫悦沛

扫码观看

1860 年 11 月 4 日俄国强行与中国签订中俄《北京条约》，清廷被迫割让 40 万平方公里给俄国。

1886 年，中俄签订《重勘珲春东界约记》，设立了"土、萨、啦、帕"4 个界牌和 16 个记号，将中俄边界固定下来。

1993 年，中俄双方启动了珲春中俄边界东段、南段重新划界工作，根据协议设立新的界桩、界碑等界标。

2013 年 6 月 13 位专家来到位于珲春市春化镇上草帽顶子村东北部的中俄边

① [法]孟德斯鸠．论法的精神[M]．许明龙，译．北京：商务印书馆，2012.

界,进行实地普查,确定5处地理实体的新名字。

2014年11月经国务院批准,同意将吉林省珲春市东部中俄边境地区5处地理实体分别命名为吉龙沟、界牌岭、托伦岗、蓝香坪、红漆桩,并计划设置地名标志。

2015年5月7日在驻珲春部队协助下,珲春市民政局工作人员深入春化镇上草帽顶子村东北部的中俄边界地区,实地踏查并确定该5处地名标志的埋设点。

2015年11月4日中俄边境地名碑树立仪式在吉林省珲春市春化镇中俄边境线举行,4.7平方公里的土地正式回归祖国。

2015年11月4日,在位于吉林省珲春市的新中俄边境线上,举行了中俄边境地名碑树立仪式,从此,中国收回被俄国强行割占的4.7平方公里的土地。

回想历史,清末以来,中国曾丧失了200万平方公里的领土。两个数字对比,一个是历史带来的屈辱,一个则是新时代带来的辉煌。我们都在历史课上了解过1840年之后100年间我国饱受屈辱、饱受磨难的历史上,有的人曾经安逸地躺在榻上,吞云吐雾,满眼尽是飘飘欲仙的麻木;而他们,面对中国雄伟的大好河山,为了生命的苟延残喘被洋人的坚船利炮吓得仓皇出逃。而有的人虽然穷苦潦倒,但他们却在国家危难关头,用大写的一撇一捺,巍峨耸立起民族的脊梁。

收复失地,是对祖国母亲最好的报答。此番划界,是中国向世界发出的宣言,誓死捍卫国家荣誉,誓死保障国家领土完整。中国,不再任人欺凌;中国的领土,也不再被人肆意践踏。4.7平方公里,面积虽小,分量却足。

勿忘国耻,砥砺前行。历史的悲剧不可能重演,因为,我们已经强大。

点评:近百年来,因清廷政府的腐朽无能,我们祖国的大片山河被列强所掠夺,这是我们每一个中国人都不能忘记的耻辱。而如今,中国政府与邻国重新划分国界,收回了4.7平方公里的领土,令无数国人振奋不已。这篇文章从历史的角度,充分说明了这4.7平方公里的土地对于中国人民的重要意义,唤起了中华儿女的民族自信心与作为一个中国人强烈的自豪感。

建军节丨抵外辱到抗天灾，军人一直在

作者：李裕强

扫码观看

从南昌起义打响武装革命第一枪开始，距今已经有 90 年时间了。从工农红军到八路军、新四军，再到人民解放军，中华民族终于渡过重重劫难走向伟大复兴，时过境迁，盛世已临。如今让一个生活在太平之世里又不入行伍的 90 后青年如何庆祝建军节确非易事，所谓英雄也逐渐成了百姓口口相传却又似乎遥不可及的形象。每个人虽然都还在崇拜英雄，却不像以前一样时刻把英雄作为学习的榜样，行动的楷模。膜拜之余，饶有几分敬而远之、甘做庸人的懈怠之心，甚而因此有人开始怀疑他们，质疑历史，好像庸人才是真人，英雄没有血肉。

值此建军节之际，应当凝视这个时代的英雄——那些依旧在为理想奋战的英雄，望能给逝去的英魂和奋战的英豪还以慰藉。军人，在战争年代与敌人斗争，而盛世来临，敌人不再，军人的责任却不减反增。毛主席曾说：“与天斗，与地斗，与人斗，其乐无穷。”过去与敌人的斗争，苦于条件苛刻，敌强我弱；而今日军人，却要与天地斗，在天灾面前勇往直前，与天地斗，方知人之渺小微不足道，而军人一直奋战在第一线！和平的时代已经保持了很久，天灾却时有发生，地震、洪与旱、冰雪风雷等见诸媒体的严重灾难却不少，更不必说那洪水滔天的险情。灾难所到之处，极其触目惊心，即使老百姓，也感到心中惊惧，此种时候，军人的血肉，像是凝成了钢铁长城，与百姓紧紧联结在一起。

英雄多不留名，所谓“事了拂衣去，深藏功与名”之隐逸的侠客精神，而那些无数无名英雄在天地灾祸面前却有一个共同的名字——军人。2008 年雪灾，为减轻负重解救电缆，大雪之中，军人可以只穿单薄的迷彩衣日夜工作；为防止滞留乘客发生踩踏事故，他们不停地喊，直到嗓子再也发不出声音；为防止道路阻塞，他们深一脚浅一脚地走在积雪中，用铲子费力地铲……而他们，也有远方的亲人在担忧，在期盼，在祈祷……同样 2008 年地震发生后，武警某师闻令出征。师参谋长王毅主动请缨，率 670 名官兵火速开赴汶川。不惜一切代价向汶川挺进，尽快开辟生命通道。他们相互搀扶，边开路边前进。遇到山谷，大家上山时就手脚并用，一步步爬着往上挪；下山时，大家就像坐滑梯一样往下滑。13 日 23 时 15 分，王毅带领着 200 名勇士，历经 21 个小时，徒步强行军 90 多公里，成为第一支到达汶川县城的救援部队。震后隔绝了33个小时的汶川与外界有了联系。期盼着救星的汶川百姓哽咽着奔走相告:子弟兵救我们来了……还有青海玉树地震、四川雅安地震以及无数令人惊惧的天灾,唯有军人,从不曾离去。

时代变了,和平已成为主流,许多人嚷着这个时代不需要英雄,又抱着怀疑一切的态度去质疑军人。似乎没有了敌人,军人就失去了用武之地,似乎和平的年代,军人就有愧于他们的称号。又是一个建军节,从小米步枪到现在高科技信息化的部队,从抵御人祸到抗击天灾,从红军到解放军,人民军队走过了88个年头,军人,这些英雄始终很平静,不争功名,不惧误解,只是在人民最需要的时候,一句“子弟兵来了”让所有人民想起,军人一直都在。

愿军人与军魂永在,愿英雄永是英雄。

点评:人民军队对于中国人民来说一直都是一支伟大而英雄的队伍。在八一建军节之际,这篇文章回顾了从南昌起义打响革命武装第一枪,一直到今天人民军队的英雄事迹;回顾了从抵御侵略到抗击天灾,中国共产党所领导的人民军队为了中国人民所做的一切贡献。只要有人民解放军在,中国就再也不会像以前那样任人宰割;只要有人民解放军在,人民就再也不用担心天灾人祸会让自己流离失所;只要有人民解放军在,我们的国家就能朝着民族复兴的伟大目标迈进。

评论|为了忘却的纪念

作者:侯金津

扫码观看

1945年8月15日,日本宣布无条件投降,艰苦卓绝的抗日战争终于取得胜利。但双方都应以史为鉴,从战争中汲取经验、吸取教训,在和平发展中共同开创未来。艰辛的抗日战争对于中国人民来说,是惨烈的难以愈合的伤痛,是沉重的忍辱负重的过往。我们的纪念是为了忘却,是为了避免重蹈覆辙。

英雄需要被铭记

抗日战争是近代中国民族历时最长、规模最大、最为惨烈的反侵略战争。无数先烈捐躯赴国难,视死如归。他们没有抗日神剧中手撕鬼子的超能神迹,也没有在枪林弹雨里毫发无损的不坏之身。他们本是平平凡凡的普通人,为了民族大义和救亡真理,前仆后继,舍生忘死,以血肉之躯构筑我们新的长城。他们是英烈,生得英勇,死得壮烈。他们的功勋不可磨灭,他们的事迹需要铭记,他们永远活在后辈的心中。

历史不能重演

抗日战争期间,无辜的民众深陷战争的火海,生灵涂炭,血流成河。山河破碎、兵荒马乱的年代里,我们饱尝到深重的苦难。因而在和平年代、物富人丰的岁月,我们更应珍惜和平的可贵。前事不忘,后事之师。历史提醒我们纪念不是为了复仇,而是长鸣警钟,勿忘国耻,只有国家富强了,过去的历史才不会重演。

点评:1945 年 8 月 15 日,日本宣布投降,日军侵华战争给中华民族带来了深重的灾难,正是中华民族万众一心抵抗侵略才取得了抗日战争的胜利。抗日战争是近代中国民族历时最长、规模最大、最为惨烈的反侵略战争,抗日战争中的英雄值得我们铭记。如今的当代大学生,要认真学习科学文化知识,肩负时代责任,勇于担当,为中华民族的复兴而努力奋斗!

我们应该培育怎样的校风学风

作者:张皓元

扫码观看

习近平总书记指出:“一所学校的校风和学风,犹如阳光和空气决定万物生长一样,直接影响着学生学习成长。好的校风和学风,能够为学生学习成长营造好气候,创造好生态。”①

知识是人类进步的阶梯,大学生的专业知识和品行都在学习中获取和养成。胸怀祖国,为中国梦奉献青春,归根到底不能停留在嘴上,还要通过勤奋努力的学习才能落实。每一位大学生都应该端正学风,讲勤奋、讲诚信,共同营造良好的校风学风。

重庆大学 12 字校训最早出自重庆大学 1936 年第一学期开始实施的《训育及

① 习近平在全国高校思想政治工作会议上强调——坚持立法树人,实现全程育人[N]. 人民日报(海外版),2016－12－09.

管理方法》，其中说道：“训育学生之标准为……耐劳苦，尚俭朴，勤学业，爱国家……(训育)委员对于学生之生活、言论、行动、思想，得随时加以指导或纠正。”这就明确提出了学校培养学生的方向、标准、目标以及学校所担负的责任和使命。

我们学校的校训虽无经典出处，但言简意赅、隽永如斯：“耐劳苦”指出了人才成长的前提；“尚俭朴”指出了重大人生活的态度和风格；“勤学业”指出了人才成长的途径；“爱国家”则指明了重大人为人的根本。

重庆大学办学理念墙

“重庆大学的12字校训，朴素无华，低调务实，历经80多年，如图腾般激励和影响着一代代重大人，成为重大精神文化的标志和根源。有人曾认为它‘过时了’，而在我看来，其内涵历久弥新，将引领我们在实现学校办学目标的征程中取得更大的成绩。”重庆大学校长、中国工程院院士周绪红曾在学校2013级新生开学典礼上向7000余名本科新生做了这样的诠释。

“研究学术、造就人才、佑启乡邦、振导社会”，这16个字是今天重庆大学引以为傲的办学理念。

“人类之文野，国家之理乱，悉以人才为其主要之因，必人才日出，然后事业日新；必事业日新，然后生机永畅。世界所以进化无疆，国家所有长存不敝，胥赖于此。”这是对重庆大学办学理念的说明。

黑色花岗岩墙面上刻写着的镏金大字，选自重庆大学《重庆大学筹备会宣言》和《重庆大学成立宣言》。80多年来，重庆大学的历代学子，时时以此为警醒，以此为坐标，走在发展建设的路途上。重庆大学秉承“研究学术、造就人才、佑启乡邦、振导社会”的办学宗旨，弘扬“耐劳苦、尚俭朴、勤学业、爱国家”的重大精神，倡导“团结、勤奋、求实、创新”的优良校风和“求知、求精、求实、求新”的学风，坚持“扎根重庆、立足西南、面向西部、服务全国、走向世界”的办学思路，深入实施“世界一流大学和一流学科”建设，朝着中国特色世界一流大学办学目标不懈奋进。

昔日重庆大学的先贤们为重庆大学规划了科学发展思路，一代代重大人一脉相承，不断发扬重大精神，成就了学校今天的发展基础。今天，在“四个全面”的推进征途中，重大人应该有怎样的担当和使命，新时期的重大人应该怎样传承和发扬校训精神？营造一种怎样的校风学风？怎样营造良好的校风学风？每个重大人应该发挥怎样的作用？值得思考。

点评："耐劳苦，尚俭朴，勤学业，爱国家"12 字校训是重庆大学对学子的殷切期望；"研究学术，造就人才，佑启乡邦，振导社会"16 字办学理念是重庆大学对社会的承诺。作为中共中央直管、教育部直属的国家首批重点建设高校，重庆大学从未停止前进的脚步，一直在为成为世界一流大学而努力奋斗。

影评|《湄公河行动》：岁月静好，是因为有人为你挡住黑暗

作者：施金果

扫码观看

2011 年 10 月 5 日：中国两艘商船"华平号""玉兴 8 号"在湄公河金三角水域遭遇袭击，13 名船员全部遇难。

2012 年 4 月 25 日：案件专案组在老挝波桥省抓获惨案主犯糯康。

2016 年 9 月 30 日：以湄公河惨案为原型，林超贤编剧并执导，张涵予、彭于晏主演的电影《湄公河行动》在国内各大院线上映。无论是演员阵容、军事装备，还是动作打斗、视觉效果，都足以与好莱坞大片媲美。震撼爆破的真实，贴身肉搏的揪心，队友牺牲的泪光，将影院中观众的目光紧紧锁牢，更使得影片在竞争激烈的国庆档票房一路飙红。

《湄公河行动》改编自真实案件，却未止步于此。

五年前的湄公河惨案震惊中外，13 名无辜的中国船员在金三角被毒枭残忍杀害。一方面，影片还原案件真相，通过黑屏、枪响直击惨案过程，取景中南海重现四国专案组成立过程，帧帧细节还原中国警察境外秘密行动之艰辛；另一方面，通过"林超贤"式的艺术处理风格，带给观众更加浓烈的情感冲击：被毒品控制的当地娃娃兵眼神凶狠，玩俄罗斯转盘赌命，充当人肉炸弹；缉毒犬牺牲时，张涵予饰演的队长高刚青筋暴露，一声痛苦的嘶吼；即将追捕到犯人时望见突然出现的孩子，缉毒队员那一瞬间迟疑的眼神……无论是情节还是手法，《湄公河行动》都堪称国内警匪片中的翘楚。

令人感动的是中国在国民人身安全受到威胁时，那种分毫不让的态度。

在金三角这个"三不管"地带，从线索一无所有到成功捉拿真凶，个中曲折在

影片中可见一斑,实际情况下中国官兵的艰辛更是有过之而无不及。可是,虽千难万难,吾往矣。明知山有虎,偏向虎山行,只为替国人讨回一个公道。闪电营救,商场激战,丛林决战,大师中弹失去了右腿,哮天满身弹片壮烈牺牲,方新武驾驶着快艇撞向毒枭与之同归于尽……英雄的热血,捍卫了国家的尊严。当我们听到主演含泪含恨的声音,“犯我中华者,虽远必诛”,虽只是台词,却仍然热泪盈眶。从来都没有什么岁月静好,影片是有人为你挡住了黑暗。

这不是一部娱乐电影,影片关乎13条无辜人命的尊严,关乎中国人的尊严。当看到缉毒总队长与潜伏在泰国的情报员不惜一切代价也要抓住真凶,将罪犯绳之以法时,我们落泪了。这眼泪不像是爱情电影中的爱恨纠葛所带来的,这眼泪是一种更深的感情,是敬佩,是感动,更是心疼。

这是一部令人肃然起敬的主旋律电影。现实要比电影更加残酷,或许就在我们阅读这一行文字的时候,有一些我们永远都不会知道名字的人,正为了保护我们脚下的土地而献出生命。心中有爱,好好生活,就是我们在感谢他们为国家安宁所做出的一切。

向中国缉毒警察致敬!

点评:我们所拥有的和平安定,是无数人用生命和鲜血换来的。当我们安逸地享受生活时,不要忘记,有人正为了国家的利益、人民的安全与敌人战斗。哪里有什么岁月静好,只是他们用胸膛替我们挡住了枪林弹雨。致敬,缉毒警察;致敬,中国军人!

声明|日本APA酒店倒行逆施,我们要坚决抵制!

重大青年组稿

扫码观看

2017年1月22日,APA酒店社长元谷外志雄召开例会,公开回应APA酒店放置否认南京大屠杀书籍一事。元谷外志雄得意地说:“事件发生后,很多人给予我们鼓励,让我们加油。”同时,他挑衅地表示“没有撤书的想法”,甚至叫嚣道:“中国人就算预定也不接单。”最后,元谷外志雄说:“几个月后,人们就忘了,能记着的只有(APA酒店的)名字,我们也能凭借此事件刷出的知名度弥补亏损。”

APA酒店放置此类书籍以及元谷外志雄的回应引发中国民众的强烈愤慨。

APA 酒店倒行逆施，我们坚决抵制！

事件回顾

2017 年 1 月 12 日，赴日旅行的网友描述，在其居住的东京 APA 酒店客房中，放置大量由该酒店集团 CEO 所写的右翼书籍，书里否认南京大屠杀和韩国慰安妇的存在，并称“所谓日本犯下的罪行，是美国为投下原子弹而编造的谎言”。

1 月 15 日，网友 KatAndSid 再次上传视频对此事进行详细说明。在该视频中，一名女子从该连锁酒店前台购买到摆放在酒店房间中的极右翼书籍，并指出其中涉嫌否认南京大屠杀和韩国慰安妇的文字。目前该视频已播放 2086 万次，转发近 30 万次，留言 13000 多条。

APA 集团官方网站对在 APAHOTEL 客房放置否认南京大屠杀的书籍一事表示：放置的书籍是为了更广泛地传播真正的日本历史，书中关于近代史的部分没有拘泥于定论，作者分析了很多资料，按逻辑得出书中的看法。日本保证言论自由，不会因为有一方的压力就撤销自己的主张。声明最后还挑衅性地故意附上了书中否认南京大屠杀的段落。

中国外交部发言人华春莹说：“我们注意到有关报道，这再次表明日本国内一些势力始终不愿正视历史，甚至企图否认和歪曲历史。强征‘慰安妇’、南京大屠杀是第二次世界大战期间日本军国主义犯下的严重反人道的罪行，是国际社会公认的历史事实，铁证如山。”

1 月 18 日，由于 APA 酒店管理集团拒绝撤下所有酒店客房内的“右翼书籍”并道歉。中国国内多家旅游平台都终止了对日本 APA 酒店的订单服务。同日下午的记者会上，日本内阁官房长官菅义伟：“日本政府，如之前数次声明的一样，不过多关注过去的不幸历史，而是更关注两国在国际上面对的问题。”

1 月 19 日，日本札幌亚洲冬季运动会组委会要求作为官方指定酒店的 APA 撤走相关书籍。第八届亚冬会将于 2 月 19 日至 26 日在北海道举行。为节约成本，组委会没有专门建运动员村，而是选择包括札幌 APA 在内的两家酒店作为官方指定住宿设施供运动员入住。（第八届札幌亚冬会将于 2 月 19 日至 26 日在日本北海道札幌市和带广市举行。据报道，有两家 APA 酒店被选为组委会指定住宿地。届时，将有来自 31 个国家和地区的约 2300 名选手及随团人员参加亚冬会。）

1 月 20 日，第八届札幌亚冬会组委会在同 APA 酒店商谈合作时，要求“为消除偏见和歧视，要采取顾及宗教、文化、民族等的应对措施”“撤去客房内所有的信息类物品”。然而现在看来，否认南京大屠杀和韩国“慰安妇”问题被认为不在此列。

中方回应

1 月 23 日,中国外交部发言人华春莹在例行记者会上,敦促日方认识到这一问题的严重性,切实负起责任。华春莹说:我愿重申,忘记历史意味着背叛,否认罪责意味着重犯。日本一小撮人越是急于将历史罪行“清零”,越激发“重启”这段记忆。这些人的倒行逆施已经引起了中国民众的强烈愤慨。日本政府不应该以所谓“言论自由”为借口推卸责任,更不应该以所谓“过度聚焦历史”的说法误导民众。我们敦促日方认识到这一问题的严重性,切实负起责任,妥善处理有关问题,避免给中日关系带来新的干扰。

1 月 24 日,国家旅游局新闻发言人张利忠表示,鉴于日本 APA 酒店坚持客房内放置右翼书籍的错误做法,国家旅游局已要求所有出境旅游企业和旅游电商服务平台全面停止与该酒店的合作,停止使用该酒店作为地接酒店并下架所有该酒店的旅游产品及相关宣传广告。国家旅游局呼吁中国访日团组和广大游客,自觉抵制 APA 酒店的错误做法,不进入该酒店消费。

元谷外志雄借着自己对酒店管理的控制权,公然传播右翼言论,试图歪曲史实,想把日本打扮成“战争受害者”的形象,洗白“侵略者的身份”,引发中国和韩国民众的愤怒。

常言道,远亲不如近邻,中国历来有反对战争、珍惜和平、睦邻友好的传统。但是,我们要清醒地看到,日本政府及民间总有一撮势力企图否认日本发动侵华战争给中国带来的伤害,不正视历史,不承认错误,不深刻反省,正谋求卷土重来,甚至猖狂干涉中国内政,举行所谓军演,给台独分子错误信号。APA 酒店的丑恶嘴脸只是一个缩影,其政府和倡导的思想不变,这样的酒店和言行还会继续存在,对于这些倒行逆施的人和言行,我们要继续发扬抗战精神,大刀进行曲要时刻响在耳边,要更加紧密地团结在以习近平同志为核心的党中央周围,一心一意谋发展。青年学生更要铭记历史,立志成才,以绝不让历史悲剧重演的信心、决心和魄力捍卫国家的主权。

作为中国人,我们不会忘记,自 1937 年 12 月 13 日始,日军对南京及其周边地区长达 6 周的大屠杀;我们不会忘记,我们失去的 30 万同胞们的生命。今年,是南京大屠杀后第 80 年,我们一定要勿忘国耻,振兴中华!

点评:在南京大屠杀 80 年纪念之际,日本 APA 酒店被爆出篡改历史、抹杀事实的丑闻。而其负责人的相关回应,更是暴露了其对历史的无知和日本企图抬头的军国主义思想。施暴者选择遗忘,受害者更应铭记。那段满是血泪的历史是悬在每一个中国人头顶的警钟,激励我们奋斗拼搏,振兴中华!

评论|为英雄的飞行员,点赞!

重大青年评论员文章

扫码观看

中国海军两名飞行员姜涛和鲁朋飞在飞行训练中,面对所驾单发飞机的发动机突然发生空中起火、动力迅速下降的重大险情,果断驾机成功避开人口密集区域后,终因高度过低处置时间短促,无法跳伞,壮烈牺牲。

当险情发生时,两名飞行员本可以立即选择有利于生还的逃生方式,但正前方100多米及其左右前方地面上均为人口密集区域,分布有村庄、驾校、厂房、居民楼、医院、加油站、商业中心等。如果按照飞行教范要求直线或小角度转弯迫降,带着火焰和燃油的飞机在巨大惯性作用下会坠入人口密集区域,将给人民群众生命财产造成严重损失。面对人民群众可能因为坠机导致的损害,两名飞行员不顾个人安危,毅然让飞机转向,最后飞机坠入树林,地面无任何连带损伤,两名飞行员却永远离开了我们。

人民军队保护人民,无论战争时期还是和平年代,当灾难发生的时候,冲在最前面保卫人民生命财产的是人民子弟兵,他们是最可爱的人,是我们心中的英雄。任何时期,军人都在用他们的鲜血和生命,用他们的无私奉献,用他们的高贵品质树立了一座座中国人的丰碑,他们是一个民族的精神,他们是国人的骄傲,是我们学习的榜样。

一段时间以来,玷污中国英雄的言论散布在网络空间,对上甘岭战役中牺牲的烈士黄继光进行质疑,有人用粗浅可笑的物理分析堵枪眼的不可能性,有人论证英雄的事迹是官方记者杜撰,有人戏谑黄继光脑子有问题,还有人恶搞总结“枪炮基本不用,炸药基本失灵,全军趴着不动,围观一人玩命”的段子,更有某些无良企业用玷污英雄的言论进行炒作,置全国人民的感情于不顾,严重挑战国人的底线。如此下去,我们的英雄还会存在吗?

乐于助人、奉献社会的雷锋被他们抹黑了,于是我们见到了越来越多的冷漠孤僻、袖手旁观;甘于清贫、无私奉献的焦裕禄被他们丑化了,于是我们见到了越来越多的唯利是图、贪婪无耻;大义凛然、视死如归的董存瑞被他们恶搞了,于是我们见到了越来越多的明哲保身、见死不救……请想象一下我们的民族精神高地全部沦陷后的场景吧，一切美好和高尚将不复存在，所有良知和秩序将荡然无存，长此下去，还有什么希望可言。

如果一些网络推手利用网民对历史事件不清楚而进行大肆抹黑英雄，那么今天的两名年轻的战士用他们的生命诠释了英雄的存在和崇高。中国自古以来，英雄辈出，辛弃疾、文天祥、谭嗣同、张自忠、赵一曼……每个时代的英雄如一颗颗明星闪耀在中华民族历史的进程中，也正是因为英雄人物的代代相传，推动了整个民族的不断进步。今天，在实现中华民族伟大复兴的征程中，杨利伟、任长霞、袁隆平、钱学森、王伟、杨善洲、长江大学见义勇为舍己救人大学生英雄集体……一大批感动国人的人物和集体是新时期我们心中的英雄。

每一条污蔑我们英雄的谎言、每一条诋毁我们先烈的谣言，都是射向我们民族精神的子弹，都是意图毁灭我们美好生活的毒药。我们不能冷漠无视，更不能沦为阴谋者的帮凶。

请铭记我们的英雄，今天，让我们一起为两名英雄的飞行员点赞，让我们记住他们的名字——姜涛、鲁朋飞。

点评：有人说，抗战之后中国再无英雄。但姜涛、鲁朋飞却用他们的实际行动粉碎了这个谣言。危难关头，两位飞行员选择了集体利益、人民利益优先，牺牲了自己宝贵的生命。这种视死如归的精神值得所有人尊敬，他们是人民的英雄，国家的骄傲！

注意！请铭记五星红旗的样子，深知她的意义，产永远为她添光彩

在里约奥运赛场上，中国健儿凭借自己的勤奋与努力，多次登上奥运会的领奖台，五星红旗一次次升起。这是一件令所有中国人都感到高兴与自豪的事情，可细心的网友表示，里约奥运会上用的五星红旗看起来似乎不太对劲。

对于五星红旗，《国旗法》中有具体规定：“一星较大，其外接圆直径为旗高十分之三，居左；四星较小，其外接圆直径为旗高十分之一，环拱于大星之右。四颗

小五角星均各有一个角尖正对大五角星的中心点。”①如此看来，里约奥运会颁奖所用中国国旗明显不符规定。

中国奥运代表团第一时间发现颁奖仪式上中国国旗错误，当场就此向里约奥组委提出抗议。中国驻巴西使领馆对此高度重视，李金章大使即责成宋扬总领事立即向巴方提出交涉。宋扬总领事已致电里约奥组委机构关系主任阿杰玛大使，要求里约奥组委立即纠正错误。里约奥组委对此深表歉意。此次里约奥组委委托第三方公司（非中国公司）制作各国国旗，将立即责令其纠正！

很多网友发表微博，道出了所有中国人的心声：五星红旗是中华人民共和国的象征和标志，一点都不能错！

我国的国旗是五星红旗，红色的旗面象征着革命，而黄色的五角星则能在红地上“显出光明”。旗上的五颗五角星及其相互联系象征着共产党领导下的中国革命人民大团结。四颗小五角星各有一尖正对大五角星的中心，表示亿万人民的心都向着伟大的中国共产党。

里约奥运会的角逐已经进入第三天，张梦雪在女子 10 米气手枪决赛中勇夺首金；孙杨在 400 米自由泳比赛中与金牌失之交臂，又以半决赛小组第一的成绩进入男子 200 米自由泳决赛；中国跳水“梦之队”再次夺冠；中国男子 4×100 自由泳接力失误犯规，遗憾出局……奥运会是一场惊喜与意外同在、喜悦与遗憾交叠的盛事，期待在未来的比赛中中国健儿们能拿到更好的成绩，让鲜艳的五星红旗飘扬在比赛场馆上空！

点评：这篇文章在里约奥运会弄错五星红旗时发出，告诉网友请记住五星红旗的样子，深知她的意义，并永远为她添光彩，利用这一契机加强爱国主义宣传。

冷静｜抵制乐天和“萨德”需要理性

重大青年组稿

扫码观看

韩国国防部 2 月 28 日表示，与乐天集团签署了有关确保部署“萨德”用地的易地协议。对此，中国外交部第一时间表示坚决反对和强烈不满，强调中方反对

① 中华人民共和国国旗法[M]. 北京：中国法制出版社，2015.

在韩部署“萨德”系统的意志是坚定的，将坚决采取必要措施维护自身安全利益，由此产生的一切后果由美韩承担。

萨德事件持续发酵，国内抵制“乐天”愈演愈烈。

这两天，哈韩的小姑娘都不好意思公开谈论那些男神欧巴了，微信里面的韩国代购也突然消停了，朋友圈中一对又一对曾经的好朋友，因为在爱国的标准问题上无法相互说服，而决定老死不相往来。

这次民间抵制乐天的“运动”，似乎看起来比我们想象的要严重得多——事件从对韩国的谴责上升至对乐天集团的抵制，似乎也上升到对整个韩国和韩国人的丑化与抵制，一并被侮辱和损害的，其中也包括那些在韩资企业工作的中国同胞。韩国民间和媒体也不示弱，也开始抵制来自中国的商品，一场两国的口水战已经在媒体和网络燃起。

中国自古以来是一个文明礼仪之邦，一个大国应该有大国的风范。你可以去谴责，可以去喊口号，甚至可以去抵制拉横幅，但最好将枪口瞄准目标，而不是见个人就喷，甚至连自己人都不放过。爱国当然没有错，但是，前提是认清：你是在爱国，还是在违法？你是在爱国，还是丢了自己的风格和素养。

乐天在“萨德”问题上错误地选边站队，中国社会自发自觉地抵制乐天，这是一种合乎情理、可以预料的结果。抵制乐天无可厚非，在中国赚钱，又损害中国利益，这样的企业中国不欢迎。相比美国动辄对威胁自己国家利益的商业公司进行惩罚，中国社会的这种抵制相当温和，这是在国家利益与国家安全遭遇侵害之后，相当节制而理性的一种抵制。但是如果在抵制的过程中不理性而采取了违法的行为，这样的抵制就会变味，甚至会被别有用心的人和组织利用。

爱国本是一种可贵的品质，但是，爱国不是莽夫和缺乏理性，甚至去侵犯同胞和攻击他人，而是应该有礼有节有序进行。鲍斯威尔的《约翰逊传》有一句很经典的话：“爱国主义是流氓恶棍最后的庇护所。”它所抨击的就是那些虚假的“爱国主义”，爱国应该是文明理性的，不能触犯法律。理智的爱国者，有如那些自觉不去乐天超市，不让“祖国爸爸”背锅的热血中国人；有如那些坚持撤柜，实践了“把国家利益置于个人利益之上”的商家。

然而，国内还是有一些抵制行为不算理智。前一阵子的乐天中国官网疑遭黑客攻击瘫痪，这使我们联想到之前的日本政府“购买”钓鱼岛的闹剧。当时日方一意孤行激起了中国人民的强烈反应，不少地方民众自发走上街头，谴责日本侵犯我国领土主权的恶劣行径，谴责其对世界反法西斯战争胜利成果和战后国际秩序的严重挑衅，表达了中国人民的正义立场和爱国精神，形成了维护主权、捍卫领土、伸张正义的强大声势。但不容忽视的是，也有少数人打着“爱国”旗号，参与砸车、砸店、纵火等暴力活动，危害到了公共安全，其行为已经超出法律允许的范畴，这些都是任何法治社会所不允许的。

或许我们能从网上那篇《无论国家和国家如何交恶，人民和人民应该心平气和》做一些冷静的思考。

文章认为，最近的新闻，常常让笔者想起多年前一起相似但又很不一样的事件——古巴导弹危机。

1962 年，加勒比海地区发生了一场震惊世界的古巴导弹危机。它是由于 1959 年美国在意大利和土耳其部署了中程弹道导弹雷神导弹和朱比特导弹引起的，苏联为了扳回战略劣势，而在古巴部署导弹。这是冷战期间美苏两大国之间最激烈的一次对抗。

1962 年 10 月 22 日晚上，全美国的人都守在收音机和电视机前，忐忑不安地等待着他们的总统发表特别紧急讲话。

7 点，约翰·肯尼迪的声音传遍了美国的每一个角落，没有废话，直入主题：

“晚上好，我亲爱的公民们。正如我们所承诺的那样，政府一直在严密监测苏联军队在古巴岛上的军事部署。近一个星期以来，我们有确切的证据表明，这个被囚禁的岛屿已经准备了一系列进攻性导弹发射场……美国政府对这些证据做了确认并且对我们所将采取的对策做了全面的评估，我们觉得有义务向你们报告这次新危机的所有细节。”

和防御性的萨德不一样的是，古巴的导弹是进攻性的核武器。正如肯尼迪指出的那样，“这些发射基地的唯一目的，是对整个西半球实施核打击”。

其中一批发射场可攻击包括首都华盛顿在内的整个美国西南部，而另一批尚未完工的远程导弹发射场，攻击范围则覆盖北至加拿大、南至秘鲁的整个西半球。

也就是说，这批导弹足以摧毁美国本土几乎任何一座城市，从纽约到芝加哥再到西雅图，无一幸免。

在那次导弹危机之前，美苏之间已经进行了几年疯狂的军备竞赛。再往前，第二次世界大战才结束十几年，年长一点的老人甚至还有第一次世界大战的记忆。

在我们的中学历史书上，古巴导弹危机只是短短的一两句话。但对那一刻、那几天、乃至那一代的美国人来说，危险和恐惧是切切实实存在的。

孩子会急切地问父母老人，会有战争吗？而长辈们抿抿嘴，他们也不知道，无法给孩子许下虚幻的愿望。

当时美国军方鹰派主张强硬回应，痛击苏联。一旦如此，两个核大国全面开战，第三次世界大战开打不可避免，世界接近核毁灭的边缘。

但肯尼迪选择了另一条路线。在他的坚持之下,美国和苏联进行了秘密谈判。13 天之后,双方达成一致,各让一步。

这是可能毁灭世界的 13 天,也是美国人最担惊受怕、生活在恐惧里的 13 天。那几天,报摊上天天排起长队,人们焦急地想要知道最新的消息。

2017 年 3 月 10 日 11 点,朴槿惠弹劾案毫无悬念地获得通过,朴槿惠彻底下台。在微信(占豪)看来:朴槿惠的败局告诉我们,一个国家的领导人、最高决策者如果对世界大局、发展趋势不了解,一旦战略选择错误,将可能一着不慎满盘皆输。朴槿惠刚担任总统之时,她选择的外交策略非常好,交好中国、敌视日本、与美国遏制中国战略保持距离,这一策略让她的支持率在 2015 年 9 月 3 日参加完天安门阅兵后达到 54%,远高于其当选总统之时。然而,时间仅仅过了一年左右,她的支持率竟然跌至可怜的 5% 以下。如此断崖式的暴跌,根源就是她决定引入"萨德"惹的祸,"干政门"只不过是矛盾激化的形式而已。

对朴槿惠来说,下台或坐牢只是她个人的荣辱。但是,她引入"萨德"给韩国带来的严重后果则是灾难性的,她的这一决策使得中美在第一岛链的较量被很大程度上推到了半岛,这不但会恶化半岛局势,还会恶化韩国国内的政治形势。这两个恶化,前者会导致韩国国家安全系数降低、经济发展面临困难;后者则意味着韩国的国内政治将陷入撕裂,这种撕裂影响的将不仅仅是政治,还有社会安定和经济。别的不说,仅仅朴槿惠被弹劾后,就有两个朴槿惠的支持者在冲突中丧生,这种激烈冲突很可能将成为未来韩国内政的常态,而这一切从根本上是源于朴槿惠的错误决策。

占豪认为:至于中国,根本不是韩国惹得起的,韩国的代价是自取其辱。至于美国,一定要和中国较量一番,那最终必然且只能赌上第一岛链,以美国现在的思路发展,最终美国失去全球霸权的速度将比预期的更快!对此,我们拭目以待!

国家和国家之间也许没有永恒的友谊只有利益,但人民和人民之间是可以交朋友的。

即使不交朋友,也不必针锋相对,剑拔弩张。无论国家和国家之间如何交恶,人民和人民应该心平气和。

无论政府之间如何争吵,民间的交流和友好不应该受到影响。

所谓的和平,无非就是求同存异。不一定要相亲相爱,但一定要相互包容,相互尊重,倾听对方的诉求,理解对方的担忧,尊重游戏的规则。

这样,才能心平气和,找到那个最大公约数。

我们抵制无良企业,但可以停止对于韩国普通民众的丑化和侮辱吧,停止对韩资中国员工的攻击和人格嘲讽吧。一个强大的中国不应该以这样的姿态频繁出现在国际上,你应该相信,我们的外交部有足够智慧去应对这类所谓的“危机”。

萨德事件本质上是一种大国间的博弈和外交事件。抱歉,外交没有那么简单,不是随便说两句狠话就可以的,一个国家的外交,需要合纵连横的智慧,更需要宽大的胸怀,国与国之间从来讲究的都是利益最大化,狠话谁不会说?但并不是说你学会了说狠话和大话,就能成为一名优秀的外交官。

况且,即便两国交恶,“不辱来使”似乎也应该是一个大国应有的肚量。

锋哥说:

你心中的中国神圣不可侵犯,你心中的中国人自强不容欺辱,这一切,我都欣赏、认同并希望我们一起努力,将她建设好。

因此,对于一名当代青年大学生来说,爱国,不仅需要脚踏实地地努力工作,有时候也需要理性。

理性爱国更有力,理性爱国国更强!

点评:这篇文章综合网上的部分文章而成,号召青年遇到特殊事件时,要理性分析,切忌冲动,做真正的爱国者。

第四篇 04

校园好歌曲

纵使时光变迁，岁月流逝，总有一首歌留在记忆里，时常拨动我们的心弦。校园好歌曲，实现你对音乐的热爱，讲述你与生活的故事，刻画漫长时光里的清晰剪影。《重大青年》校园好歌曲板块，通过鼓励学生自主创作并分享音乐，弘扬青春正能量，唱响青年之声。

工作感悟：音乐是青年人共同的喜好，很多优秀的音乐作品产自校园并流传开来，成为校园的一大特色。无论时光如何变迁，不同的音乐成为不同时代的记忆，每一代青年人都有自己喜爱的音乐。前锋工作室充分尊重青年对音乐的喜爱，开展校园好歌曲原创音乐创作大赛，得到了同学们的积极响应，同时还原创了《山上山》等音乐作品，在校园传唱。

不是南山南|重庆大学《山上山》关于青春与人生的歌

出品：重庆大学前锋网络文化工作室
视频制作：重庆大学前锋网络文化工作室
指导：吴昊
作词：刘欢
作曲：马頔，改编自《南山南》

扫码观看

由重庆大学前锋网络文化工作室（教育部首批大学生网络文化工作室）出品的歌曲《山上山》一度“引爆”朋友圈。该歌曲以《南山南》曲调为基础，以重庆大学校园生活为素材重新创作歌词，并由艺术学院声乐系老师演唱。

别具一格的曲风演绎了重庆大学新老校区之间上山下山的故事和优美的校园风景，意境优雅。聆听该歌曲，清新欢快的校园回忆涌上心头。歌曲中和声部分“山上山，树连树，情思随风舞；长江长，雾都雾，此生心已属。”被网友大呼“太优美了”，发布后立刻被学生、校友和网友传唱。

时任重庆大学党委副书记肖铁岩在聆听后第一时间评论说：“赞！给创意、作词、演唱、伴奏、制作……希望前锋工作室创作出更多好作品！”重庆大学党委宣传部副部长凌晓明听了后发表短评，认为“《山上山》凸现了重大的特色和精彩，老校区和虎溪校区是承接十年莘莘学子情感相依、血脉相通的大学生活的驿站，更加彰显山城的魅力和独特，于是《山上山》就定会属于重庆大学人员创作的最好音乐作品，别无他选”。

《山上山》一经发布，引发关注如潮，国内外校友纷纷在评论中表示含着热泪反复聆听，希望有机会重回母校，祝愿母校蒸蒸日上。《光明日报》重庆站长晚上12点后还在欣赏，发出了“又听了一遍，真不错”的网络评论，《重庆日报》记者认为“确实很不错，完胜各版本《南山南》”。

《山上山》

你在湖畔的银杏下　仰望流云
我在江岸的石栏前　倾听潮声
时光匆匆步伐从未停
永远爱恋那姓名
嘉陵江上　定格最美青春
石头校门红瓦灰砖黄桷情
民主湖水陪伴着寅初亭
海角天涯穿过无数的风景
沙磁学灯永远照耀你为梦远行
工学院珍藏着历史的烙印
学子欣欣草木青青
风雨操场也有阳光照耀在心
当年的歌声你是否还在听
大学城隧道通向了
情人坡上微笑着的那个身影
走过了无数的台阶梯坎
那人却在熙街路口脚步轻
永难忘毕业时耳语叮咛
火锅渐冷余味暖心相拥在竹林
你在湖畔的银杏下　仰望流云
我在江岸的石栏前　倾听潮声
时光匆匆步伐从未停
永远爱恋那姓名
嘉陵江上　定格最美青春
山上山　树连树
情思随风舞
长江长　雾都雾
此生心已属

网友点评：

@肖铁岩：一个字赞！给创意、作词、演唱、伴奏、制作……希望前锋工作室创作出更多好作品！

@wuhao：看了刘欢这首词，很舒服，加上女声演唱，唱出了重大最美校园韵味以及我们对新老校区的牵挂。听了很多次！

@祖国的花朵：你在一教的窗影里温儒执笔，我在云湖畔清风里捧书而立。

@王文辰：回忆满满在心头，好想再回学校看看！

@番茄小丸子：虎溪和老校区的遥望对唱，山上山下，山上山，像一场异地恋，远方总有人在想你。

@羽佳：山上山，听着听着竟然有眼泪了，电影学院的欢哥把歌词写得很棒。千里为重，广大为庆，重庆这片土地，很美，珍惜在雾都里、嘉陵边的重大生活。我爱重庆！

@古月口丁一：声音好美，到3分15秒处的和声，简直开挂了！

@蓝：不卖情怀，不迎潮流，不博眼球。

@尚景林：此生心已属，梦回雾都。

@易61：每一句歌词都是画面，重大人的独家记忆。

@琥珀主：记得上课的每一条路，食堂的每一道菜，爱过的每一个人，山上山，舍不得离开。

《山上山》是前锋网络文化工作室推出的经典作品，已经在校园广泛传唱。重庆是山城，重庆大学在山上，从沙坪坝老校区到虎溪新校区，穿过大学城隧道，不觉间又上了一座山，山上还有山，一步一重天，正如人生路，未来无极限。《山上山》讲述的是新老校区之间的点滴故事，是真正属于重大人的独家记忆！

致师生校友|重庆大学陪你度过漫长岁月

出品:重庆大学前锋网络文化工作室
视频制作:重庆大学前锋网络文化工作室
指导:吴昊
作词:刘欢
作曲:黎晓阳,谢国维,改编自《陪你度过漫长岁月》

扫码观看

与重庆大学初遇的惊艳
让你开始一段难忘旅程
她走过战火纷飞,终有银杏金黄
你经历书山学海,来到梦中远方
她以璀璨星光,伴你度过长夜未央
她以厚重历史,成就你的书声琅琅
她以勤奋善思,燃起你求学的希望
她以浩瀚书海,助你充实梦的行囊
她用自己所有的美好
陪你走过这漫长时光

这是一首源自重庆大学的无声告白、关于陪伴与成长的歌。

在改编歌词的过程中,想到次数最多的词便是"陪伴"。进入大学之前,陪伴我们的是熟悉的家乡,随时给予温暖的父母,还有要为之付出无限努力的高考。而当我们走过那些岁月,来到重大,我相信之后的岁月里,最能够无声陪伴我们的就是重大。无论我们是成功或失败,愉悦或悲伤,在生活的起起伏伏之中,重大始终就在我们身边,见证着我们的成长,伴着我们把所有彷徨孤单都转化成直面未来的勇气。漫长的岁月里,庆幸能有重大在身旁,可以一起走过美好的时光。

《重庆大学陪你度过漫长岁月》

走过了战火硝烟
不平静也得坚强
我是沉默的存在
陪你一同成长

伴在你身旁
题山题海至终章
共赴梦中的远方
在背起行囊之前
让我再陪你一段
陪你看银杏树叶　染成了金黄
陪你把彷徨孤单　转变为勇敢
一次次阴雨又放晴　从未离开
陪伴是重大的告白
陪你把想家的酸　融化成温暖
陪你把未来　写出荣耀来
未来多漫长　再漫长　还有我在
陪伴你　一直到　时光都走完
让希望充满胸怀
用努力成就梦想
云缙无声地见证
阅读的世界　也不孤单
陪你把虎溪的美　铭刻在心间
陪你把旧时历史　拾起再重来
一次次阴雨　又放晴　我没离开
陪伴是　重大的告白
陪你把艰难困苦　拥抱成温暖
陪你尝百味　全都记下来
日子多辛苦　再辛苦　还有星光
陪伴你　一直到　作业都写完
陪你看银杏树叶　染成了金黄
陪你把彷徨孤单　转变为勇敢
一次次阴雨又放晴　从未离开
陪伴是　重大的告白
陪你把想家的酸　融化成温暖
陪你把未来　写出荣耀来
未来多漫长　再漫长　还有我在
陪伴你　一直到　时光都走完

网友点评：

@wuhao：这条微信牵动了很多重大人和朋友，跨越大洋全球连线完成，团队的孩子精心准备，向大家表示衷心感谢！正是浓浓的重大情，让大家跨越时空，情系一起！

@冯珺：这是来重大的第一年，我从千里外的津城远赴求学。从起初的不适应到习惯了虎溪的陪伴，再到将“佑启乡邦，振导社会”铭刻在心，进而演变成一种对这座城的眷恋。半年时光在这里已然学到了太多太多……四年漫漫，我会成长为更优秀的样子陪重大度过漫长岁月。

@番茄小丸子：五年前阴差阳错地来到了重大，到达重庆的那一刻直到现在从未后悔过，感谢这座历史沧桑的大学，陪我走过人生最美好的时光。

@齐齐：母校的气息已融入骨血，祝母校桃李满天下，祝天下的重大人心想事成！

@安然：深深的话我们浅浅地说，长长的路我们慢慢地走……来到重大，梦想就有了印记，青春的足迹，奋斗的记忆。这里有陪伴我无悔青春的可爱同学，有严肃而又亲切的萌宝老师。几年光阴流转，却依然记得我的名字与你第一次有了交织时的欣喜。但愿多年后，我依然对得起你给予的温暖与荣耀。致我的母校——重庆大学。

@^O^MDZZZZZ：愿重大陪伴你我，携手共度漫长岁月。我从河南来，将在重庆停留四年，喝啤酒，吃火锅，走山路，感受潮湿与炎热，品尝麻辣与冰凉。

@斌：重大求学，生命中最重要的一段经历，在这里，让我人生启航。老师不仅教我知识，更赋予我们吃亏耐劳、勤奋踏实的秉性，清清白白做人，踏踏实实做事，是陈德文老师送给我的毕业赠言。无论何时，无论在什么岗位，不敢忘记，常以此自省。重大，我为你骄傲，也为你自豪。

@陈永盛：年年都回重大校园转转，自己成长的记忆历历在目。得到了不少老师的帮助和关怀。正是老师的包容与引导，让无数像我一样爱犯错的青年，长大成人。想起姚贵明、谭鸿予、李华基、饶劲松等老师，就像想起我的家人一样，那么亲切。希望重大明天更美好！希望重大校友、师生幸福快乐！

“陪你看银杏树叶染成了金黄，陪你把彷徨孤单转变为勇敢。”难能可贵遇见你，是我生命的奇迹。重大陪伴是最美的时光，是最可爱的记忆。这首歌在小年夜推出，感动了海内外师生校友。

【前锋新歌】海角天涯，此世今生，《重庆，为你而等候》

出品：重庆大学前锋网络文化工作室
视频制作：重庆大学前锋网络文化工作室
指导：吴昊
演唱：程云莲
作词：刘欢
作曲：程云莲
编曲：李阿文
合音：李阿文、陈继、陈可
音乐制作：黄玫瑰音乐公司
录音及后期：陈继

扫码观看

还记得感动重大师生的作品《山上山》与《重庆大学陪你度过漫长岁月》吗？今日，重庆大学程云莲老师及校友刘欢携手，又出新作《重庆，为你而等候》，并将于今晚（30 日）在重庆文艺广播（FM103.5）播出。锋哥为广大校友带来抢先收听的福利，一起在新的歌声中体会对山城的独特情感吧！

我们见过许多人
却只对这里爱得深沉
我们行过许多城
永远忘不了雨雾迷蒙处江山纵横
或许是最美的相遇
相遇了一次，心头便再难离分
可能是注定的缘分
总会有一次，为了你风雨兼程
在海角天涯
在此世今生
重庆
为你而等候

《重庆,为你而等候》

喊起了船工号子长长久久
记忆里高高低低吊脚楼
奔腾的长江潮水流
山城呀在那山上头
解放碑的钟声穿越过冬夏春秋
麻辣鲜香的火锅哟
藏着人心里最浓的乡愁
梦中的桃花源记荡荡悠悠
穿行过花花草草逍遥游
壮阔的三峡乘小舟
神话呀都映入眼眸
摩崖石刻雕琢着岁月
仙女山的风流描绘在眼前心头
太阳出来的旋律哟
歌唱天地间热烈的自由
思君不见下渝州
追寻向长江上游
无数虹桥的尽头
重庆　为你而等候

网友点评:

@星星之火—凌晓明:声音甜美、清澈,回味无穷;旋律悠扬、飘忽,曲折婉转;图文精准、别致,恰到好处。好歌!好文!

@尚景林:一首让人想哭的歌。

@罗斌:重庆就这样的味道。

@LuLu:歌好听,人很美。

@李力生:期待创作出更佳的作品,培养出更多更优秀的学生!

我所说的重庆,是那个有山有水有妹子,有火锅有烤鱼有毛血旺,有你有我也有他的地方。听着撑船人的号子声响彻峡谷,踩着一级级台阶行走在山城之间,看轻轨穿梭过楼宇之间上天入地。我知道,这就是我所热爱的重庆。

重大版《成都》MV | 邂逅重大，我想和你一起

出品：重庆大学前锋网络文化工作室
视频制作：重庆大学前锋网络文化工作室
指导：吴昊
作词：程雅妮
作曲：赵雷，改编自《成都》
演唱：陈继

扫码观看

千言万语，不如虎溪一聚
春风十里，不如梅岭一遇
邂逅重大，我想和你一起

《成都》重大版

让我掉下眼泪的
不止虎溪的秋
让我依依不舍的
不止八教的楼
余路还要走多久
那年一九二九
让我一见倾心的
这里雾都渝州
相逢总是在九月
迎面是你的问候
荷苑的水芙蓉花
向我轻轻招手
在雨季绵长的时光里
我从未忘记你
重大带不走的只有你
和我在银杏大道上走一走　喔噢喔噢

捡拾一片金色落叶轻轻捂在胸口
等那月亮爬上枝头
我会轻吻你的额头
送你到寝室楼的门口
转身在互道晚安后
分别总是在六月
再回首笑容依旧
思群广场跑道上
你向我伸出手
在梅岭之上的寅初亭
我从未忘记你
重大带不走的只有你
和我绕着民主湖畔走一走　喔噢喔噢
畅谈理想一起加油为未来而奋斗
陪你把风景都看够
我会执伞伴你左右
踏遍那万水和千山
走过无数冬夏春秋
和我绕着民主湖畔走一走　喔噢喔噢
畅谈理想一起加油为未来而奋斗
陪你把风景都看够
我会执伞伴你左右
踏遍那万水和千山
走过无数冬夏春秋
和我在重庆大学里走一走　喔噢喔噢
我在这里为你守候无论冬夏春秋

网友点评：

@大鱼：一个人走在广州落雨的街头，忽然想起留在虎溪的故事，晚安重大。离开你，我的青春也结束了。

@让时间先走：毕业六年，重大，我想和你一起。

@李虓中：97年3月12日牵手民主湖畔，走过风雨20年到今天。

@毕邪：有一种情结，叫离开后的母校，毕业六年，不曾忘记……

@大师兄:毕业后才知道原来母校是如此美丽。

@Jaja:好美,好怀念!

@欧小小胖:富有意义的歌词加上有感情的声音,呈现了美丽的校园,给演唱者点赞!

@我竟无言以对:承载我的所有记忆,重大。

“踏遍那万水和千山,走过无数冬夏春秋。”才发现还是重大最美。

“我在重庆大学里走一走,我在这里为你守候无论冬夏春秋。”这是你永远的家,我会在这里为你守候。

【原创】校园好歌曲展播|淼无悠愁
《逢别四季》

出品:重庆大学前锋网络文化工作室
作词:淼无悠愁乐队
作曲:淼无悠愁乐队
演唱:淼无悠愁乐队

扫码观看

歌曲从六月高考时对未来的幻想写起,写到与大家相逢相识;写到在春天花开的季节踏青,写到四月风筝节、放飞的更是梦想;写到最后一次与朝夕相处的室友互道晚安,写到最后一次聚会,再见不知何年。想起自己保存的那些照片,是时候再拿出来,拂尘,看看那些青涩的脸庞。相片不只存放在书柜,更存放在心中……

《逢别四季》

在山下的你
守候第一片朝阳
在湖畔的我
等待第一缕微风
我望向你的脸庞
雾霭渐湿眼眶

仿佛听见你在浅唱

我对着你说起那年初夏的那些梦想
六月的幻想　在心中蔓延出方向
你对着我说起那年初秋的那段时光
九月的相逢　蝉鸣未眠　歌声未央

回到老地方
沙正街人来人往
不变的模样
诉说着你的沧桑
我倚在你的肩膀
任过往涌进心房
仿佛听见你在低吟

风中再次飘来那年冬末的那阵暗香
二月的茶花　染上了红墨碧叶重
大地再次奏响那年春末的那篇乐章
四月的风筝　云边起舞　似你我徜徉
初见在那一年　离别在那一天
再等一个夜晚　再道一声晚安

我听见你说起春夏秋冬的那句誓言
五月的笑容　早已定格锁进相框
我想起你换上悲欢离合的那件衣裳
六月的相片　渐渐泛黄　一直珍藏

网友点评：

@LHM：谢谢每一位支持“淼无悠愁”的人！为了音乐，为了梦想，为了你们，我们会继续努力，奉献更多更好的作品！谢谢！

@XY：浩哥你们太棒！！！

@GX：写得好棒！继续加油！

@陆翊：棒棒的！向热爱音乐不断追求梦想的学长学姐致敬！

@ Leah:男生很有民谣的 feeling,另外旋律也很好听。整个曲子做得很棒,心中的 NO. 1!

@ 雷永红:一群有梦想的孩子,未来属于你们,加油！期待更多更好的作品。

@ 四月芳菲:青春的旋律。

@ 黄闯:祝愿每个孩子在自己的道路上勇往直前。

@ 黄雅琦:好棒好棒！不知道为什么听了有点想哭。

@ 高晓虎:无论是作词还是曲子再到演唱都很好！一群充满青春活力的孩子们加油!

@ 阿昆:为音乐,为梦想,支持你们!

就要离别老地方,就要离开熟悉无比的沙正街。这首歌,唱出的是一群热爱音乐的孩子的梦想,也是送给毕业季的重大最好的礼物。

【原创】校园好歌曲展播|张翔《青春重大》

出品:重庆大学前锋网络文化工作室
作词:张翔
作曲:张翔
演唱:张翔

扫码观看

作品为原创歌曲,由张翔(重庆大学第七届研究生歌手大赛十佳歌手)作词曲、演唱与乐器伴奏。该作品歌词自然地融入重庆大学校训(研究学术、造就人才、佑启乡邦、振导社会)和重庆大学标志性景点(民主湖、寅初亭),并以欢快的节奏为基调,体现出重大学子力求进步、积极阳光的形象。该作品还作为重庆大学第七届研究生歌手大赛主题曲。

《青春重大》

青春是心灵的旅程
我们都经历在其中
你是否也会感动天空的颜色

还有没有那些悸动
你的笑如夏天的风
让我感受到了太阳的热情温度

民主湖畔你的身影
寅初亭边朗朗书声
追梦的我们在途中

远方的世界有梦在牵动
黎明的曙光已照进梦想

研究学术的理想
造就人才的殿堂
未知的前方　太多梦想
用尽所有力量

佑启乡邦的向往
振导社会的渴望
要让青春无悔绽放

网友点评:

@高书萍:好欢快,好才华!

@贺 . exercise 中 . 宇涵:听了前面那么多民谣古风突然来一首这么欢快的感觉眼前一亮声音好好听啊嘤嘤嘤~

@不予相似:高低音转换好厉害。

@主义:是重大学子的青年之声。

四年重大,不忘相识。“远方的世界有梦在牵动,黎明的曙光已照进梦想”,无论你在何方,重大都依旧陪伴你在逐梦的路上越走越远。

【原创】校园好歌曲展播|徐欣雨《我在天的这一边想你》

出品:重庆大学前锋网络文化工作室

作词:徐欣雨

作曲:徐欣雨

演唱:徐欣雨

扫码观看

此曲描述了一段爱与成长的故事,写给我在天堂的外公,源自我年幼时与外公定下的十年之约,以质朴感人的亲情为主题,主要通过记叙梦境与童年记忆,表达我对外公深深的思念。

《我在天的这一边想你》

闭上眼睛
我看到
树下有口透明的井
我慢慢靠近
看见一个熟悉的身影
嘴角带着笑意对我叮咛

走向你
我听到
远处传来一阵风铃
我紧紧握住你的掌心
却忽然惊醒
原来这一切都是梦境

我在天的这一边想你
黄昏的收音机和记忆中的弹曲
好想回到那个秋天的夜里

对你说出藏在心底的字句
我在天的这一边想你
可我知道你已安详睡去
就让歌声带上我祈祷的声音
到天堂最美的地方去找你

我在天的这一边想你
地上车轮的痕迹
一路歌唱的旋律
好想回到童年的那十年里
在放学路口张望你的背影
我在天的这一边想你
可我知道过去的回不去
倘若哪天你又出现在我梦里
一定是你在想我的时候
我也在想你

网友点评:

@。:挺感人的这首歌,很喜欢,只是编曲方面开头部分不是很喜欢,感觉少了点铺垫,有那么一瞬间感觉像王菲,不过后面就是作者本人啦,总的来说我个人觉得这首歌很好,情感饱满不做作。

@sing a song. . . . . :听这首歌让我想到了自己的爷爷,不知不觉就听哭了,感觉唱出了自己的内心感受,写得真好!

@Hsieh. Tsong. Yu:徐同学的这首歌真棒!声音空灵,编曲成熟,词曲很搭调,画面感极强!如果有机会能够交流就好了。

@hongningley:编曲很不错。目前觉得最好的一个作品。

@真的:怎么办,好想好想下载?

@斯文的小胖:这首歌确实不错,很用心,很走心,真情实感,因此很感人,让我想起了我的爷爷奶奶,噙着泪听了两遍。因为帮别人投了一票,没投给你,很遗憾,但我确实要说赞。

@金叶叶:真的很好听,让我想起了我父亲,写的真好,徐欣雨支持你!

@长江水:真情实感流露出对外公的思念,很感人!

@韩金华:这首歌有空灵感,很打动人心,几次听了落下眼泪。

@ Ammy：歌很感人，我也有一个在我成长的岁月里留下最浓重爱的外公，去世多年可样子却清晰地留在我记忆里，时时入梦。听完我哭了很久，无论是写的还是唱的都深深地打动了我。

@ cloudy：低吟浅唱、娓娓道来，声线、编曲、作词都很棒。

你在我儿时的记忆里依旧如此清晰，哪怕你早已含笑睡去……

这是一个十年的故事，是一个关于爱的约定。希望你在天的那边依旧能够幸福，别忘记我爱你。

【原创】校园好歌曲展播 | Maka 乐队《一瞬间》

出品：重庆大学前锋网络文化工作室
作词：Maka 乐队
作曲：Maka 乐队
演唱：Maka 乐队

扫码观看

有许多时候在那一瞬间的选择，让我们的人生路多多少少的改变，或变得更加美好，或变得失落懊恼。我悔恨在白日梦中荒废的每一个瞬间，却也因和朋友在一起弹琴度过的无数平常瞬间而欢愉。希望能在每次选择的瞬间过后，闭上双眼，让过往烦恼如云烟；珍惜现在，不要到后来再感叹这春去秋来的改变。

《一瞬间》

有多少无畏的瞬间
定格在漫长回忆里面
有多少耀眼的光线
刺破黑夜的星不出现
有多少青春的火焰
燃烧在无名的怀
假如你不愿再重来
也不悔那一场意外

一瞬间　闭上眼
过往的怅然如云烟
一瞬间　才发现
春去秋来的改变
我总在等待一个夜晚
把白日未完的梦做完
我总是在辗转反侧中
错过无数的瞬间
一瞬间　闭上眼
过往的怅然如云烟
一瞬间　才发现
春去秋来的改变
一瞬间　闭上眼
过往的怅然如云烟
一瞬间　才发现
春去秋来的改变

网友点评：

@LHM：单曲循环中，成熟的编曲，词曲上乘，实在是极优秀的作品，极优秀的乐队！

@拯救月亮：真心不错哟！

@chenxi Weng：非常 nice。

@蓝天：最棒的歌声，作词作曲上乘，期待这样的声音进入《中国好声音》。

@慕安·：编曲很棒，主唱声音很有特色，赞！

@chengshuxixixi：反正我觉得真心好听。

@什么都不懂：第一句就让耳朵上了瘾。

@邓：沁人心脾的乐曲，诗一般的歌词，透彻心灵的歌唱，这歌要火！

@葵花朵朵开：唱得不错！声音很有磁性，词曲节奏感很强！

@天然茶花：表示已经中毒，太好听。

人生总有那么一些事情是发生在一瞬间的。

我期待着一瞬间和你遇见，期待着一瞬间就梦想实现，期待着生命的每一个精彩瞬间。

校园好歌曲展|原创歌曲《一生所向》
美视电影学院　康青林

出品:重庆大学前锋网络文化工作室
作词:康青林
作曲:康青林
演唱:康青林

扫码观看

每一个拥有梦想的人都像一只渴望飞翔的小鸟,他们渴望那如故乡般的蔚蓝的天空,渴望放下行囊纵情地歌唱。逆风而行,只为一生所往。

《一生所向》

奔跑在那空寂的操场
拥抱着风独自去流浪
在那一片蔚蓝的故乡
是我一生所向往的地方

寻求着梦中的乌托邦
不论前方是山是海洋
放下行囊纵情地歌唱
即使旁无所听也不彷徨

能否给我一双　能否给我一双翱翔天际的翅膀
在那无边无际　在那无边无际的天空放飞梦想
逆着今日的风　做着明日的梦去寻找未知的远方
一起大声呼喊　我要我翅膀!

能否让我拥有　能否让我拥有永不陨落的希望
在这流金岁月　在这流金岁月里绝不暗自忧伤
哼着肆意的歌

行走在陌生的客乡守候原本的倔强
给我一双翅膀　让我展翅翱翔

寻求着梦中的乌托邦
不论前方是山是海洋
放下行囊纵情地歌唱
即使旁无所听也不彷徨

能否给我一双　能否给我一双翱翔天际的翅膀
在那无边无际　在那无边无际的天空放飞梦想
逆着今日的风　做着明日的梦去寻找未知的远方
一起大声呼喊　我要我翅膀

能否让我拥有　能否让我拥有永不陨落的希望
在这流金岁月　在这流金岁月里绝不暗自忧伤
哼着肆意的歌　行走在陌生的客乡守候原本的倔强

给我一双翅膀　让我展翅翱翔
让我做一只小鸟张开翅膀纵情地歌唱
让我放下这行囊奔向远方独自去流浪
逆着今日的风做着明日的梦去寻找未知的远方
一起大声地呼喊　大声地呼喊 OH ~
大声地呼喊我要我的翅膀

能否让我拥有　能否让我拥有永不陨落的希望
在这流金岁月　在这流金岁月里绝不暗自忧伤
哼着肆意的歌
行走在陌生的客乡守候原本的倔强

给我一双翅膀　让我展翅翱翔
一起大声呼喊　我要我的翅膀

网友点评：

@逃离梦:我是康康的迷妹。

@云英:看图片就猜得出一定会是很棒的,因为用心。

@音也:喜欢! 好听! 力挺啊!

@袁斤欠:在考虑……是不是应该趁早要个签名……

@宇宙无敌啾啾妹儿:这声音,就问还有谁!

@Fade:好好听! 支持我的男神。

“能否给我一双翱翔天际的翅膀,在那无边无际的天空放飞梦想。”铿锵有力的歌声,起伏有律的曲调,充满活力的歌词,无一不展现出作者对梦想追求的渴望。

校园好歌曲展|原创歌曲《锋芒》

建筑城规学院　冉宇

出品:重庆大学前锋网络文化工作室

作曲:冉宇

作词:冉宇/张松

编曲:冉宇/夏米

演唱:夏米

吉他:冉宇

扫码观看

每个人在生命中都会历经坎坷,为了方寸之间的锋芒,我们也定会努力寻觅。这首歌是拟定一个追梦者踏过迷途获得成功后,写给他自己的一首歌。

《锋芒》

还记得　那个夜晚　我谱起了乐章
唱的都是彷徨
一路走来　多少风雨相伴
可此刻　我要唱　那又怎样

也许我　从不敢想　未来会怎么样
继一次一次失去了梦想
曾经拥有　是执着渴望
醒来了　看清了　依然疯狂

是否你　裹着躯壳和行囊
徘徊着　踏着疲惫和失望
梦散了　都散了　可熠熠星光未央
你若能　抬起头　就是希望

是什么　让爱无畏而无往
原来是　方寸之间的锋芒
哪曾想　从未想　坎坷的路也曾风光
所以啊　别丢下　那份信仰

看惯了　浮沉年华　而今已无慌张
回溯着年少时的轻狂
一生漫长　也许好景不长
可有谁　能否认　那段往常

我如今　对酒当歌　已不惑浮生若梦
谢谢你是我不曾黯过的灯
曲折过往　不过电影一场
结局是　黑暗中　洒落光芒

是的我　也曾失落和失望
也曾在　人走茶凉后慌张
即使这样　就算这样　我与自己不曾散场
看新叶　吐露在　那柳枝上

是什么　让我无畏而无往
原来是　方寸之间的锋芒
总有天　那一天　我定会把今生收藏
看烟火　散落在　那段时光
看此生　镌刻下　那段时光

网友点评：

@周庭羽:我亲身感受他平时的清唱,加油,夏米!

@王姑娘:编曲和歌词契合得很好,好听,声音有李健的感觉。

@白杪:歌词写得很美,歌手声音也很纯粹。

@鱼美人:词写得好,曲编得棒,歌也唱得动听,继续努力,加油!

@Koma - 凯子:冉宇,家人们都支持你,加油!

@悠然漫步者郭延权:方寸之间的锋芒,让我无畏而无往。写得真好!

@万安大桥:这首歌唱得好,吐字清晰,夏米加油。

@princess 姝:哟,夏米,不错哟! 好听好听,瞬间圈粉了。加油 fighting!

“是什么让我无畏而无往? 原来是方寸之间的锋芒。”

我知道一路上有太多坎坷曲折,也知道少不了失望和沮丧,但追逐梦想的锋芒一直在我身旁,感谢这段时光。

【填词翻唱】校园好歌曲展播|罗宇宏

Try Everything

出品:重庆大学前锋网络文化工作室

演唱:罗宇宏

作词:罗宇宏

作曲:Shakira,改编自 *Try Everything*

扫码观看

Try Everything

我陷入困境　再一次落败
深陷困境的我　再次出发
我总是失败　又总是会跌倒
竭尽全力是我的新主张
跌落的鸟儿又展翅膀起飞
不失败怎会有成功喜悦

我决不低头决不放弃

直到抵达终点　我重新出发
我不会放弃　我会更竭尽全力
就算　我注定再失败　我坚持

我决不低头决不放弃
直到抵达终点　我重新出发
我不会放弃　我会更竭尽全力
就算我注定再失败　我坚持

oh oh oh try everything
oh oh oh try everything
oh oh oh try everything
oh oh oh

坚持了多久
满怀希望的你
你已经习惯了　白费力气
不自暴自弃　不必太快抽离
只要我坚持梦想尽全力

我决不低头决不放弃
直到抵达终点　我重新出发
我不会放弃　我会更竭尽全力
就算我注定再失败　我坚持

我决不低头决不放弃
直到抵达终点　我重新出发
我不会放弃　我会更竭尽全力
就算我注定再失败　我坚持
我会固执地坚持犯错
我也会努力地好好过
固执地犯错

oh oh oh try everything
oh oh oh try everything
oh oh oh try everything
oh oh oh
try everything

网友点评:
@主义:“我不会放弃,我会更竭尽全力”,唱出了重大学子永不放弃的精神。
@点点:歌词改写得很好,积极向上。
@U:小姐姐声音好好听!
@橘子味汽水:送给所有追梦路上的人们。

Try Everything,曲如其名,无论我们是谁,在哪里做什么事情,都不可能一帆风顺,只有不断地尝试,再发现错误改正错误,才能找到最适合我们的东西。

当你犹豫时,告诉自己,Try Everything!

第五篇 05

倾听好文章

用声音传播正能量，收纳记忆，铭记珍贵。

《重大青年》倾听好文章板块包括夜读和倾听重大两个部分，夜读邀请知名校友及名嘴大家朗读积极向上的文章。倾听重大面向全体师生征稿，收集各类型故事文稿、音频，在广大读者间饱受好评。

工作感悟：前锋网络文化工作室推出的“夜读”“倾听重大”是一个在线朗读的栏目。“夜读”中选用的文章由重庆大学学生创作后，邀请名家、名嘴、名师朗读，让他们也参与到正能量的传播中来。“倾听重大”利用在线互动的方式，征集重庆大学师生的在线投稿，听他们讲述自己的故事，朗读精美的文章。

夜读|郭晓敏&李好：以梦为马，随枝可栖

朗读者：郭晓敏、李好　江苏卫视主持人

扫码观看

江苏卫视主持人郭晓敏、李好

重大青年的网友、重庆大学的同学们，大家好！我是重庆大学的校友郭晓敏，我是李好。（合）今天，让我们一起感受梦想的力量。

时光荏苒，岁月变迁，在人生的路上行走，沿途经历许多风雨，也见过无数美景。和世界交手这么多年，你是否依然光彩照人，斗志昂扬？是否还坚持着当年的梦想，哪怕荆棘丛生，哪怕跌跌撞撞？

今夜,让我们来谈谈梦想,让我们走进自己的内心,和当年那个自己相视一笑。让这篇关于青春和梦想的文章,伴你入梦。关于梦想,你有什么想要告诉我们的,也欢迎你来这里诉说。

以梦为马,随枝可栖

年幼的时候,梦想是一个听上去遥不可及的词。从长大要当科学家,再到将来要考上清华北大,这些看似远大的抱负,对于童稚的我们而言,只不过是一句轻飘飘的、说出来让长辈开心的话。

随着年岁渐渐增长,各色名人的故事开始进入我们的生活,并一次次出现在我们的考场作文之中。我们看着那些伟大人物光辉灿烂的一生,也不由得开始思考,我们的未来会是什么样子,能不能如他们一般创下为世人传颂的成就。而在那些名人的故事里,梦想,永远是一个被提及最多次的词。

这时候我们总算明白,原来梦想不仅仅是一句话,它代表着一个人的目标以及最深的渴望,其中还包含着无尽的汗与泪。我们开始思考,究竟自己想要的是什么,而为了完成它,自己又需要付出些什么。

是什么时候知道梦想在世人的眼里也是分为很多种的呢?

兴致勃勃地告诉别人自己的梦想,却只得到一个轻蔑的笑容;鼓起勇气和父母说出自己的向往,却被批评胸无大志;和老师谈及未来,却换来一句你做不到……

原来,追逐梦想的路远比我们当初设想的要困难得多。许多个难眠的夜晚,梦想和现实之间巨大的差距一次次浮现在眼前。长路漫漫,实在是道阻且长。很多时候,希望都被绝望的阴影所遮蔽,以梦为马的人们只能在人们都将火焰熄灭之时艰难地挣扎。

每个逐梦的人,都曾有过一段不为人知的辛酸历程。可在这段时光里,正因为有了梦想,我们才能忠于自己内心的声音,才能在外界的质疑中走得坚定不移,才能把自己的人生谱写得更加精彩。因为有梦,纵使此去山高路远,也一往无前毫不畏惧。

一切曾经让你伤心的事,总有一天你会笑着讲出来。

但是梦想,害怕的不是外界的质疑和否定,而是自己的遗忘与放弃。生活的琐碎和时光的消磨,有多少曾经轰轰烈烈的梦想就此偃旗息鼓,被人遗忘。走得越远,越容易忘了当初的梦想。

有时候,实现梦想的过程并没有那么可怕,最可怕的是还没有迈出一步就选择放弃。诚然,放弃的理由有很多很多,而坚持的理由往往只有一个:内心的渴望。

这份渴望可以很单薄,单薄到梦想只是你脑海中转瞬即逝的一个念头;而这份渴望也可以很浓烈,浓烈到你可以为了它而不惜一切。所以,当你在生活中茫然找不到方向之时,当你庸庸碌碌不知人生的意义何在时,不妨静下心来想一想,你的内心渴望什么。

有时候,豁然开朗就在一瞬之间。

重拾心中的梦想吧。不管眼下的生活是什么模样,我们都应该让它变得更好。在最好的青春时光里,又有什么理由蹉跎岁月、虚度时光呢?那些曾经支持着我们前进的梦想,那些给过我们慰藉和希望的梦想,它们依然可以指引我们走完之后的岁月。

也许我们都曾风尘仆仆疲惫不堪,也许我们都曾跌入深谷心灰意冷,但是当新的一天来临,我们都可以收拾好自己,重新上路。

当初那些没有实现的愿望,倘若剩下的人生里也不去实现,那么一辈子也只能在悔恨中祭奠。一路走来,有得有失,也许梦想早已被你放进了心中的某个角落,落满灰尘。但是,不可否认,它依然是你人生中最重要的东西。

当一切乌云散尽,你会发现头顶那轮明月,一别经年,依然是旧时光华。勿忘初心,方能继续前行。在以梦为马的路上,相信所有人都能随枝可栖。

网友点评:

@肖铁岩:不断创新的“锋哥”!好!

@wuhao:又静静听了一遍,和当年的自己时空穿越去相遇,当年的梦想和现在有多大的差距,梦在心里,就有一股力量,坚持了终究会向梦想靠近,那些煎熬会成为怀念和轻松,而境界已不同。

@随风:太厉害了!期待更多……

@番茄小丸子:师姐读得好温馨啊,说到心坎上了,学姐夫也好磁性哟。

@Youth:新推出的栏目重大青年“越来越6”了。

@张恒:这档栏目真是深入人心,估计下一期柳岩就会来了!

@@早上起来听到这么暖人的文章,感觉一天都有动力了呢!

@结构力学恐惧症重度患者:复习了一天的功课,身心疲惫之时听到这段声音,想到的很多很多。

@康夫:沉睡的记忆,冰封的梦想。曾经的我陷入无尽的黑暗、自己的自卑、同学的轻蔑、父母恨铁不成钢的焦虑,让我困在那无尽的恶性循环中无法自拔。汗水,泪水,突然的笑声,不知所以的手舞足蹈,一个一个不眠的黑夜,一声声的母亲喊：吃饭了。哈哈哈哈哈哈哈哈，一切都过去了！人生路上各种各样的荆棘坎坷，也挡不住我现在对美好未来的渴望。让我心里最初的“冲动”唤醒青春的记忆，燃烧儿时的梦想。

实现梦想的路上怎么能嫌道阻且长，也不要因为眼前迷茫就看不到希望，毕竟路还漫长。或许你曾年少轻狂，曾把梦想搁置在了某个不起眼的角落落满尘埃，可是你的内心仍然温热，仍然想要它闪闪发光。那么，从现在起拾起你的梦想吧，“当一切乌云散尽，你会发现头顶那轮明月，一别经年，依然是旧时光华。勿忘初心，方能继续前行。在以梦为马的路上，相信所有人都能随枝可栖。”

夜读|冯殊：青春年华，运动正当时

朗读者：冯殊　中央电视台主持人

扫码观看

中央电视台主持人冯殊

重大青年的网友，各位青年朋友们，大家好，我是冯殊。今夜，让我们一起来感受运动的力量。

青春年华，运动正当时

在所有的运动之中，跑步可能是最容易的一个了。毕竟，只要你想奔跑，任何时候一迈开步子就可以开始；但对很多人来说，长跑可能是最艰难的一个项目，每当你已经疲累不堪而终点还远在前方，只能眼睁睁地看着别人如风一般从你身边跑过，这个时候，只怕是很难去感受到那所谓的"运动的快乐"。

更何况这实在是一个过于便捷的社会，网络几乎可以满足我们衣食住行的一系列需求。快递外卖顺风车，一应俱全。所以越来越多的年轻人选择宅在家中，选择手机电脑和舒适的床，这样的生活表面上看歌舞升平尽是美好，而实际上却风险暗藏。过于平静和安适的生活剥夺了本属于青春的热情与激昂，也带走了年轻人身上不服输能吃苦的韧劲，更让我们的身体在长期不规律的作息和饮食之下变得危机重重，"亚健康"成了青年人的常态，年轻人猝死的新闻事件频发。

其实，正如村上春树在《当我跑步的时候我谈些什么》一书中所说的那样："但凡值得一做的事情，自有值得去做甚至做过头的价值。"运动能带给我们的，最重要的固然是身体上的健康，可绝不只限于此。选择运动，就是选择了一种积极向上的生活方式，使人有了更好的精神风貌。

勤体育则强筋骨，强筋骨则体质可变，弱可转强，身心可以健全。

运动也许是这个时代中最能磨砺人的意志的一件事，它需要一步一个脚印走得稳稳当当，更需要旷日持久地坚持。在运动之中，若是违背了自己定下的原则，哪怕只有一次，以后就将违背更多的原则。在运动的过程之中，并不是与他人角逐，而是和自己斗争。如何和自己的惰性较量，如何坚持下去，如何培养自己坚韧不拔永不言弃的精神，这是运动带给我们的鞭策。

身处喧哗和浮躁的社会风气中，很多人都急着把自己的目光投向更高更远的地方，但有时，我们更应该做的，是收回自己的目光，而把它投向自己的内在。运动正是这样一个与自己对话的过程，在运动中倾听内心的声音，消除压力，获得身心舒缓愉悦。训练时，选择怎样的强度，怎么和自己的身体和谐相处，怎么才能让自己调整到最佳状态，这里面都包含着最朴素的人生哲学，还有对自己的剖析与探究。

若说一个人运动，更注重的是独自思考和思绪的厘清，而若是团体运动，那就更注重于团队之间的交流与配合。一群志同道合的人聚集在一起，挥洒汗水，共担成败，在这个过程中所培养出的情谊最为珍贵。无论是对手还是队友，相信在这个过程中，都是互相帮衬、共同进步的。胜利固然令人欣喜，但是失败又何尝不是一种成长。

正当好年华，有那么多的热情等着宣泄，有那么多的好时光可以在运动中度过,为什么说“不”呢？也许是时候放下手机和零食,告别浑浑噩噩的日子,带着独属于这段岁月的激情与热血,选择一种运动的生活方式,选择在汗水中磨炼自己,相信在无数次与自己较量之后,曾经觉得运动枯燥无味的你也能感受到它的魅力,相信你的青春也能在运动之中变得更加美好。

青春年华,运动正当时。

网友点评:

@番茄小丸子:央视天气预报主持人冯殊为重大青年录制的夜读,太不可思议了!

@wuhao:好有力量的文章！好有感召力的朗读！身体强壮才是根本,加油,青年!

@冯珺:运动青春,激昂力量。从李好夫妇到冯殊,期待更棒的重大夜读。

@XZJ:这篇文章真的写得很棒,再配上冯殊先生具有磁性的嗓音,这个夜读很赞！走起,我们去运动。

生命在于运动,青春更离不开运动。运动给人灵魂与身体独处的空间,运动时你可以思考,可以发问,可以抱怨,也可以反思。正值青春年华,我们应当以这样的方式来激发热情,厘清思绪。运动吧,让身体和灵魂共舞。

夜读|毛毛虫:至今热血犹殷红

朗读者:毛毛虫　中央电视台主持人

扫码观看

中央电视台主持人毛毛虫

重大青年的网友,各位青年朋友们,大家好,我是你们的好朋友,毛毛虫。今天,让我们一起,用心中的热血来感悟那一份爱国的情怀。

至今热血犹殷红

烈士之爱,国也如家。

从小到大,我们都听过很多传奇故事,那些故事里的人,怀壮志,守大义,有着虽千万人吾往矣的决心,所以才会在国家日渐式微之时挺身而出,才能挽狂澜于既倒,扶大厦之将倾。而我们这个饱经沧桑的国家,也正因为如此,才得以继往开来,继续屹立于世界的东方。

“我有宝刀,慷慨从戎,击楫中流,泱泱大风,决胜疆场,气贯长虹,古今多少奇丈夫。碎首黄尘,燕然勒功,至今热血犹殷红。”这首传唱于五四时期的歌谣,蕴含着那个特殊的时代里,独属于中华儿女的热血与激情,更饱含着对祖国的热爱。

而现在,很少有人会这么浓烈而直白地表达自己对于国家的热爱了。有时会听到有人感慨,出了国才知道国内有多好,出国就爱国,这仿佛已经成了一种普遍现象。从什么时候开始,我们对于自己国家的认同,需要依靠外力来驱动了呢?那些曾经被侵略、被奴役的时光所遗留下来的自卑感,始终是难以消除的,所以我们总在和别的国家对比,我们要求自己的国家方方面面做到完美无缺,似乎这样才能说出满意或是赞美的话语,但是这又谈何容易?

我们的国家走的是一条独一无二的路,这就意味着一切都要靠自己去探索,这一路虽然波折起伏,阻碍不断,而它却始终屹立,成就斐然。虽然还不能尽如人意,但是这种发展速度与西方国家的发展速度相比,不知要快多少倍。一个日益强大的国家带给我们的,是生活上的便捷,是心中的自信,更是一种无与伦比的安全感。

我们享受着舒适的生活,是因为有无数人为我们承担了风雨。他们在天灾面前以血肉之躯筑起堤坝,在战火纷飞之地守护和平,在强敌面前面无惧色,我们也许一辈子都不知道他们的长相或是姓名,但我们会明白。是他们默默无闻的奉献,才换来了无数人今日的安宁。

但是我们中的大多数人,可能一生也不会遇上这种惊心动魄、命悬一线的事,那么,爱国对我们来说,就只是键盘上敲下的几个字,或是嘴上说说的苍白口号吗?当然不是。我们要自觉遵守社会秩序,在自己的岗位上兢兢业业地工作,为这个国家的稳定与发展奉献出自己的力量。当有人挑衅国家尊严、试探国家底线之时,我们可以冷静理智地予以回击,而不是采取宣泄情绪式的暴力行为,这又何尝不是对国家的爱呢?所谓爱国,是深藏于心的那一份眷恋,而无须时时刻刻挂在嘴边,倘若可以为国家的振兴与发展尽自己的一份心力,也算无愧于自己炎黄子孙的身份。

网友点评:

@wuhao:从创作到录音、伴奏听了很多遍,还是让人热泪盈眶!感谢毛毛虫在野外录制节目时,用手机录制的朗读录音发给我们,对这个国家爱得深沉,我们都一直在努力!新时代的青年,我们要用实际行动,让国家一步步走向繁荣富强。

@番茄小丸子:毛毛虫哥哥好棒!

@Paul:听得热血沸腾!此生无悔入华夏,来世还在种花家!

@结构力学恐惧症重度患者:听着毛毛虫的声音从小长到大,如今已是一名青年。青年,就应该对国家有更多的情感!青年,就应该对国家承担更多的责任与义务。

@爱芒果:同是中国人,同有中国心。

@ Grady su：心有家国终无悔，凛然天地显豪情！

纵然我们不会是战争年代的革命英雄，也不会是穿梭楼宇之间助人为乐的超人，那不如做一个坚定且真诚的爱国青年吧。在祖国遭遇不公平待遇时大呼不公，在主权遭遇他国恶意侵占时认清形势，理性发声。“未来的路上也许还会有更多的风浪，但是我们早已无惧。毕竟，热血仍在，壮志犹殷。”

夜读|石藤正一：阅读——一种寂寞的修行

朗读者：石藤正一　内蒙古电视台主持人

扫码观看

内蒙古电视台主持人石藤正一

“好读书，读好书，读书好。”重大青年的网友，各位青年朋友，大家好，我是重庆大学的校友石藤正一。今夜，让我们来谈谈关于阅读的那些事。

一直坚信，阅读是一种寂寞的修行。

遥想古代先哲，长夜漫漫，不读书何以为继。所以在那些一灯如豆的夜晚，他们静静读书、沉思，直到有所得、有所悟，方能有为后世传颂的成就。世上本没有一蹴而就的成功，只有先经历囊萤映雪、凿壁偷光的辛苦，才有后来倚马千言、妙笔生花的光鲜。

演员在银幕上的光彩照人,一如作者在作品中的激昂,都是用戏外的寂寞和辛苦换来的。唯有忍得住寂寞,才得以如夏花般绚烂地盛开。

只是现在,要忍住那份孤寂,确实是越来越难了。

一切都在飞速向前,几乎所有人都生活在煎熬中。想要的东西越来越多,可是理想和现实的差距却越来越大。

我们被欲望和浮躁所驱使,被焦虑和烦闷所包围,越来越多的人沉浸于娱乐游戏之中,你还记得自己上一次静下心来读书是什么时候吗?

每次下定决心要安安静静地读书,可刚翻了几页就忍不住拿出手机看看有没有新的消息,仿佛离开手机一会儿就和世界脱节了一般。也许,并不是事情在烦扰我们,而是我们的内心太过浮躁。

《小窗幽记》中有言:“花繁柳密处,拨得开,才是手段;风狂雨急时,立得定,方见脚跟。”社会越是浮躁,我们越要静得下来。要学会远离繁杂的人和事,独立思考,不让自己的思想淹没于众人之中。

读书,是为了让自己的人生闪烁着思想的光芒,为了让自己的内心变得更加强大。

“凡有所得,皆成性格。”久而久之,你会在这样的磨砺中越发成熟,能够更加冷静理智地看待问题,能够拥有自己的思维,能够告别那些快餐式的娱乐方式。诗词大会和朗读者所带来的热潮,正表明在浮躁之时依然有人坚持从书本中汲取知识和力量,他们所展示出来的才华与能力,不正是长久的“修行”之后的沉淀么?

想读书,不需要等待时机,任何时间都可以。也许就在此刻,你翻开手边的一本书,进入那个散发了油墨清香的世界,蓦然便忘了今夕是何年。

网友点评:

@Madeleine:读书不是为了雄辩和驳斥,也不是为了轻信和盲从,而是为了思考和权衡。

@AAOinen-:“世界上任何书籍都不能带给你好运,但是它们能让你悄悄成为你自己。”

@魏半仙:“凡有所得,皆成性格。”

@结构力学恐惧症重度患者:这篇夜读说到人们的心坎上。人们日益浮躁,读书更像是一种修行,平心静气,抛却聒噪,耐住寂寞,磨砺自己的心性。有时读书像是一次人生旅行,把自己带入书中,如果我是主角,又会是怎样的一番抉择。而读有些书,又像是一种游历,人生苦短,我们何尝不从书中发现另外一番景色呢?

@ HummingBird：越是在喧嚣的时代，越是在快节奏的生活里，我们越要找到让自己慢下来的方法。阅读，是留给自己思考的空间，慢下来，静下来。

@ 秀丽：琴、棋、书、画这四样是自古以来读书人的基本功，现在都成才艺了。浮躁的社会一切都讲究速成，一切都追求效益，很少有人能静下心来好好读书了！

@ 琪 ljq：用阅读滤去内心的浮躁。

@ 柒：读书使我们更加理智，能让我们在浮躁的社会中平心静气，保持自己的理性思考。

@ Heather：多么希望自己在阅读中沉静思考，成为自己想成为的样子。

如此浮躁世间，怎能不找些方式让内心重归平静？读书最大的好处就是在匆忙的人世间抽出时间与自己对话，用心感受得失。正如读者所言："凡有所得，皆成性格。"读书亦是一个塑造性格的较好方式，每天抽出一点时间来读书吧，或许书里能带给你意想不到的收获。

倾听重大|青海故事

朗读者：苏聪

扫码观看

大家好。我是重庆大学 2014 届播音与主持艺术专业的毕业生，我叫苏聪，刚才大家听到的这首歌是来自杭盖乐队的《青海长调》。青海，也是我如今工作的地方，我在青海广播电视台担任民生新闻的主播。

说到青海，就不得不提这里特有的一种生物——青海湖湟鱼。它曾是青海人民的"救命鱼"——在那个无人不知的大饥荒年代，正是湟鱼让无数青海人捱过了死亡线。如今，由于各方面原因，湟鱼的数量急剧下降，成了珍稀物种。政府也早已明令禁止捕捞，可总有一些人，利欲熏心，违法捕捞湟鱼。

三年前，我们报道了暗访盗捕湟鱼的新闻。那段经历真是惊心动魄。为了找寻盗捕者，我的同事在冰天雪地的深夜里，一埋伏就是几个小时；阻止捕鱼时，他们曾被盗捕者用三轮摩托车在冰面上拖行，厚厚的冰面上印满了他们的血迹；幕后老板得知记者身份后，几番威胁，甚至要其性命……

为了完成报道，更为了将这些罪行公之于众，我的同事们几经辗转，与不法分子斗智斗勇，最终正义的力量战胜了一切——节目顺利播出，反响极大，湟鱼保护也有了实质性进展。

我以为事情就此圆满结束了，可事实告诉我，我的想法太稚嫩。两年前一次报道途中，我随同事去看望一位环保志愿者，我竟在他家中看到了一张张渔网——是刚从盗捕者手中没收的，当时我大吃一惊：经过媒体曝光、相关部门整治，怎么还有人盗捕湟鱼？我开始怀疑，正义的力量真的很有限么？如果是这样，那我们记者冒这么大的危险又有什么意义呢？

这件事一直让我无法释怀，直到后来，我一次次地在志愿者们的微博上看到他们日复一日地在与不法分子进行斗争时，我才明白，我们社会的正义力量并没有减弱消散，相反，从政府到民间，这股力量正在不断壮大，来守卫我们的母亲湖——青海湖，生态保护是如此，新闻工作又何尝不是呢？我们不仅要有揭露丑恶的斗志，更要有打持久战的韧劲——这才是一名新闻人该有的社会责任吧。

我把渔网的照片设为电脑屏幕背景，看着它，我的内心便会涌起伸张正义的自豪感和荣耀感。它时刻提醒着我，保护生态环境是我们每一个人的责任，为人民立身行道是每一位新闻工作者的担当，作为新闻战线上的新兵，我定当不辱使命。

我要朗读的文章，是姜戎的小说《狼图腾》中的片段。

从生态文学的角度上看，《狼图腾》不失为一部力作。书中，在草原民族看来：草和草原是大命，剩下的都是小命，狼和人也都是小命，小命要靠大命才能活命。这些朴素的生态意识经过草原牧民祖祖辈辈的感悟与积淀，升华为一种生态信仰，那就是人与自然不是统治与被统治、征服与被征服的关系，而是相互依存、和谐共处、共同促进的关系。

这在经济社会快速发展的当下，尤其具有重要的现实意义。

深山草场上空没有一丝风，空气干冷。陈阵双脚几乎冻僵，肚子底下的阵阵寒气越来越重，要是身下能铺一张厚密的狼皮褥子就好了。

他突然生出一个疑问，便轻声问道：都说天下狼皮褥子最暖和，这里的猎人和牧民打了不少狼，可是为什么牧民家家都没有狼皮褥子？连马倌在冰天雪地里过夜也不用狼皮褥子？我只在道尔基家里见过狼皮褥子，还见过道尔基的父亲两条腿上的狼皮裤筒，狼毛冲外，穿在羊皮裤的外面。

他说用狼皮裤筒治寒腿病最管用，他穿了几个月，从来不出汗的腿也出汗了。阿爸，老额吉不是也有寒腿病吗，您老怎么不给她也做一副狼皮裤筒呢？

老人说：道尔基他们家是东北蒙族，老家是种地的，也有些牛羊。那里汉人多,习惯都随了汉人了。这些外来户早就忘掉了蒙古人的神灵,忘祖忘本啦。他家的人死了,就装在木匣子里埋掉,不喂狼,他们家当然敢用狼皮褥子狼皮裤筒了。

在草原上,就数狼皮狼毛最厚最密最隔寒气,两张绵羊皮摞起来也不如一张狼皮抗寒。腾格里就是向着狼,给它最抗寒的皮毛。可是草原人就从来不用狼皮做褥子,蒙古人敬狼啊,不敬狼的蒙古人就不是真蒙古。草原蒙古人就是被冻死也不睡狼皮。睡狼皮褥子的蒙古人是糟践蒙古神灵,他们的灵魂哪能升上腾格里?你好好想想,为啥腾格里就护着狼?

陈阵说:您是不是说,狼是草原的保护神?老人笑眯了眼,说道:对啊!腾格里是父,草原是母。狼杀的全是祸害草原的活物,腾格里能不护着狼吗?

狼群又有了些动静。两人急忙把镜筒对准几只抬头的狼。但狼很快又低下头不动了。陈阵仔细搜索高草中的狼,但实在看不清狼的动作。

网友点评:

@ Change - 袁柏惠:"我觉得这个世界美好无比。晴时满树花开,雨天一湖涟漪,阳光席卷城市,微风穿越指间,入夜每个电台播放的情歌,沿途每条山路铺开的影子,全部是你不经意写的一字一句,留我年复一年朗读。"期待我们自己的声音!

@ 忽如远行客:家乡的故事,给这位保护湟鱼的学长点赞,正是因为无数志愿者的努力,青海湖的湟鱼数量终于有了增长,谢谢你们!

@ 主义:超棒,想去青海。

每一个地方都藏着不止一个故事,这是一个来自青海,来自青海湖的故事。为了保护青海湖湟鱼,许多志愿者和前线记者都在做着不懈的努力,某种意义上,这也是一场正义者与不法分子的持久战斗,坚持到最后的人就是赢家。愿我们,都做个好人,做正义的坚持者。

倾听重大|天堂的奶奶

朗读者:舒芳莉

扫码观看

你愿意相信万物有灵这一说法吗?

万物有灵，对我来说，不如说人有灵。灵是什么？也许是灵魂、灵气、灵性。要说我认为世间万物都是有灵的，倒也说不了这么全面，但是人是否拥有灵魂，我是愿意相信的。以前，如果朋友问我，你觉得人死后有灵魂吗？我肯定答道，当然没有。但是自从我奶奶去世后，我这一想法就彻底改变了。

那是一个我很爱很爱的老人，我相信她也很爱我，当我得知她去世的消息时，整个人都被抽空了。我跪在她遗体前面的时候，没有一点实感，一切都像梦一样，但是又真实得扎心。我不愿相信，也不想让她在这个世界上终了，只剩下那小小骨灰盒中的灰烬，可那一刻开始，我觉得她的灵魂开始陪伴我了，就像她生前对我的爱抚一样。

因为是你爱的人，你不舍让她孤单地走，所以人们创造了“天堂”，那里寄托了我们所爱的人的灵魂。虽说我们常说要让可憎的人“下地狱”，但那些只是在这个人活着的时候，我们的一种泄愤罢了，如果他真的去世了，还有谁会在乎呢。但是对于我们爱的人，那就是不一样的，当他们去世以后，我们就希望他们能够去一个充满美与爱的地方，那就是他们的灵魂得以寄托和依靠的地方。

我知道，很多人都不相信灵魂的存在，但是，我愿意去相信，就像现在的我，时而就会想到“奶奶会不会在看我呢”，遇到好事情我会觉得“这一定是奶奶在保佑我”，遇到不好的事情我会告诉自己“别怕，奶奶会保佑我”，我深爱的亲人，我希望以这样的方式，让我对她的爱一直存留在心中。就像现在，我抬头看天的时候，就是我在想念的时候。那个叫天堂的地方，希望能够让奶奶得到真正的快乐。

今天，清明时节，我要朗读的，是史铁生的《奶奶的星星》中的片段，献给我在天堂的奶奶。

我的第一个可怕的印象。

一个冬天的下午，一觉醒来，不见了奶奶，我扒着窗台喊她，窗外是风和雪。“奶奶出门儿了，去看姨奶奶。”我不信，奶奶去姨奶奶家总是带着我的；我整整哭喊了一个下午，妈妈、爸爸、邻居们谁也哄不住，直到晚上奶奶出我意料地回来了。这事大概没人记得住了，也没人知道我那时想到了什么。小时候，奶奶吓唬我的最好办法，就是说：“再不听话，奶奶就死了！”

夏夜，满天星斗。奶奶讲的故事与众不同，她不是说地上死一个人，天上就熄灭了一颗星星，而是说，地上死一个人，天上就又多了一个星星。

“为什么呢?”

“人死了，就变成一个星星。”

“干嘛变成星星呀?”

“给走夜道儿的人照个亮儿……”

我们坐在庭院里,草茉莉都开了,各种颜色的小喇叭,掐一朵放在嘴上吹,有时候能吹响。奶奶用大芭蕉扇给我轰蚊子。凉凉的风,蓝蓝的天,闪闪的星星,永远留在我的记忆里。

那时候我还不懂得问,是不是每个人死了都可以变成星星,都能给活着的人把路照亮。

奶奶已经死了好多年。她带大的孙子忘不了她。尽管我现在想起她讲的故事,知道那是神话,但到夏天的晚上,我却时常还像孩子那样,仰着脸,揣摩哪一颗星星是奶奶的……我慢慢去想奶奶讲的那个神话,我慢慢相信,每一个活过的人,都能给后人的路途上添些光亮,也许是一颗巨星,也许是一把火炬,也许只是一支含泪的烛光……

网友点评:

@ wuhao:听哭了,最伟大的亲情和爱。

@ 主义:愿天堂里没有苦痛。

每一颗星星都是一个守护者,他们在天上守护着他们所爱的人。离去的人们啊,大概只是厌倦了这人间,去了更美好幸福的地方。在那里或许会有比从前更美的太阳和世间万物,不要害怕不要不舍,你看天空最亮的那颗星星不就是你所怀念的人吗。

倾听重大 | Why I Teach

朗读者:雷蕾

扫码观看

Hello, my dear listeners, welcome to Listening to Chongqing University Radio Program.

亲爱的听众朋友们,你们好! 欢迎收听《倾听重大》栏目。

I'm Lei Lei from the college of Foreign languages and cultures in Chongqing University.

我是雷蕾,重庆大学外国语学院的英语教师。

I've been teaching English in CQU for 11 years.

我在重庆大学任教已有十一个年头了。

My stay in CQU has brought me honors, prizes, thanks, and most importantly, thousands of talented students.

在重庆大学的这些年,我收获了荣誉、奖励、感激,但更重要的是,在我最美年华遇见了成千上万杰出的学生。

I think it's time for me to take reflections on teaching and I'd like to start my reflection by a simple question, why I teach? Why am I a teacher? Do the rewards of teaching outweigh the trying moments?

我认为自己是时候该做些教学反思了。我想以一个简单问题开启我的反思之旅,我为什么教书?我为什么当一名教师?教学所获得的回报重于我所尝试和努力的过程吗?

Here's my story.

这是我的故事。

Why I teach? To be honest, I had never thought that I could be a teacher until I came to the age of 18, the year I went to college.

我为什么当教师?坦诚地讲,我在18岁步入大学之前,从未想过将来我会是一名教师。

Before 18, I dare not answer the teacher's question unless I was 100% sure that my answer could get praise and recognition.

在18岁前,我上课不敢回答老师的问题,除非我能百分百确定,我的回答会受到赞扬和认可。

I dare not air my different opinions and seldom volunteered to do the class presentation.

当时的我也不敢表达自己不同的观点,很少在课堂上主动发言和演讲。

When I was on the stage, facing the audience, my hands were shaking, my heart was racing and my face blushed.

当我站在讲台上面对观众的时候,我的双手会不自觉地颤抖,我的心跳加速,脸会变得通红。

How could such a shy girl stand on the podium and teach in college?

试问,这样一个害羞的小女孩如何能勇敢地站在讲台上,在大学里教书?

All my thanks should go to my spoken English teacher in college, Miss Zhao, who found my potential in public speaking.

这一切都得感谢我大学的口语老师,赵老师,是她发现了我在公众演讲方面的潜能。

I would never forget the day she asked me to her office and encouraged me to take part in a speech contest.

我永远不会忘记那一天，赵老师让我去她的办公室，鼓励我参加一个演讲比赛。

I still remember the surprise, fear and happiness written on my face. I asked her three times, could I do that?

我依然清晰地记得那个瞬间，我脸上写满了惊讶、胆怯和快乐。我一连问了她三次，我真的可以吗？

Her answer was a definite YES.

她的回答是那么的肯定，“是的。”

Then she registered for me and accompanied me to practice.

之后，赵老师为我报了名并且一直陪伴着我练习。

The competition, for me, is not only a competition but the great chance to present my talent. The prize I' ve got is not only a prize but the golden opportunity to build up my confidence.

对我而言，那场比赛，已不仅仅是一场比赛，更重要的是一次机会，让我充分展现自我才能的机会。那场比赛所获得的奖励也远远不只是一张奖状，更是树立我自信心的一次机会。

Confidence brings success and success brings more confidence.

自信可以带来成功，成功可以带来更多的自信。

I remember the year I graduated from college, I hugged my spoken English teacher and said "thank you" with tears in eyes.

我还记得我大学毕业的那一年，我抱着我的口语老师，满含泪水地对她说，“谢谢您。”

It is at that moment that I realized teaching is such a meaningful job that could make a miraculous change. It is at that moment that I decided to be a teacher so that I could help my future students to make a change. Up to Now I' ve been teaching in CQU for 11 years and I' ve never regretted my choice.

就在那个瞬间，我意识到了教师是一个多么有意义的职业，可以带来奇迹般的改变。就在那个瞬间，我毅然决然地决定将来我也要成为一名教师，这样我就可以帮助我未来的学生做出改变。迄今为止，我在重庆大学已经执教 11 年了，我从未后悔自己所做的选择。

My dear listeners, here I' d like to share with you part of a beautiful essay——

Why I Teach——written by Peter G. Beidler.

我亲爱的听众朋友们，接下来我想和大家分享由彼得·基·贝德勒所写的一篇优美文章的部分章节——我为什么当教师。

I hope it may help those who have chosen to teach may find reasons for their teaching and for those who are dreaming to be teachers in the future could also get some inspiration.

我希望这篇文章可以帮助那些已经选择成为教师的朋友找到他们做教师的原因，也希望可以帮助那些梦想自己未来可以成为教师的朋友，获得一些鼓舞和启发。

Why do I teach?

我为什么当教师?

For me, teaching is a red - eye, sweaty - palm, sinking - stomach profession. Red - eye, because I never feel ready to teach no matter how late I stay up preparing. Sweaty - palm, because I'm always nervous before I enter the classroom, sure that I will be found out for the fool that I am. Sinking - stomach, because I leave the classroom an hour later convinced that I was even more boring than usual.

对我来说，教书是个会令人熬红眼睛、手掌出汗、精神沮丧的职业。说熬红眼睛，这是因为我晚上无论备课备到多晚，总觉得备得还不充分。说手掌出汗，这是因为我跨进教室之前总是非常紧张，自认为学生一定会发觉原来我是个傻瓜蛋。说精神沮丧，这是因为我 1 小时后走出教室时，确信这堂课上得比平常还要平淡无味。

I teach because I like the pace of the academic calendar. June, July, and August offer an opportunity for reflection, research, and writing.

我教书，是因为我喜爱校历的步调。6 月、7 月和 8 月提供了一个供思考、研究和创作的机会。

I teach because teaching is a profession built on change. When the material is the same, I change — and, more important, my students change.

我教书，是因为教学是建立在“变”这一基础上的职业。教材还是原来的教材，但我自身却变了——更重要的是，我的学生变了。

I teach because I like the freedom to make my own mistakes, to learn my own lessons, to stimulate myself and my students.

我教书，是因为我喜欢有让自己犯错误的自由，有让自己吸取教训的自由，有激励自己和激励学生的自由。

I teach because I like to ask questions that students must struggle to answer. The world is full of right answers to bad questions. While teaching, I sometimes find good questions.

我教书,是因为我喜欢向学生提出必须绞尽脑汁才能回答的问题。我们这个世界有无穷无尽的正确答案来对付拙劣的问题。何况我在教学过程中有时也会想到一些出色的问题。

I teach because I enjoy finding ways of getting myself and my students out of the ivory tower and into the real world.

我教书,是因为我喜欢想方设法使自己和我的学生从象牙塔里走出来,步入现实世界。

These people who grow and change in front of me are the real reasons I teach. Being a teacher is being present at the creation…

这些在我眼前成长、变化的人,便是我要当教师的真正原因。当一名教师意味着是创造的见证人……

My dear friends, do you like the essay?

亲爱的听众朋友们,你们喜欢这篇文章吗?

Teaching brings me pace, variety, the opportunity to keep on learning and progressing. When I see my students' progress, when I receive thank you letters, I would realize how important a teacher is to her students and what a significant and rewarding job I've been doing.

教学使我的工作进程有了规律,使我的生活变得丰富多彩,教学向我提出了挑战,也给了我不断学习的机会。当我看到学生的点滴进步,当我收到他们的感谢信,我意识到教师对她的学生来说,有多么重要。而我所从事的又是一个多么有意义、多么值得做的工作。

Thank you for your listening.

非常感谢你们的收听。

网友点评:

@Emily:Good way! hope every day.

@feifei6891:说到心坎去了。

@?? xing:给雷蕾老师点赞。

@追逐:"自信可以带来成功,成功可以带来更多的自信。"一个循序渐进的过程。

@魏半仙:三尺讲台,桃李天下。

@。:Like it so much.

@璐宁丸子_:超喜欢雷蕾老师,还有课上给我们讲的那些励志故事。

教师是人类灵魂的塑造者,他们陪伴每一个人从懵懂无知到成熟懂事,从年少轻狂到稳重沉着。我愿意陪你们一起长大,迎接挑战也好,面对挫折也罢,不断发现新的自己也是乐趣之一。

倾听重大|匆匆时光

朗读者:符音

扫码观看

亲爱的朋友们,大家好!我是重庆大学土木学院2014级的辅导员符音,是重庆大学新闻学院曾经的毕业生,也是重庆大学学生艺术团曾经的一员。是的,学习和工作,都在重大,所以我对母校有着特别的情怀。今天想和大家分享的是一段有关重大、有关奋斗、有关友情、有关珍惜的故事。

前几天中午吃饭的时候,为了放松一下,便开着音乐播放器点了纯音乐专辑随机播放,偶然间,一段熟悉却久违的旋律轻柔地响起,手中的筷子停在空中,嘴里也停止了咀嚼,身体的所有细胞都像触电了一般,久久不能平息,鼻子一酸,眼泪也下来了。这段旋律就是此时此刻的背景音乐。也许对于大多数人来讲,这仅是一首钢琴曲罢了,但对于我和我的小伙伴们来讲,却非同寻常。

它是话剧《重庆往事·红色恋人》的开场曲。《重庆往事·红色恋人》是重庆大学学生艺术团缙云话剧社的原创话剧,以革命先烈刘国鋕和我们重庆大学校友曾紫霞的爱情故事为主线,将重大校史与戏剧艺术相结合,展现了在白色恐怖笼罩下,一批年轻共产党员坚贞不渝的共产主义精神和革命浪漫主义情怀。作为这部剧目的参与者,之所以每当听到这样的旋律响起,我都会鼻子酸酸的,那是因为我似乎又走进了那段感人至深的故事,而这段音乐唤起的也是自己曾经和剧社小伙伴们共同经历过并深藏心底的美好回忆。

记得那会儿我们的话剧在重庆市大学生艺术展演中获得很高的评价,所以我们被推荐去上海征战"中国校园戏剧节"。虽然我们一直梦想着有这一天,但刚得知这个消息的时候,我们真的都不敢相信,因为就算是对一个专业学表演的学生来讲,能在大学期间参加一次这样的比赛都是很难得的事情,何况我们所有的演职人员来自重大各个学院各个专业,唯独就是没有学表演的,可以说是纯业余的演员。所以,我们万分珍惜这样的机会。排练、准备的时光,是最最难忘的。最紧张的时候,几乎天天排练,我还算好,当时宿舍在 B 区,离 A 区学生活动中心的排练场地并不算太远,但住在虎溪的弟弟妹妹们可就辛苦多了。那个时候没有地铁,双碑大桥也没有通,大学城隧道堵车那是常有的事情。

那几个月,除了上课,几乎所有的休息时间我们都在为比赛做准备。所以,熟悉我们的同学经常开玩笑说,他们呀,不是在排练就是在去排练的路上。说辛苦吧,经历过的都会懂得,真的很辛苦。但我们 31 个演职人员当中没有任何一个人有过一句抱怨,说过一句放弃。虽然我们都不是专业学表演的,但我们始终怀着一颗专业做事的心,相信终究有一天我们也能做出专业的事情。我们始终拧成一股绳,当几个主演单独练习的时候,很多做剧务、场记的同学都主动来到现场,陪伴着我们。所以当我们在去上海的火车上,所有人最津津乐道的一个游戏便是我们自己发明的台词接龙。几乎所有的同学都记得这时长 2 个小时剧目里所有演员的台词,一个接一句,可以从开始说到结束。

我打心底里怀念那段日子,不是因为这部剧最后拿到了中国校园戏剧的最高奖,而是特别感激那段我们曾经共同奋斗过的点滴。我很庆幸自己曾经的努力,让我拥有了一段如此难忘的回忆,我很庆幸自己曾经的珍惜,让我从中收获了一段无法替代的友谊。

亲爱的小伙伴们,我很想你们。

其实,每一位同学都有自己的圈子,寝室的、班级的、社团的……校园生活会带给大家很多很多的记忆,不用去羡慕谁,也不用去感叹别人的生活为什么可以如此惊天动地,你要记得,你正在经历的当下就是最可贵的,当时光匆匆流过,再回头看的时候,希望你可以无怨无悔。

所以,在最后我想朗读一直以来自己都非常喜欢的一篇朱自清先生的散文《匆匆》,谨以此篇献给我正想念的那些一起拼搏过的小伙伴,也献给所有的重大人,希望我们可以珍惜每一个当下、珍惜同窗的友谊、珍惜美好的校园时光。

燕子去了,有再来的时候;杨柳枯了,有再青的时候;桃花谢了,有再开的时候。但是,聪明的,你告诉我,我们的日子为什么一去不复返呢?——是有人偷了他们:那是谁?又藏在何处呢?是他们自己逃走了:现在又到了哪里呢?

我不知道他们给了我多少日子;但我的手确乎是渐渐空虚了。在默默地算着,八千多日子已经从我手中溜去;像针尖上一滴水滴在大海里,我的日子滴在时间的水流里,没有声音也没有影子。我不禁头涔涔而泪潸潸了。

去的尽管去了,来的尽管来着,去来的中间,又怎样的匆匆呢?早上我起来的时候，小屋里射进两三方斜斜的太阳。太阳它有脚啊，轻轻悄悄地挪移了；我也茫茫然跟着旋转。于是——洗手的时候，日子从水盆里过去；吃饭的时候，日子从饭碗里过去；默默时，便从凝然的双眼前过去。我觉察它去的匆匆了，伸出手遮挽时它又从遮挽着的手边过去，天黑时，我躺在床上，它便伶伶俐俐地从我身边跨过，从我脚边飞去了。等我睁开眼和太阳再见，这算又溜走了一日。我掩着面叹息。但是新来的日子的影儿又开始在叹息里闪过了。

在逃去如飞的日子里，在千门万户的世界里的我能做些什么呢？只有徘徊罢了，只有匆匆罢了；在八千多日的匆匆里，除徘徊外，又剩些什么呢？过去的日子如轻烟却被微风吹散了，如薄雾，被初阳蒸融了；我留着些什么痕迹呢？我何曾留着像游丝样的痕迹呢？我赤裸裸来到这世界，转眼间也将赤裸裸地回去罢？但不能平的，为什么偏要白白走这一遭啊？

你聪明的，告诉我，我们的日子为什么一去不复返呢？

网友点评：

@平湖香草：我是重庆大学2014级新闻学院郑壹同学的母亲，我认真听完了符音老师的这篇作品及朗诵，作品很好，朗诵得也很好，故事里讲述的经历更加值得珍惜。我祝福符老师在优秀的路上走得更远，也祝福我的女儿在重大也能向她的符音老师学习，将在重大的日子过成难得的经历和难忘的记忆！

@wuhao：这既是符音老师作为曾经的学生干部对青春奋斗的回忆，也是告诫后来的学弟学妹们要珍惜时光，不负韶华。更是作为年轻的辅导员启迪广大重大学子，要让青春在奋斗中闪光，在中华民族伟大复兴中国梦的进程中找到自己的定位和奋斗目标。

@WW：名字跟声音一样美。

@梅花雪：文稿写得很好，朗读很感人。我虽说并不认识你，但我知道你一定是一位非常有才华的美女。希望今后能经常听到你的作品。

@秋石：真的很不错，棒，前途无量。

有时候最值得纪念的或许并不是某件事情最终的成绩和它所达到的高度，真正难忘的是我们为之奋斗的过程。苦累也好欢笑也好，都是这一路上最珍贵的宝藏。做自己真正喜欢的事情，不负韶华时光，我们想要的都还在路上，怎么能中途止步呢？是吧。

倾听重大|三尺讲台献青春

朗读者:刘月姮

扫码观看

大家好,我是重庆大学2016级新闻学院研究生——刘月姮。

在大四毕业的那一年我选择加入大学生志愿服务西部计划,成了重庆大学第十七届研究生支教团的一员。回想起一年前的今天是我去镇上看望留守儿童的日子,便忍不住想在这里与大家分享这一年来我收获的感动。

每个人都有自己的梦想,大到国家民族复兴的中国梦,小到想要一双鞋、一个篮球的孩子梦。而作为研究生支教团的一员,到西部去,到基层去,到祖国最需要的地方去,立足三尺讲台奉献青春,用一抹亮色辉耀党旗便是我的梦。

2015年8月,带着满腔热忱和无限憧憬,我与其他六名支教团队友来到了重庆市彭水苗族土家族自治县这个全国民间文化艺术之乡,来到了这个17年来支教前辈们奉献青春的地方。

“人一之,我十之,咬定青山不放松,不达目的不罢休。”为人师,我们勤学多问,向老教师学习教学经验;我们查阅资料,认真备课,多少个深夜凌晨,我们都仍在为那45分钟的课堂熬夜奋战;我们创新课堂形式,与学生建立良好的师生关系,让学生在快乐中学习成长。

在课余,已记不清有多少个周末假期,我们仍在积极走访乡村学校,调研基础教育;我们“跟着学生回家”,对贫困学生进行实地走访。彭水山多路险,每次下乡的路途对于我们来说都是艰难的:且不说不通车的地方,踩着脚底新磨出的水泡一走便是三四个小时的山路;即便通车,一脚油门也是一个弯,这让即使在坐车方面也算是身经百战的我也逃不过头晕目眩。

印象最深的一次要数4月份去乡镇上看望留守的孩子了,那几天天空总飘着雨,山路湿滑,当车子开到一个弯道和上坡的结合处时突然打滑,晕眩中的我一把抓住队友的手,清晰地感受着车身在剧烈颤抖,司机吃力地把着方向盘,稍有不慎就有可能翻下陡峭的山崖,那一刻,惊魂未定的我内心有了微妙的变化。

“来这里为了什么?做这些能得到什么?用生命去支教,值得吗?”这些念头在我心里打转,久久不能平静。车子最终冲过了那段险境。下车后,看见一群裤腿上带着泥的孩子迎面向我们跑来,他们那定格在我心里的灿烂微笑,在那一刻使我明白了,让这些笑脸永远灿烂或许就是意义所在。

一年的时间不长,200 多个支教的日日夜夜不短。风里来,雨里去,我们无怨无悔。我们付出,我们收获。也许时间会冲淡我们的记忆,但永远冲淡不了我们对支教生活的美好回忆。一年彭水行,一生彭水情,遥远的地理距离割不断我们对彭水的爱恋,这片美丽的土地已然成了我一生的思念。

后来回到学校,每每有师弟师妹们问我关于感悟、关于收获,总有千言万语堵在胸口,可脱口而出的第一句永远都是每个支教人都知道的那句话:用一年不长的时间,做一件终生难忘的事!我想这句话已不仅仅是一句口号,更是一种信仰,一种不断敦促我们前行的动力。

最后我仅以一篇海伦·凯勒的《我的老师》献给为三尺讲台奉献青春的老师们。

我问:"'爱'是什么东西?"

她把我拉得更近,用手指着我的心说:"爱就在这里。"她的话使我迷惑不解,因为当时除了手能摸得到的东西以外,我不能理解任何别的东西。

我闻着她手上的花,一面讲一面打着手势问:"花的香味是'爱'吗?"

"不是。"我的老师说。

我想了一下又问:"温暖的阳光照在我的身上,射向四面八方,这是'爱'吗?"

我认为没有什么比太阳更美丽的东西,因为它温暖的光能使万物生长。但是莎利文小姐摇摇头。我感到困惑和失望,我想我的老师真怪,为什么不把"爱"拿给我看看,让我摸摸。

大概一天以后,老师要我把大小不同的珠子穿成两颗大珠和三颗小珠相间隔的式样。我穿错了很多,莎利文小姐没有责怪我,而是耐心和蔼地指出我的错误,叫我再仔细地按正确的次序排列珠子。莎利文小姐用手触着我的前额,拼了"think"(思考)。

刹那间,我懂得了事物的名称是在人们的脑子里通过思考产生的。我第一次意识到某些东西的名称不一定都是我的手能摸到的。

我花了很长的时间在琢磨着"爱"这个词。现在我知道这个词是什么意思了。太阳被云覆盖,下了一场阵雨。忽然云开日出,阳光又带来了南方将有的炎热。我又问老师:"这是不是'爱'呢?"

老师回答说:"'爱'就像云一样,在太阳出来之前布满天空。"接着她又解释说,"你知道,你不能摸到云,但你会感觉到雨。同样的,你不能摸到'爱',但是你知道人的温情可以灌注到每一样东西中去。没有爱,你就没有欢乐,你就不愿游玩。"

我的脑子里充满了美妙的真理。我感到我的心和我看不见的东西,跟别人的心,都是紧紧地连接在一起的。

我是通过生活本身开始我的学习生涯的。起初,我只是个有可能学习的毛坯,是我的老师开了我的眼界,使我这块毛坯有可能发展进步。她一来到我的身边,就给我带来爱,带来欢乐,给我的生活增添绚丽的色彩。她把一切事物的美展现在我的面前。她总是设法使我生活得充实、美满和有价值。

网友点评:

@D:世界上所有的事情,当你完成之后回过头看的时候,无一例外地都会觉得时光如梭。一年的支教也是这样,总觉得时间太短,还来不及陪他们长大,等他们懂事。

@刘月姮:文主席说也许一生中那是最开心的一年,可是于我而言那一年不一定是最开心的,但却一定是一生中最纯粹的一年。

@巴山耕者:威武我们重庆天团的扛把子!

——如果有可能,你想用一年时间来做一件什么事情?

——支教。

365天可以做很多事情,支教是很伟大的一种。用你的言语给孩子们带去欢笑,用你的歌声传递给他们快乐,也手把手教他们识字读书。许多年以后,你还是会记得他们,记得那些个你没能一直陪他们长大的孩子;许多年以后他们亦会记得你,记得那个来过他们生命里,教会他们成长的哥哥姐姐。

倾听重大|科技兴军迎浪去

朗读者:姚睿宏

扫码观看

各位听众朋友们,大家好!我是重庆大学2013级计算机学院国防生——姚睿宏。

在重庆大学的这四年,我成长了很多,也逐渐找到了自己未来的方向,那就是——为担负科技强军的使命而不懈奋斗。我的这个想法,源于追梦强军路上的点滴积累,也最终确立在去年暑期参加NUDT计算机学院优秀学生夏令营的日子里。

感受着长沙夏天的火热，我开始了在 NUDT 的第一天。经历三年大学时光，我终于来到了这里——我军旅梦的初心。经历了一路磨炼，我争取到了参加夏令营的机会，是走是留还需努力。但我希望这里能成为我军旅路上的重要旅程。

在这期盼已久的校园里，刚刚经历了云南基层部队锻炼的我就像刚到老 A 的许三多一样，显得那么稚嫩而又好奇。这里对我来说如此陌生，却又如此可爱与火热，毕竟这里有代表我国科技史上的丰碑——“银河”系列、“天河”系列超级计算机。

翻看着自己去年记下的日记，我又回想起在夏令营里的点滴——结识了来自五湖四海的新朋友，领略了教员们的精彩授课，最难忘的是参观“天河二号”时，一位教员为我们介绍了国产超级计算机与我国自主研制的芯片，在经历了我国科技战线上几代人的努力后，终于完成从无到有的巨大突破的历程。其中“银河二号”诞生的历史颇具戏剧性，我想换种方式来分享它背后的故事：

那年，兔子与鹰酱谈判购买新型的超算机器和配套软件用以及时进行气象分析。鹰酱高兴地答应了，但要在机房设置监控中心，并且由鹰酱监督使用，种花家还要因此花很多钱支付报酬，并提供生活、居住条件。来自 NUDT 的兔子们听说后，联名写信表示，愿意自力更生做好 10 亿次的计算机，获得批准。

于是，在得到了较少的资金下，这群兔子开始攀登技术高峰，要完成比“银河一号”性能高 10 倍的新机器，而此时的元器件水平只比“一号”提高 4 倍。

那年，来自鹰酱家的消息传到种花家，超算机已经广泛用于那里的导弹、火箭、卫星等飞行控制领域。种花家也希望达到相应的使用前景。在那些年，NUDT 的兔子最终交付了“银河仿真机”，也使得鹰酱原先想把一百二三十万美元的低配机器卖给种花家的梦破碎了。

在这个故事里，兔子和鹰酱的指代不言而喻，而种花家则是指我中华。在我国实现自主打造超算技术的道路上，我们已经清晰地认识到，在引导国防科技跨越式发展的新技术面前，要抢占战略研判和顶层谋划的“制高点”，同时，我们也要深刻理解战争相关的理论与我军的历史使命。

马克思曾说，战争是推动人类文明前行的火车头。正如他所说的那般，战争的迅猛之势，如推土机碾过文明与历史，在不毛之处拓土开疆，前行的轨道一路血腥。现代战争模式日趋多样化，对于海陆空天电网，乃至金融和贸易都有深刻的触及。这一世界新军事革命加速发展的过程，主要依托于新一轮科技革命。正如习近平总书记在今年出席十二届全国人大五次会议解放军代表团全体会议时强调：科技进步深刻改变着人类的生产生活方式，也深刻影响着世界军事发展走向。随着科学技术快速发展，国家战略竞争力、社会生产力、军队战斗力的耦合关联越来越紧,国防经济和社会经济、军用技术和民用技术的融合度越来越深。我们必须增强紧迫感,以更大地决心和力度抓紧推动科技创新和进步。

科技兴军,并非一句空话,它密切关联着国防和科技战线上的每一位工作者,也牵动着无数中华儿女的心。2015 年 9 月,当歼 15 舰载机第一次在阅兵式上亮相时,多少人为之欢呼;而就在几天前,我国第一艘国产航母成功下水,有多少人为之骄傲!国强则民安,而我中华少年正是强国强军的希望!作为一名重大学子,我深知自己的科研道路漫漫而修远;而作为一名祖国的后备军官,我更明白自己肩上的使命重大而光荣。

我曾为我们无数次身着军装列队走过金黄的银杏大道时,引来路人的驻足观看而感慨;也为自己能身着体能训练服,夜跑在校园与操场而自豪。而今,坚定地选择进一步深造的道路,我会更加认真学习与体会前辈们的精神。攀登科学之巅的路途必定是充满崎岖与泥泞的,人生道路亦如此。作为即将毕业,开始现役生涯的我,也应有"孰知不向边庭苦,纵死犹闻侠骨香"般的慷慨与洒脱。

今年,适逢"银河一号"团队的带头人慈云桂院士诞辰 100 周年,我便以一篇题为《银河巨星耀神州——记中国巨型计算机之父慈云桂院士》的文献,与大家一同体会以慈云桂院士为代表的老一代科学家们开创的"银河精神"。

13 年前,在美国华盛顿召开的人工智能工具国际会议上,全体与会人员向一位刚刚去世的中国科学家肃立默哀。这位科学家就是中国巨型计算机之父、国防科技大学计算机系兼研究所的创始人慈云桂院士。慈云桂是我国计算机科学与技术的开拓者。翻开慈云桂的履历,发现他与中国计算机几乎是同步成长的,从电子计算机、晶体管计算机、集成电路计算机到巨型计算机,他始终活跃在我国计算机科学领域最前沿。计算机的每一次飞跃,都凝聚了慈云桂的心血。

慈云桂在争分抢秒为国家奉献科研成果的同时,还特别注意培养一支敢打敢拼、过得硬的科研队伍。在他的带领影响下,许多同志连续工作几个昼夜,有的同志从来没有休息过节假日、星期天;有的同志揣着病假条坚守岗位;女同志把孩子锁在家里赶来加夜班。

1983 年 11 月,由张爱萍将军命名为"银河"的亿次计算机系统在长沙国防科大顺利通过国家鉴定,主机平均无故障运行时间长达 441 小时,远远超过鉴定大纲的要求,达到了国际先进水平。银河亿次机的研制成功,打破了西方大国在超高性能计算机上对我国的封锁,使我国跻身于世界巨型机的研制前列。它标志着我国计算机已经发展到了一个新阶段。慈云桂也抑制不住幸福的泪水,他回顾往事,感慨万千,不由得挥笔抒怀一首七律《银河颂》。

银河疑是九天来,妙算神机费剪裁。

跃马横刀多壮士,披星戴月育雄才。

精雕岂为人称誉,细刻缘为玉琢材。

极目远穷千里外,琼楼更上不徘徊。

点评:看红旗飘扬在天安门广场,看和平年代日益成熟的大国外交,看在国际舞台上日渐强盛的泱泱大国。在科技兴国方针的带领下,歼15舰载机在阅兵式正式亮相,中国第一艘航母下水试行。壮哉我中华,你已是地位不可撼动的东方大国!

倾听重大|缘分使然

朗读者:吴容蓉

扫码观看

重大的朋友们,大家好,我是重庆大学建筑城规学院2013级建筑学的吴容蓉。今天是一个特殊的日子,在这里,有一个表白,给我最爱的管乐队。

记得两年前的一天,依旧是重庆那个像秋天一样的春天,在评完幼儿园图纸的时候,被学长学姐的大跨设计模型惊艳到。刚巧,那个早上,我和乐队一起,第一次走出重庆,向世界奏出属于我们自己的声音。在复旦大学正大体育馆那里,见证了世界一流水平的比赛,也收获了许多友谊、荣耀,同时也增加了我的见识等。一次盛大的比赛,让我对整个场馆都爱屋及乌起来。试图从门外汉的角度来揣测整个建筑,虽然不是所有想法都正确。

特殊的感情让我在之后结构力学和结构选型课上毫不犹豫地选择了正大体育馆作为我作业的研究方向。查了无数论文,蹲了无数天的图书馆,当看到一张张熟悉而又陌生的照片,我似乎能够回忆起当时比赛的一幕幕场景。

是彩排时刘姥姥进大观园一般好奇的张望?还是比赛前紧张兮兮的候场,一遍一遍回忆自己的点位或者指法?还是比赛结束后各种摆拍?我一直在想,当时翻资料的时候,嘴角大概是弯的吧,情不自禁的那种,嘴角上扬。虽然节点分析、弯矩图等受力分析图把自己折磨得不知所措,但是总觉得,就是那种痛并快乐着的体验吧最让人难忘。

黄葛树叶子绿了又黄,转眼两年过去了,当我感慨早已物是人非时,迎来了大跨这个课题,可能是之前的缘分让我执着于选这个课题。当在CAD上画运动员入口的时候,我总是回忆到参加过的比赛,无论在上海或是在重师西大。我看着上面的观众席位,仿佛能够体会观众视角下精彩的表演。无论自己绘制体育馆的哪个细节,都会有过去经历过的画面投射在里面,整个场馆看起来那么熟悉,仿佛两年的时光并不存在,所有的事情好像就发生在昨天。

可能不是所有的学建筑的学生都会有这样的舞台经历,对体育馆有如此深厚的感受。我总有种错觉,期望在自己设计的体育馆里,和管乐的小伙伴们,一起演奏那些熟悉的旋律,从 *Part Of Me* 到波基上校,从 *Hot Stuff* 再到《那些年》、五月天组曲。

自己常说,能在最美好的时光遇见,是一种缘分。可能前世我在佛前求了几千年。一定是前世羡慕这样一个在视觉和听觉上给人以震撼的团队,一个像暖融融的大家庭一样的乐队。

佛曰,前世的三百次回头换来今世的擦身而过。我想前世是不是脖子扭酸了才换来今生在重大这个美丽的地方,和一大群美丽的人,有了一次美丽的邂逅。在最美丽的时光里有一场最美丽的遇见。

我想今世尚且留了可以掌握的机缘。一些愿望,如果今生屡屡瞩目,就埋了一个下辈子擦肩而过的伏笔,待到日后便可再接再厉地追寻。

今世,我要用余生的一千次不倦地聆听管乐、聆听小号的声音。手机上永远保留着军训第一次合排那个现在看起来略显混乱的视频。永远不会忘记身临其境带给我的一种震撼。不同于钢琴和古筝的优雅独奏,而是大合唱般的恢宏大气。

今世,我要用余生的一万次目不转睛地看着你们,让来世还能遇见你们,还和你们一起在最美好的时光里做自己最喜爱的事。大学里遇见的第一群人,是让我最终死心塌地地留在管乐队的人儿。

毕业在即,马上所有人都要各奔东西,重聚的机会不知道还会不会有,只是期望在东广场一起训练的小伙伴们一切安好,一切顺利。期待管乐队越来越好。

同时也要感谢三个给力的队友,给我一次这样的体验。

接下来,我要朗读阿紫的《缘分》来纪念管乐队和我之间的命运羁绊。

这一生,我们都会遇到许多的人。

你能否记得?在生命的起落中,谁曾与你擦肩而过,谁的笑容又是你不能释怀的挂牵。你与那千千万万中的哪一个人有缘?哪一个人的声音,哪一个人的背影又颤动过你柔软的心弦。茫茫人海,你为谁流转千年的等待;滚滚红尘,谁又为你盼落了如花的容颜。夜里的哪一颗星,能够为你点亮,天边的哪一朵云,能够抚平你的伤痕。

我们说相知是缘,相惜是缘。缘是遥遥相望的惦念,缘是眼睛与眼睛之间瞬间的灿烂。

今生与你相遇，今世与你结缘。就让我的手和你的手相牵，一起听风长雨短，一起看月缺月圆，今生与你相遇，今世与你结缘。就让我的心贴紧你的心田，一起望朝日夕阳，一起过风烛残年。缘分是得到也是放手，缘分是苦涩也是甘甜。缘来时，要学会快乐地停留；缘尽后，要学会自己背上行囊继续在路上行走。

繁华尘世间，有缘是千年。当等到有一天，等到把一个个的风景都看遍，就为缘分收拾好帆缆吧！

收拾好帆缆，在时光的边缘，去和一个人的一个梦，一起入眠……

网友点评：

@容蓉：比心管乐队的小伙伴们。

@一个勺子：加入管乐队，一定是大学做的最正确的决定之一，看着这个温暖的大家庭一步步壮大，真的很满足，爱管乐队的兄弟姐妹们！

@zaza：容蓉姐值得我们好好学习！

@狂想者：时光不老，管乐不散！和容蓉姐在上海比赛时做了室友，看了好多好多她的照片，好漂亮，感觉到她对建筑的热爱，对自己正在做的事情的热爱，那种感觉，说不清，道不明，仿佛给她镀了一层很耀眼的光芒。

最好的状态无非是你所做的事情正好是你热爱的事情。一面之缘对体育馆情有独钟，到如今想盖出自己设计的体育馆，这份热爱若能坚持下去，想必小姐姐离她自己设计的体育馆也不远啦。

相遇即是缘分，珍视每一次相遇，说不定这就是你所热爱的呢。

倾听重大|重庆大学，我为你朗读

朗读者：朱艳平

扫码观看

各位亲爱的听众朋友，你们好！我是重庆大学2009级艺术学院的朱艳平。今天来到“倾听重大”，与大家分享我的故事。

参加工作三年多了，我感觉大一骑着自行车上课的情景仿佛还在昨天。我想对于一个音乐生而言，或许都曾期望过在音乐学院就读，但从我进入重庆大学第一天开始直到现在，始终都无比庆幸和自豪着：我是重庆大学的学生。我想，重大带给我的从来不只是它 211、985 的头衔，而是那一片学习生活的乐土和青春记忆的书签。

我从来没有想过自己会成为一名警察，正如高考前没有想过自己会来到重大一般。也许，这就是命中注定吧。在大学毕业时，我进了公安队伍，成为重庆警察学院的一名教师。每次各高校开会时，看到重庆大学的座位牌都会内心激动，这是不是一种归属感呢？

记忆里的大学生活是没有周末的，每个周末都被各种各样的社团活动、学生工作充斥着，是的，我热爱这些。还记得，大一时的周六骑着自行车去学生会开会，结果有了人生中第一场车祸，脸摔肿了，两颗兔牙也随即牺牲。我倒在地上完全是懵的，但拿起电话第一件事是给文艺部的部长请假。现在看着身边忙碌着的学生干部，我仿佛能看到自己当年的青春岁月，看到我们一起熬过的夜、唱过的歌、撸过的串儿……还有食堂的铁板三、食堂的凉面、商业街的刘煲仔！

前两天，给学生们拍完毕业照，我又回到重大校园里走了走，从图书馆到缙湖，从综合楼到一教，又从北门穿过了熙街，我尽情地享受着母校给予我的一切。即使工作地点离重大只有几公里，依然觉得回来倍感亲切，热泪盈眶。又到了毕业季，青春的记忆涌上心头，我想将一首《我会永远爱你》献给我的母校——重庆大学。

我会永远爱你——献给母校的诗
每天把你的名字挂在胸前
我能感受到你博大的爱
你永远是我的一片森林
我是一粒微小的种子
我的思想在你的呵护中发芽
每次仰望你的时候
你的肩膀就像一座木头房子
容纳了蓝天和白云
我曾想象我们能永远站在一起
所有美丽的清晨和夜晚
在你的脚下默默地醒来睡去
直到今天
我长成了一棵会移动的树
重温那些你给我的爱
我才要像你一样

在岁月的风雨中
随意站在人生的某个角落
形成一片绿色的荫蔽

网友点评：

@猪猪：听着朗读我又仿佛回到了重大校园，不禁热泪盈眶，谢谢母校给予我的一切！

@米粒粑粑：我也希望能在重大学习。

@琴：朱艳平你是最棒的，我们都为你骄傲自豪，孩子们都会向你学习的。

@让世界充满爱：声音委婉，情感真挚，感人至深！

@曹兴云：学姐真棒，还有幸见到学姐，我要向你学习。有一群可爱的同学、亲切的学长、学姐和老师们，我感到十分自豪，为身在重大而无比自豪。

从虎溪到沙坪坝，从大一到大四，从青涩到成熟，重庆大学在一个个春来秋往的365天里见证了许多人的成长和改变。我们像是散落在天涯海角的一粒粒沙子，在回到母校时又汇聚成一个硕大的沙盘，时光像一只大手，用匠人娴熟的手法在沙盘中勾勒出重大更加闪亮的未来。

重大它就在这里，不来也不去；而离开校园的你们，也一定要常回来看看。

倾听重大|父亲不说话

朗读者：蒲俊杰

扫码观看

倾听重大的朋友们，大家好，我是新闻学院的青年教师蒲俊杰，今天我要和大家分享的是我和我父亲的故事。

去年的6月19日是父亲节，我竟然忘了给父亲打电话。

其实，每次和父亲打电话也没什么别的内容，无非就是按时吃饭、过马路注意安全之类。

我真不知道，从什么时候开始，我们父子之间变得如此相敬如宾。难道真如母亲说的那样，只读过小学的父亲已不敢在博士儿子面前“口若悬河”了吗？

父亲年轻时能说会道。可不知为何，最近这些年，父亲的话越来越少。以前，他是绝不会放过任何一个“教育”我的机会的。直到有一天，母亲告诉我，父亲背着我们去做了喉咙息肉切除手术。由于每天要应对很多顾客，手术后的恢复并不理想。话说多了，他的嗓子就会彻底哑掉。所以，除了顾客，他跟我们说话都是惜字如金的。

父亲不会说"好听话"。母亲常为此跟我抱怨。前两年回家探亲时，母亲兴高采烈地告诉我，终于听到父亲说了句"好听话"。

是吗？说了什么呢？我很好奇。

他对我说，你要是病倒了，我该怎么办啊？

这就是父亲的"好听话"。

我的遭遇并没有比母亲好多少。从小到大，父亲几乎就没有表扬过我，也没有对我说过什么好听的话。我工作后的第二年，父亲左手的老毛病又犯了，整条胳膊一点儿也抬不起来。全家人都催他去医院，他却轻描淡写地说："没事，过段时间就会好。"

在家里人三番五次的劝说下，父亲终于答应去四川华西医院做全身检查。我还记得，那天在门诊大厅，对于第一次进省会医院的父亲来说，这门诊大厅确实是太大了。难得见到他在我面前手足无措的样子。我把他安顿好，有条不紊地做好了所有的准备工作。这时候，父亲低着头，自言自语地说了一句，这有儿子，就是不一样。我一下子怔住了！这是多年来，父亲第一次，也是唯一的一次，对我说的一句"好听话"。

从医院回来的路上，父亲走在前头，留给我一个大大的背影。我一下子想起了朱自清先生写的《背影》。就在那一刻，我忽然明白了，原来，对于每一个孩子来说，天底下所有父亲的背影都是一样的。因为，在那背影上，永远都写着两个字：父亲。

我走上前，挽着父亲硬邦邦的左手。就是这只手，父亲用它来做过很多事。卖米、卖水果、卖蜡烛、卖山杂货。父亲就是靠一袋袋的米、一箱箱的水果、一根根的蜡烛、一包包的佐料，支撑着全家人的生活以及我这么多年的学费。

我轻声问他，左手怎么会这么严重。父亲说，前些年给客人送蜡烛的时候，从摩托车上飞了出去，摔着了。父亲说这话的时候，还用手做了一个俯冲的动作，就像是在说一件发生在别人身上的事。我的眼泪一下子涌了上来。

父亲一生都很节俭。工作后，我给父亲买了很多东西。电动剃须刀，他执意留给了我，理由是习惯用以前的刀片了。冬天的睡袍，他舍不得穿，说是过几年不做生意了再穿，怕弄脏。我出差带回的好酒，他舍不得喝，说是等我过年回家一起喝。

直到现在，父亲还是不太喜欢说话。不过没关系，就像下面这首诗一样，我会把以后的日子写下来,读给他听。

父亲不说话

父亲不说话
因为沉默,是离你最近的比喻
除了吆喝
一个小商贩能有多少动人的言语
从上次互道晚安至今
已隔着一个青春期
白头发、老花镜、若无其事的背影
就像那颗被你弄丢的祖传戒指
动摇着全家人对生活的信心
黑暗中蓄起的胡须
疯长如一个认错的小孩
环抱你的脖子
想用撒娇换取原谅
你戒了烟戒了酒戒了所有的说教
从练习看着儿子的眼睛说话开始
小心翼翼,向我靠近
父亲不说话
穷尽一生,不说话

网友点评:

@温暖如春,灿烂如夏:每一个父亲都很伟大。看了本文我想起了我的父亲,如今已82岁高龄。他经历了太多磨难,现在背都驼了。双手都是老茧,脸上都是皱纹,眼睛有白内障视力不好。端午节我回老家去看他,他送我上车后久久不愿离开。车越走越远,我的双眼已泪流满面。

父亲是坚强的,或许我们看不到他的眼泪,看不到他的疲惫,也看不到他深夜里辗转反侧的样子。因为父亲不说话,因为他知道他是大山啊,他无论如何也不能倒下,所以他一直都很沉默,可是父亲你不必那么坚强,请不时地停下你奔波的脚步,也吹吹晚风听听歌,听一听我说爱你。

倾听重大|你是人间四月天

朗读者:陈志炜

扫码观看

重大的朋友你们好,我是重庆大学2014级公共管理学院的学生——陈志炜,也是重庆大学学生会的一名成员。今天想和大家一起分享我和学生会的故事。

我和学生会的缘分开始于2014年10月的虎溪校区东广场,和室友路过校会纳新的伞棚,被眼熟的学姐拉住,侃侃而谈介绍学生会,从部门架构,说到工作成果,再说到未来的工作安排。学姐口若悬河令我赞叹不已,太过热情又让我不忍拒绝,随后一路"过关斩将",正式成为校学生会的一员,开始了我的学生会故事。在第一次全体大会上,看着学长学姐们西装革履神采奕奕的样子,我也暗暗幻想将来有一天能够成长成这样独当一面、自信大方的模样。这是校会给我留下的第一印象,严谨而又美好,让人心存敬畏,更是心驰神往。

在学生会的第二年,我也成了一年级同学眼中的学姐。年级升高随之而来的是角色的转变,不同于大一时"一令一动"的办事员心态,我和同伴们突然有了紧迫感和责任感。我们在欢乐时光激烈讨论,在办公室开会培训,每天的话题都离不开近期可以开展一些什么活动、如何培训新成员效果会更好等,最爱挂在嘴边的一句话是"脚踏实地,仰望星空"。这一年是忙碌的,也是踏实的,我们在压力之下,互帮互助、飞快成长。

第三年是最忙碌的一年,说到这就不得不提上学期12月份的重庆大学第27次学生代表大会,对我来说这是一个巨大的挑战,甚至说是磨炼。从十月份到十二月,整整两个月的筹备期;从撰写材料到联系学院,要求面面俱到;从组织宣传到具体落实,反复推敲演习,每个人都忙碌得脚不着地,连好好吃顿饭都觉得是奢侈。会议前几天,材料将要定稿打印的时候,我们坐在办公室,反复阅读,细抠每一个字眼、每一个标点,长时间的阅读让眼睛都开始有些模糊,但是没有人敢放松。这是一段和举办活动完全不同的经历,少了那么一点趣味,要求更多的是严谨,是大局意识,是学生自我管理、自我服务、自我教育、自我监督意识的体现。也是这一次会议的内涵让我真正认识到,在校会不仅要锻炼自己,还要服务、引领同学。

我的大学三年,也是学生会的三年,校会陪伴见证了我这三年的改变与成长。

我在这里付出了时间，收获了各项技能的锻炼；付出了精力，收获了综合素质的提升，付出了感情，也收获了志同道合的良师益友。和其他校会人一样，我喜爱、感激着校会，也会有人来问："都大三了为什么还不离开呢?"我想，不离开正是因为离不开吧，校会就是我们每个校会人心中的"人间四月天"！我想将《你是人间的四月天》这首诗献给我们的校会。

我说　你是人间的四月天；
笑响点亮了四面风；
轻灵在春的光艳中交舞着变。
你是四月早天里的云烟，
黄昏吹着风的软，
星子在无意中闪，
细雨点洒在花前。
那轻，那娉婷，你是，
鲜妍百花的冠冕你戴着，
你是天真，庄严，
你是夜夜的月圆。
雪化后那片鹅黄，你像；
新鲜初放芽的绿，你是；
柔嫩喜悦，
水光浮动着你梦期待中白莲。
你是一树一树的花开，
是燕在梁间呢喃，
——你是爱，是暖，是希望，
你是人间的四月天！

点评：你有没有那么一个难忘的地方，它收藏你成长的点滴，知道你好坏的历程，了解你向往的未来，而这个地方，就是你人间的四月天。于作者而言，校会就是这个地方，收纳了他成长的每个脚印，带给他成长和挑战。那么，哪里是你的人间四月天呢?

第六篇 06

原创微视频

你问我如何留住时光，我会回答你，或许声和影吧。

《重大青年》原创微视频板块，鼓励学生自主构思创作微视频，用声音和身影纪念时光，书写回忆。其内容包括公益广告、传统节日、毕业季等，极大地丰富了重大学子的课外生活，也充实了他们的精神世界。

工作感悟：很多青年大学生都有一个电影梦，前锋工作室每年开展原创微电影项目申报，支持学生自发组队拍摄微电影作品。同时，每年还开展公益广告大赛，一些好作品在同学们中间产生。有的作品在第四届上海（国际）大学生微电影节上获奖，结合中华传统节日和开学季、毕业季还创作推出了多部网络视频，在师生中传播。

父亲节|说出你对父亲的爱

扫码观看

出品：重庆大学前锋网络文化工作室

指导：吴昊

视频制作：李　妍　杜康迪　蒙泓延

孟自蹊　蒋铭心　李　然

主要内容：一群大学生讲述和爸爸的故事。

《说出你对父亲的爱》视频截图

你有坚实的臂膀
给予我坚强
你用细腻的柔情
呵护我成长
曾夜以继日守候在我身畔
起早贪黑的高大身影我怎能忘
今遥隔千里牵挂于我左右
叮咛嘱咐的关怀问候我怎能负
那个牵我手过马路的人
那个把我的任性宠溺起来的人
那个雨天蹲下背起我的人
那个我生病时陪伴在侧的人
那个两鬓开始斑白的父亲
我爱你啊

网友点评：

@栋梁霄哥：这篇微信的内容戳到了心窝，不仅仅因为父亲，还有这个家，从考上大学的一刻起，和父母见面的机会只有每年的寒暑假。不敢想象，工作以后，与父母见面的机会又会怎样？再看到这种类型的文章，会不会哭得一塌糊涂。珍惜和家人在一起的日子，毫不吝啬地表达我们的爱！

@a甘：我爸真帅！

@寒潭：我爸可能永远是那个收到我一条短信都能开心很久的人。希望我能走得再快一点，能够早日成长为可以保护他的样子。

@地山謙：我爸送我来上学的时候，他帮我收拾寝室，记得他伸长了手臂很费力地擦寝室的电风扇，说要好好擦啊，不然一开一吹一身灰对我气管不好，那个样子我此生难忘！

@Youth：时光太快，恍惚间已经不知道从哪一刻开始在家里待的时间突然少了……

@陶宁：感谢重大青年工作室，节日文化做得好！

小时候你总是用有力的双臂抱起我，上学时是你替我第一次背上书包，长大后我离家越来越远，而你也寡言，只是偶尔给我打电话说爸爸没什么事，就问问你还有没有生活费了。我想告诉你的是，我也想你了。

你有多久没有给妈妈打电话了?

扫码观看

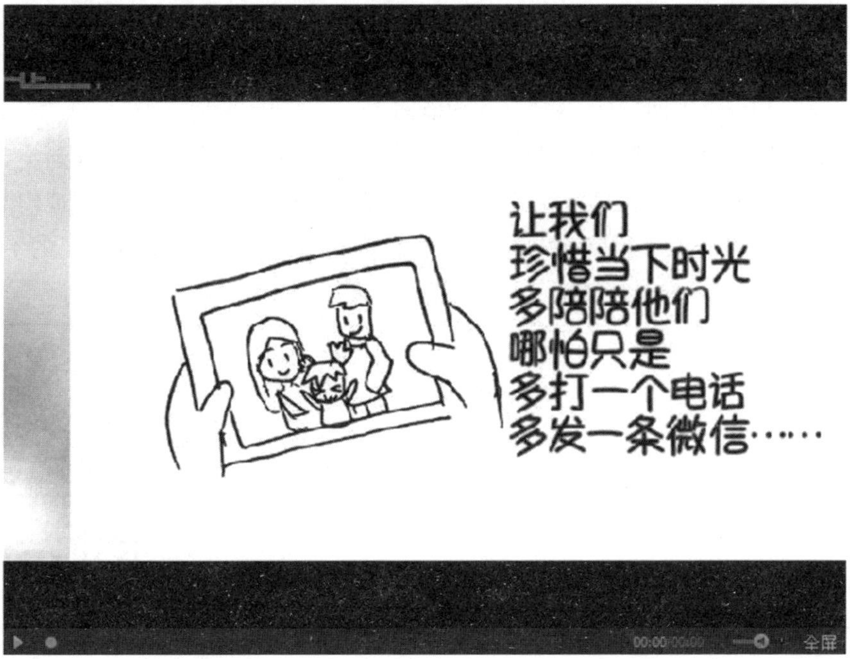

《你有多久没有给妈妈打电话了?》视频截图

出品:重庆大学前锋网络文化工作室

指导:吴昊

视频制作:孙祺玮

主要内容:一个女大学生和妈妈的微信互动的动漫故事,令人感动,震撼心灵。

网友点评:

Fy:微信里面基本上都是亲戚,发朋友圈都是为了让远方的他们不要担心我,我在大学过得很好。即使有时候忙着复习考试,也会在吃饭时间或者在路上给爸爸妈妈打个电话，爸爸妈妈一直都很支持我的选择，在任何时候都在鼓励我去做自己喜欢的事情，爸爸妈妈把他们最无私的爱给了我和弟弟，我们是父母最大的牵挂，他们的给予是爱，我们的回报也是爱，永远爱着爱我的家人！

吃杂食的摸鱼党：看完虽未热泪盈眶，但心仍是颇受触动……谢谢这条温馨的提醒！

@独行侠的指尖：我每天都打（哇你的妈妈一定超开心吧）！

@糊靖涵：坚持一有空，就和爸爸妈妈妹妹视频。

@Snow White.：刚才打过，没有什么比家更重要。

@GOD：填报志愿时，想着一定要走出福建，越远越好，现在后悔了，看着厦门的同学每周都可以回家，而我要半年才能回去。

远离家乡、异地求学，我们是自由飞向蓝天的小鸟，脱离了笼子，却离不开身后父母痴缠的挂念。我们拥有了新的朋友、新的生活，但是千里之外的他们却无处安放那些担心和思念。所以，接一通电话、回几条微信吧，他们要的真的不多，只是你偶尔的一句问候，哪怕只是唠唠家常也好。

公益广告大赛作品展：再温柔些吧

扫码观看

我们不该辜负

出品:重庆大学前锋网络文化工作室

视频制作:陈家荣

主要内容:讲述大学生和宿管阿姨的故事,宿管阿姨每天守候学生,从早到晚,学生看在眼中,温柔对待。

有那么一群人
默默无闻
却又不可或缺
有那么一群人
近在眼前
却又容易被忽视
“寝室楼里
每天早晨依然元气满满
她
为我们新的一天做准备”
黎明
你我,还在睡梦中
她们,却早已起身
为你新的一天
做好铺垫
深夜
你我,或是挑灯夜战
她们,却早已歇息
一天的忙碌
早已让她们疲惫不堪
偶尔
为了晚归的你
拖着疲惫身躯
打开
归来的门
“她
关心着我们的生活起居
我们的习以为常

是她的望眼欲穿”
我们早已习惯她们的关爱
可否
换作我们
回报她们以温柔
“身边
最沁心的
温柔
我们不该辜负”
不要吝啬你的关爱
或一声招呼
或是一句感谢
你的小小温柔
会填满她们的心房
给予她们
最大的满足

网友点评:

@主义:离开虎溪了,搬完寝室回去拿东西的时候忽然觉得很舍不得阿姨们,是她们每天起早贪黑地为我们服务,希望阿姨一直年轻一直漂亮啊!

@U:表白阿姨们!!

@橘子汽水:她们也是很伟大的人。

让我为你拂去疲惫时的汗水,让我为你扫一扫宿舍楼道,我们这群不懂事的孩子让阿姨费心啦。你就像妈妈一样温暖的存在,感谢陪伴。

【视频】青春·重大·时光

扫码观看

出品:重庆大学前锋网络文化工作室

指导:吴昊

视频制作:钟天雄、顾振强、李雨蔓、杨铄丹、孟佳程、徐放

主要内容:2015 届优秀毕业生采访

2015 年 6 月,把我们从五湖四海吹来的风,又快要匆匆将我们像蒲公英一样吹散到天涯海角。四年光阴,像追不上的马,又像摸不到的云。

有人说,这段光阴像一场雨,来得忽然,走得安静。

有人说,这段岁月像一首诗,抬笔没有刻意,提笔时句句都是回忆。

有人说,这段经历像一杯酒,第一口让人清爽,最后一口让人醉。

当我们谈论毕业的时候,我们想到了什么?

点评:珍惜大学时光,转眼即逝。好好把握每个当下,因为来之不易。六月的风将我们带来,如今却又要带走,站在离别的路口,只希望能对自己说一句不负所望。毕业快乐,祝我们快乐。

温情大片|你好，中国！

扫码观看

出品：重庆大学前锋网络文化工作室

视频制作：吴昊

主要内容：在中国鸡年新年到来之际，我们向全球网友征集出演春节温情大片《你好，中国》。短短的一周收到了来自全国各省区市及港澳台地区、海外旅游求学的国人、国际友人发来的大批投稿问候并祝愿全体网友新春快乐，阖家幸福！

《你好，中国！》视频截图

从皑皑白雪的黑龙江，
到暖风吹拂的海南；
从东方明珠上海，
到圣洁高原西藏；
从首都北京到香港澳门台湾；
从国内到海外。
全球网友共说一句——

你好,中国!

网友点评:

@ 肖铁岩:过去的一年,“锋哥”为丰富健康网络文化做了大量卓有成效的工作。向“锋哥”表示衷心感谢和热烈祝贺!并祝在新的一年里取得新的更大的成绩!

@ wuhao:你好,中国,我在吃年夜饭同时把大家留言发出去让小编们安心吃饭。感谢前锋的宝贝们,感谢网友们的关心支持!祝鸡年吉祥,阖家欢乐!

@ 大白猫奶糖:你好我最伟大的祖国,我在铜奔马前、我在金城兰州送出我最诚挚的祝福!祝您繁荣富强!祝全球华人新春快乐!

@ 番茄小丸子:你好中国,我在江苏南京!马上要吃年夜饭了,祝大家新年快乐!

@ 星星之火—凌晓明:策划新颖,执行有力,效果漂亮,必须点赞!

@ 寒月留:你好!中国。我在天府之国,四川成都,愿鸡年祖国安康,繁荣昌盛!

@ Frigidité. :你好,中国!我在安徽——一生痴绝处,无梦到徽州。十里新安画廊,千百黄山奇松。毓秀徽州,钟灵华夏,祝愿祖国繁荣昌盛!

@ Nix:你好中国,愿祖国在新的一年更加繁荣昌盛,愿祖国在网络舆论战线能够取得胜利。来自甘肃民勤正在和家人一起做年夜饭的我。祝我的父母在新的一年健健康康、快快乐乐!

你好中国!我在重大前锋,代表重庆大学全体人员祝福祖国安康!

视频 | 青粽叶，白糯米，端午一品中华色

扫码观看

出品：重庆大学前锋网络文化工作室

指导：吴昊

视频制作：蔡淑婷、杨逸臣、李怡贤

主要内容：端午时节，素手解粽叶，白米裹香甜，虎溪青叶掩映下，汉服裙袂翻飞间，重大学子身着华夏传统华服以舞相贺中华民族传统节日。

天问九歌，汨罗粼粼，踽踽独行的身影在华夏儿女的念念不忘下流传了多少年，丝丝彩线缠绕着青色的粽叶，白莹如玉的糯米裹藏着蛋黄蜜枣，龙舟竞渡地追寻跨越时光的界限，五色丝线雄黄朱砂佩于孩童腰间。

端午之于国人，不仅是一次对屈原久久的怀恋，不仅是对祖先神灵祭祀的敬意，不仅是粽香与龙舟的传统庆典，更是中华民族优秀文化的翻涌与沉淀。

端午节是中国首个入选世界非物质文化遗产的节日，是流淌至今的历史长河

中千万炎黄子孙共享的文化盛宴。

中华民族传统佳节是现代社会最值得珍藏的宝藏,优秀文化的传承透过节日的庆贺丝丝浸润每一位国人的心田,更为新一代华夏青年讲好中国故事助力。

青粽叶、白糯米,在此端午佳节之际,天下华人举杯共饮。一品中华色,让中国梦的光华在古今呼应间闪耀世界舞台。

网友点评:

@主义:被汉服小姐姐们圈粉,超有气质啊!

@月:祝大家端午安康!

@喵喵喵:重大青年过节加班辛苦啦,端午快乐!

你衣袂留香,是粽叶的美味清香,是传统节日的喜庆温馨之香。青粽叶、白糯米,端午一品中华色。

【微视频】收获

扫码观看

出品:重庆大学前锋网络文化工作室

视频制作:Lixing famulei

主要内容:一名重大学子通过“爱心包裹”帮助他人,提升自我的过程。

《收获》视频截图

全国道德模范郭明义曾说:“帮助别人,快乐自己。”在本片中,重庆大学学生王磊性格内向,不善言辞,一次偶然的机遇,他参与了中国扶贫基金会发起的“爱心包裹”活动。原本只是想帮助贫困山区孩子完成梦想的他,却在最后有了额外的收获。放下羞涩,他的努力达成了受助儿童的梦想;大胆尝试,他的能力也得到了提高。诚如影片最后所说:“长年累月真正努力的人,给自己的答案永远都不会是谎言。”

点评:正如古语所云:“赠人玫瑰,手留余香”,乐于助人是中华民族的传统美德。有一颗向善的心并付诸实践是最难能可贵的事情之一,希望重大学子都能带着这样一颗向善之心上路,帮助他人快乐也能带给我们自己快乐。

公益广告:一只狗的独白

扫码观看

出品:重庆大学前锋网络文化工作室

视频制作:曹茜

主要内容:从一只狗的角度去看待人与宠物的关系。

《一只狗的独白》视频截图

我叫一一,她总是这样叫我。那一天,她来到这个小店,透过橱窗,她温暖的目光一直注视着我。她带着我踏着重重铁轨到了她的家,一个使我无比幸福的地方。

从此,那也成了我的家。

每当乐声响起,每当夜幕降临,每当她翻开书页,我都一直在她身旁。而她也给了我他人不曾给予的温暖,饥饿时她递给我丰富的食物,生病时她守在我身旁。

一切都是那么完美,只是有时候我会有些寂寞。当独自留在房间,当看着她出门的背影，我总有种无力感。好想告诉她，有时间就多陪陪我，因为我是她生活的一部分，而她是我的全部。

点评："猫猫狗狗也许只能陪你一段，但你却是他们的全部。"小时候总是吵着要养属于自己的宠物，而长大后才明白，父母拒绝了自己的请求不过是因为明白其中的责任与使命。养它，就意味着对它负责，生老病死，不离不弃。这个小生命，不如在你有能力负担起它的一切的时候再来，如此也不算迟。

公益广告：日行一善

扫码观看

出品：重庆大学前锋网络文化工作室

视频制作：杨旭琳、王硕、李琨、黄沁钰、邹晓韵

主要内容：每人每日的小小善意就能让世界更美好。

或许只是你随手拾起的塑料瓶，或许只是你随手关了的电灯，或许只是一个微不足道的小小举动，你或许也不知道你的每日一善积少成多的力量。——勿以善小而不为，这个世界变美好，从来都只是需要我们每个人的日行一善。

点评：善良是什么？善良没有我们想的那么复杂，或许只是你一举一动间对他人的关照，只是你随时关掉的电灯，只是你在寒夜里问候依然辛勤站岗的保安大叔的一句晚安。拥有善良并不难，每日一善，世界就会改变。

第七篇 07

青春故事汇

在本篇,我们与您分享重大学子的花样年华。学术大神、创业新星、灵魂歌手……尽管他们身上的头衔形形色色,却都有着坚毅、勇敢、乐观的美好品质。让我们从中感受榜样的力量,激励自己奋发向上。与他们的青春相遇,收获的将不只是惊叹。

工作感悟：在我们的校园中，总有一些人表现优异，他们勤奋学习、刻苦钻研、助人为乐、勇于实践……在自己的青春路上不懈奋斗。我们主动走近他们，用笔和镜头记录下他们的成长故事。

她本科在影响因子8.2的期刊上发表高水平论文，是怎样做到的？

记者：肖镕

扫码观看

孙小雯在认真做实验

今年，重庆大学材料学院与工程学院2013级本科生孙小雯在高水平权威期刊 *Journal of Materials Chemistry A* 上发表了题为 *Diatoms silica an emerging biomaterial for energy conversion and storag*（硅藻作为一种新兴的生物材料在能源转换和储

存的应用)”的论文,论文的影响因子达到 8.2,创下重庆高校历史上本科生发表 SCI 论文的最高纪录。她是怎么做到的呢?

“未来是有很多种不确定性的,我现在的原则是做好每件事,不骄不躁。”说这话时,孙小雯的眼神里透露出些许认真,微微扬起的唇角显出一个女孩的自信与从容。

初出茅庐

大一时,孙小雯就参加了学院的创新实践班,实践班里的学习生活是她创新科研路上一段难以忘却的记忆。在这段充满探索与惊奇的日子里,她不仅首度接触到硅藻等新兴材料,近距离接触到各种前沿技术,还认识了张育新教授,并在他的带领下学习、实验,收获良多。

谈及张育新教授,她笑说:“给我感触最深的就是他那些接地气的故事了。”原来,张教授在课上经常与学生分享自己的求学过程和人生阅历,传递正确的人生观和价值观。他的言传身教不仅让孙小雯学习到时间管理术等学习生活上的技巧,更让她感受到科研之贵,科研离不开不屈不挠的精神,更需要进取创新之思维。

不骄不躁

而对于媒体报道她“从入学起便展现出创新的能力”,她只是谦虚一笑。在她看来,创新来源于对世界的好奇心,而自己不过是那个始终拿着放大镜探究着这个世界的人。学习上、生活中的未知还有很多很多,保持一份“打破砂锅问到底”的童真的同时,多去拓宽自己的知识面,看问题的角度自然就会与众不同,看到的风景自然也就别具一格,这也是现在提倡跨学科合作的原因。

孙小雯生活照

回忆起自己日间上课、晚上做实验和写论文的那段时间,她感慨良多。她说,最困难的是初期查找文献和后期撰写论文初稿的时候，全英文文献的艰涩、一遍遍查找资料的乏味，到后来对初稿字字斟酌、反复修改，这篇论文凝聚着她的汗水和心血，来之不易。因此当初稿打印出来，触感稍显粗糙的纸页抚过指尖，成就感在心中升腾炸开，她觉得，那些目不窥园、焚膏继晷的时光如此值得留恋。

不露圭角

“其实这篇论文之于我，最大的意义正在于这些收获和体会。”论文发表的消息引起了不少媒体的关注，但却丝毫没有打扰到孙小雯的生活。在这件事上，她始终淡定且低调。朋友圈里丝毫不见关于自己论文的消息，她仍然爱着自己喜欢的明星、蓄着长发安静地培养文艺气质，也依然爱着侦探小说，依然保持着对未来的好奇和期待。

重大学子三年连获美国大学生数学建模竞赛特等奖

重大新闻网

扫码观看

在2016年美国大学生数学建模竞赛与学科交叉竞赛（MCM/ICM）中，我校再次斩获两项特等奖（Outstanding Winner）。由数学与统计学院肖剑副教授指导，动力工程学院方筑、土木工程学院张福、材料科学与工程学院赵广三名同学组成的团队获得特等奖，同时该队还获得了2016年“美国运筹与管理科学学会——INFORMS奖”；由数学与统计学院胡小兵副教授指导，数学与统计学院雷凯民、弘深学院刘栋、土木工程学院薛艺鹏三名同学组成的团队获得特等奖。

2016
Mathematical Contest In Modeling
Certificate of Achievement
Be It Known That The Team Of
Zhu Fang
Fu Zhang
Guang Zhao
With Faculty Advisor
Jian XIAO
Of
Chongqing University
Was Designated As
Outstanding Winner
INFORMS Award

2016年“美国运筹与管理科学学会——INFORMS奖”证书

此次获奖是我校连续第三年获得Outstanding Winner奖项。目前国内只有清华大学、上海交通大学、浙江大学三所学校连续3年获得过该赛事的特等奖。在近3年的特等奖获奖总数上，我校以4项的数量排名第二，提高了重庆大学的国际知名度。

另外,由数学与统计学院龚劬教授指导,2012 级城市建设与环境工程学院徐达梁、弘深学院王哲和董方亮同学组成的团队,在 2015 年获得特等奖及“美国工业与应用数学会奖——SIAM 奖”。受美国工业与应用数学学会(SIAM)的邀请,于今年 7 月 10 日至 7 月 16 日赴美国波士顿参加了 2016 SIAM 年会。

持续 5 天的会议共有 16 个大会特邀报告、4 个专题讲座、150 个小型研讨会、29 组专题报告、若干论文张贴以及颁奖会等。

7 月 13 日,我校 3 位获奖学生王哲、董方亮和徐达梁向参会人员报告了获奖论文,并回答了与会者的相关提问,充分展现了重大学子的风采。SIAM 教育委员会 Ron Buckmire 教授向获得 SIAM 奖的指导教师龚劬教授颁发了奖牌,向获奖的学生颁发了奖金。同学们良好的综合素质也引起了与会教授的兴趣。会后,美国 Embry - Riddle Aeronautical University 的刘教授表示在数学建模方面,非常愿意和重庆大学合作,衷心希望获奖同学毕业后去美国留学,并愿意提供相应的资助。

龚劬教授作专题汇报

通过听取报告,参与讨论和活动,使参会的师生开阔了眼界,拓宽了知识面,增长了见识,也增进了同行之间的交流合作。

美国大学生数学建模竞赛与学科交叉竞赛自 1985 年举办以来,已成为最具影响力的国际性大学生科技竞赛之一,很多国内外著名科研机构和企业将其作为衡量学生素质和水平的重要依据。2016 年该项赛事全球共有来自美国、中国、法国、德国、英国、澳大利亚、加拿大等国家的 12446 支队伍参赛。特等奖(Outstanding Winner)的获奖比例仅为所有参赛队伍的 1%。其中,中国参赛的主要学校有清华大学、浙江大学、南京大学、上海交通大学、华中科技大学、东南大学等知名高校。

2016年我校组织了118个队参赛,获得2项Outstanding Winner奖,40项Meritorious Winner奖,51项Honorable Mention奖;2015年我校组织了85个队参赛,获得1项Outstanding Winner奖,32项Meritorious Winner奖,34项Honorable Mention奖;2014年我校60个队参赛,获得1项Outstanding Winner奖、10项Meritorious Winner奖、30项Honorable Mention奖。

近年来在学校各级领导、教务处、数学与统计学院等学校相关部门和学院的大力支持下,重庆大学通过开设数学实验、数学模型通识课、以数学实验国家精品资源共享课为依托、组建优秀数模指导教师团队,积极开展数学实践教学探索,取得了良好的效果。学生参赛积极性不断提高,参赛规模不断扩大,成绩稳步提升,为学校培养具有创新精神和竞争力的优秀人才做出了一定的贡献。

中国第一,全球第九——在美国“搞事情”的重庆大学代表队

记者:闫涵

扫码观看

“吉塞普国际法模拟法庭比赛”中国区代表重庆大学成员合影

2017年4月8日至16日，第58届“吉赛普国际法模拟法庭比赛”在美国华盛顿哥伦比亚特区进行。它是全球规模最大、历史最悠久的模拟法庭竞赛，被誉为“国际法学界的奥林匹克”。在近百个国家和地区代表队中，重庆大学代表队作为中国区代表，经过层层角逐，最终获得了最佳书面状第九名奖项，书面状分数在所有晋级国际赛的中国参赛队伍中位列第一。

重庆大学代表队由法学院党委副书记张燕负责，法学院侯茜和胡斌任带队教练，参赛队员横跨本研多个年级，现任队长为法学院2013级本科生任成。在此前的国内选拔中，重庆大学以第六名的佳绩获得全国一等奖。其中，法学院2016级研究生陈晓静更是舌战群儒，风采卓越，以全国第八名的个人排名荣获“最佳辩手”称号。

中国区代表重庆大学成员与评委会合影

优异成绩的背后，是各方的不懈努力。在队员们看来，取得如此成就有四个方面的原因：一是学校、学院的支持和帮助，为队员们充当后盾，使他们得以心无旁骛地备战；二是团队积极的氛围，在长时间的准备中队员们相互支持、鼓励，从而使全队在备赛过程中保持积极乐观的心态；三是每位队员的辛勤付出，队员们在完成繁重备赛任务的同时将比赛与学习、生活进行协调，进行有效的时间管理；四是前人经验的不断积累，前辈们多年积淀的经验代代相传，最终于今年厚积薄发。

由于国际性、专业性的特殊性质，Jessup 对选手要求十分严格：案例的研读、诉状的写作、临场的陈述，无一不需要卓越的英语技能；而关注国际法领域的前沿话题，更需要选手们视野广阔、思维深刻。为此，有志于 Jessup 的学生须经三轮选拔方可成为队员。而队员们为比赛亦会进行长达数月的努力，不断查阅资料、共同写作长达数万字的书面诉状。为求诉状完美，往往进行数十次删改。同时，也需要对口头语言不断打磨，提升其准确性与感染力，并对可能出现的临场问题提前进行答辩准备。面对英文资料查找、体力与心态调整等困难，队员们毫不懈怠、相互激励，不断挑战自我与超越自我，终成国际赛场上挥洒自如的辩士。

于参赛队员们而言，他们收获了广阔的国际视野、高效的学习方法、出色的社交能力……而于重庆大学与重庆大学法学院而言，国内循环赛全胜与全球最佳诉状的殊荣则是国际化教学和实践性教学战略实施的体现，有利于提升我校在全国乃至世界范围法学教育上的影响。

2017Jessup 余热犹存，新一年的备赛过程已悄然开始。精诚所至，金石为开，相信重庆大学法学院 Jessup 代表队定当不负初心，轻装启程。

让优秀成为一种习惯——专访优异生联合会

记者：周炜然　何雨柯

扫码观看

在重庆大学的校园中，有这样一批人，他们来自各个学院，不仅学习成绩好，其他各方面也很优秀。他们学习成绩突出，学生工作能力强，活跃于各类活动、比赛中，他们不仅有较强的创新意识、良好的沟通交流能力和实践动手能力，还有一定的科研潜质和专长，在学科学术活动、社会实践活动以及专业实践方面都有着突出的表现。他们是学生中的佼佼者，是同学们学习的榜样。他们，有一个共同而响亮的名字——重庆大学优异生联合会成员。

重庆大学优异生联合会分享会现场

这是一个优秀的社团，曾经一届的341名成员中就有301人保研，保研率高达88%，其中有18人保送清华大学。社团成员积极参加各种科研、创新比赛，拿到了各类奖项。

分享会现场学生热情高涨

对于社团的成立发展，该社团的前执行主席、社团创建人之一的黄伟强表示深有感触，特别是在社团成立大会前期，为了做好宣传，另一位创建人宋松松同学花了一个星期的时间坚持修改方案，这份执着的精神和为社团奉献的决心深深打动了他。为了举办好每一次活动,为了将自己的经验和学习方法详细地分享给大家,他们都会力争将准备工作做到尽善尽美,将 PPT 的每一个细节都反复修改,有时候甚至通宵达旦。或许就是这份执着,这份认真做事的态度和精神,让他们无愧于优异生这个称号。他们举办的"学霸去哪儿"经验分享会让很多人找到了学习的方向和信心。他们对于学弟学妹们学习中的帮助不止于此,通过网上和电话交流的方式,他们与学弟学妹们进行沟通和交流。犹记有一次,一位同学因不喜欢自己专业而自暴自弃,而黄伟强便耐心地向她介绍专业前景,安慰她,鼓励她,最后,那位同学从阴影中走了出来,重新投入到充实的学习生活中来,对此,黄伟强表示,不仅要自己优秀,还要让身边的人一起努力奋斗,也变得优秀,这是他们的责任,是社团最本质的东西。另外,他们还在各学院鼓励举办学术沙龙活动,学生定期在一起交流学习,相互促进,共同进步。作为管理类专业的学生,黄伟强认为,在社团工作中,他将理论知识与实践相结合,将自己的专业知识学以致用,提升了自己的综合素质,使自己在语言组织能力和人际交流上有很大提高,树立了终身学习的目标,这便是重庆大学优异生联合会带给他的影响。

优秀的人在一起会变得更优秀,那么他们是如何成为一个优秀的人呢,他们又是怎样一步一个脚印成了我们的榜样和楷模呢?

重庆大学优异生联合会部分成员合影

该社团的创建人之一黄伟强向我们分享了他的学习生活。首先,"低调做人,高调做事”是他的座右铭,伴随了他四年的大学生活。他强调,自己是一个对时间有详细安排和把握的人,每天制定合理的学习计划使得他做起事来游刃有余,有条不紊。“一个时间段就做好一件事。”因此,尽管他参加了很多活动,但是在专业排名上依旧保持了第一名的优异成绩。他开玩笑说,自己是比较“笨”的,但绝对勤奋,对于一个知识点,自己要反复记,反复看,通过不懈的努力和坚持去实现自己的目标。他是一个不抛弃、不放弃的人。记得有一次,在梦想的冲动下,他于大二上学期报考了会计从业资格考试,可不幸的是,信心满满的他却在这时遭受了一次深深的打击和挫败,但他并不沮丧,因为他不甘心,他相信自己一定能成功,于是他开始一遍又一遍地反思自己的缺点和不足,遇到有经验的学长和学姐就上前请教,复习了一遍又一遍,不知道有多少个夜晚,是在日光灯下度过的,不知多少顿饭都忘记了吃,终于功夫不负有心人,他顺利地通过了第二次考试。成功是属于有准备的人的。

社团创建人分享经验

当谈到自己的理想时,他很自信地说以后想从政,先考取选调生,然后从基层做起,真真切切地为老百姓做些实事。他对社会形势有充分的认识,危机感迫使他努力学习,当然,更多的是为了报答父母,回报社会,创造属于自己的精彩。在追寻理想的过程中难免有挫折,与国家奖学金无缘一直是他的遗憾,专业成绩学业成绩第一的他却在综合测评上输给了别人,因为他专注于学习和学生工作,便放松了在科研等方面的努力。他虽然遗憾却并不后悔,每个人都有自己的选择,专注并做好学业便是他的选择。他懂得合理利用学校资源,并且经常向学长和学姐们请教经验,曾经有一位学长对他的执着表示了肯定,认为他的潜力是无限的,他因此深受激励,从此更加坚定了追寻梦想的道路。

在紧张的学习生活之余,他还懂得如何放松自己,劳逸结合。弹电子琴是他调节压力的一种方式,另外,他还加强自己的身体锻炼,坚持打羽毛球来达到强健体魄的目的,一方面是一种放松,另一方面是为了有更充足的精力投入到学习生活中去。

他给迷茫的学弟学妹们留下了建议,要利用优秀团队的力量来提升自己,就像在优异生联合会这样的社团中,大家相互竞争,相互帮助,才能共同提高。合理利用大学这个舞台,学会自我教育和自我管理,以得到自我发展和自我进步。

同样优秀的还有作为重庆大学优异生联合会科创部部长郭盼,他也是这个团队的创始人之一。2012 年,刚结束了大一学习的郭盼凭借优异的成绩成为生物工程学院七位优异生之一。成为优异生之后,郭盼有了自己的优异生导师,导师会就专业知识对她进行培训。而每一学年结束后,她也会接受考核,检验自己在这一学年中的学习成果以及和导师的互动情况。这样的导师制度在学习上给了郭盼很大的帮助,直到现在她仍保持着专业成绩第二、综合测评第一的成绩。谈到优异生制度,郭盼有着自己的看法:“我认为学校设立优异生制度,并不是想把学生分为三六九等,而是给那些基础好、效率高、能力强的同学提供更好的资源,然后结合他们自身的特点,让他们能够更快、更好地发展。”

自“优联”创始以来,郭盼就担任着科创部部长的职务,而在学院内,她又是学习部长。她自诩“平凡人”,没有很特别的时间管理方法,通常是“哪个着急先做哪个,不着急的熬夜做”。用她的话说,优异生是同学们的榜样和楷模,是形成良好学风的关键力量。经过日积月累的坚持,她承受住了艰苦的磨炼,最终由砂砾变成了光鲜靓丽的珍珠。

郭盼不仅在学习、工作方面是同学们的榜样和楷模,在科创比赛中也有所建树,她曾在第 13 届挑战杯全国大学生课外学术科技作品竞赛上斩获全国二等奖。她说,这次比赛是她第一次接触专业方面的科创项目,对她以后独立承担项目起到了很好的训练作用。在筹备比赛的过程中,郭盼遇到了各种各样的困难,晚上没有课程的日子里她就得从虎溪校区往老校区赶,和队友们一起做实验、整理文件。由于队伍里有高年级的学长和学姐,当时还很缺乏专业知识的郭盼时常无法融入讨论。队长及时地发现了这个问题,每次讨论结束后都会单独给她答疑,并在每一次讨论前为她准备好资料,好让她提前做准备。而郭盼为了保证讨论的流畅程度,常常熬夜查资料、做笔记,来确保自己能听懂队友的讨论。她的付出得到了回报,在整个团队的努力下,他们的作品获得了二等奖。

重庆大学优异生联合会部分成员合影

这便是优异生，作为重庆大学最突出、最顶尖的人才，他们用求真务实、艰苦奋斗的精神感染和激励着我们，在重庆大学提供的优异生联合会这一平台下，他们的个性得到了发展，他们相互交流、学习，他们依靠自己的拼搏、创新，真正地让优秀变成了自己的习惯，让自己朝着更加优秀的方向迈进。因材施教，发掘学生潜能，发展学生个性，让优秀的人集结，碰撞出知识的火花，这便是重庆大学教务处和校团委对学生发展的热切关心和悉心指导。优异生们表示很感谢进入到这么一个优秀的团队，他们将继续努力，践行重庆大学"耐劳苦、尚俭朴、勤学业、爱国家"的校训，为重庆大学优良学风建设做出自己的一份贡献。

优秀学生榜样对大学生思想有重要引领作用，重庆大学为学生提供了一个平台去了解身边的优秀人才，使他们从中得到鼓舞，发愤图强，走到人群的前列，在鼓励学生向榜样看齐的同时，树立重庆大学学生的良好形象，增强重庆大学的影响力。

五四光辉照耀科研之路
努力创新铸就美好青春

记者：曲超

扫码观看

三年的刻苦研究，使他在科研领域崭露头角；七年的不懈努力，使他一步步接近自己的理想。他是导师眼中的“种子选手”，他是学弟学妹心中学习的榜样，他就是黄明，重庆大学材料学院的一名学生，第十八届五四奖章获得者之一。

“我的科研成果是我取得这一荣誉的最大原因。”

黄明在重庆大学本科学习期间一直是同学眼中的“学霸”级人物。他在学习方面细致认真、刻苦勤奋、成绩优异，也因此获得了重庆大学的保研资格。在研究生学习阶段，他凭借着顽强的意志以及对科学研究的热爱，先后在SCI(Science Citation Index)上以个人的名义发表了16篇论文。对于博士毕业生来说发表两到三篇SCI论文就已经足够，但是黄明凭借自己对科学研究的兴趣，以及顽强的意志力，不畏辛苦对多个实验进行了反复细致的研究，发表了16篇论文之多。也因其科学研究方面所付出的努力以及骄人的成绩，校团委、校科协等多个部门的共同推荐下，黄明荣获了全国青少年科学创新奖。同时，作为本届五四奖章的获得者，黄明同学认为获奖的原因与其在科研方面的成果是息息相关的。“五四奖章对我有着极大的积极作用，它给予我一种莫大的鼓励，激励我在科研道路上走得更好，获得这一荣誉，我最想要感谢的是学校和导师。”

在学习和生活中，学校和导师给予黄明的关怀和帮助是极其重要的。特别是在保研阶段，错过了现场确认环节的他本来与重庆大学的保研机会失之交臂。无法在重庆大学继续学习的黄明，陷入了困顿与迷茫之中。看着昔日的同窗或收到了沉甸甸的录取通知书，或满怀信心奔赴工作岗位。他只能收拾好行囊只身一人去南京继续备战考研。那时的他既有着对自己的深深自责又有着对前途未知的恐惧和彷徨。在备战考研的同时，他仍不放弃找回进入重庆大学继续学习的机会，多次向校方提出申请并期待事情出现转机，终于在学校和导师积极的帮助下以及自己的不懈努力下，他以特批的资格重新回到了重庆大学，并听从导师的建议进入新的领域进行研究。“导师是我的引路人，学校也给予了我极大的帮助，我会努力，为学校做贡献。”

“我希望我可以在科学研究方面有所建树。”

“Make difference”一直以来是黄明的奋斗目标，在这一目标的指引下，黄明顺利地完成了一个又一个科研成果。从早上八点到晚上十一点，黄明的大部分时间都在实验室里，没有周末，甚至没有午休时间。就这样日复一日的学习、研究，他在科研的道路上默默前行。“我希望能在科研方面有所建树”这一梦想也是黄明从事科学研究事业的初衷。凭借着这一信念，黄明在无数次困顿与疲惫中重整旗鼓，迎接挑战。对科学研究的浓厚兴趣，对理想的不懈追求，正是他身上吸引我们的闪光点。在实验室的生活是辛苦的，这期间也要承受着不同的压力和打击，他曾经也有过想要退缩或放弃的想法。“每个人都有消极的时候，这时我就会换种思维方式，想一想我做这件事的初衷是什么。”

“坚毅、刻苦、钻研、创新”，是黄明所传递出的正能量。同时他又告诫学弟学妹们要学好基础课程，提高学习成绩，发现自己的兴趣爱好，最重要的是要明确未来的发展方向，规划好自己的人生，树立人生理想，这些都是人生道路上至关重要的，黄明也用自己的实际行动向学弟学妹们证实了这一点。

此次获奖对于黄明来说，喜悦激动之余更多的是感受到了肩上所担负的责任比以前更重了。带着这份荣誉和学校的期望，他将到韩国卫生科学技术大学继续深造，并在学习过后回国任教，将自己对科研的热情传递下去。

我有一所房子，面朝大海，春暖花开

记者：邓毅

扫码观看

因为坚持在生活点滴中帮助失去双臂的朋友四川无臂考生彭超7年，备受关注的张滔在重庆大学已经度过了六天的大学生活。走进他们的宿舍，气氛随意而轻松，地上还有一床军用被子，张滔的室友正拿塑料小凳当熨斗，为完成将被子叠成豆腐块的任务而努力着。

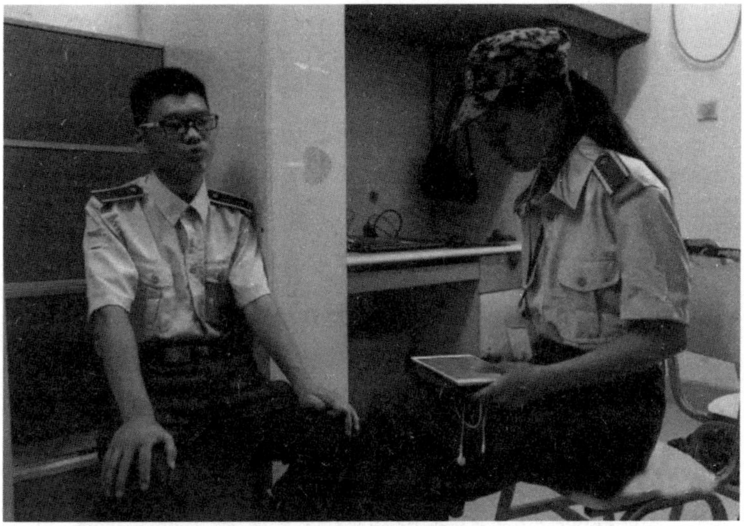

张滔接受军训通讯员采访

环顾四周,宿舍非常整洁,尤其是张滔的桌柜,一切都是那样井井有条。做到这种程度对一个大男孩来说并不容易,但张滔却习以为常。“以前在家的时候,我会包揽下所有家务活,所以养成习惯了,”张滔略有羞涩地说道,“妈妈身体不好,不能让她再操劳,我多做一点就能让妈妈的负担轻一些。”

新生入学报道时,张滔的母亲、姐姐以及姐夫陪着他来到了重庆大学这个生活的新起点。13 小时的大巴、14 小时火车再转 4 小时大巴的路途,对于就在四川生活的人来说似乎时间有些长了,但张滔就是这样来到了他理想中的学府。谈到对重庆大学的第一印象,他笑着说道,“这个学校很大”,有很多新鲜的事等着被发现,会遇到很多人,每一天都是不一样的。他的眼里满是期待。

他担任了临时班长的职务,也常常会协助辅导员管理班级事务,做好上传下达工作。除此之外,张滔也正在为竞选辅导员助理做准备。他希望自己能在各种形式的活动中努力尝试,并通过这些经历成长。虽然比想象中的大学生活忙碌一些,但他乐在其中。常言道,解决烦恼最好的良药是工作,忙碌的生活让张滔感到充实,也找到快乐。

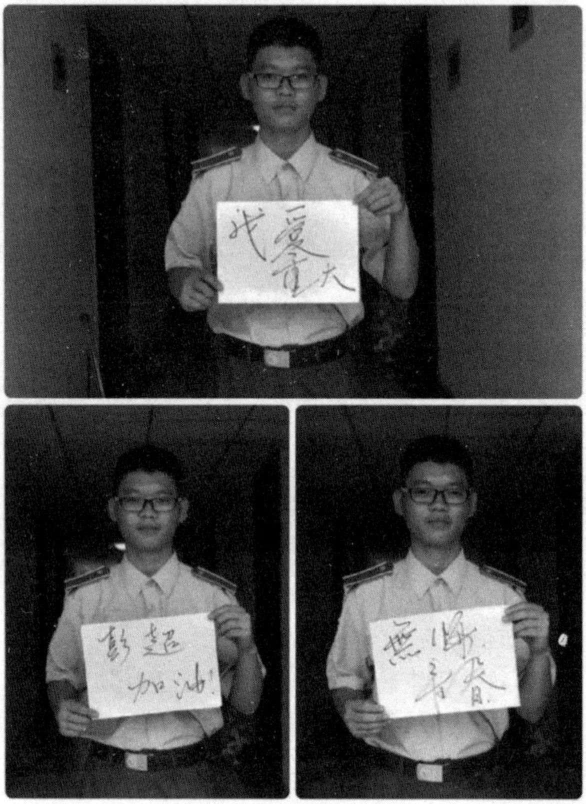

张滔为彭超加油

张滔坦言,这几天他收获了许多不同于初入大学时的感受,其中,他感触最深的是友情,“大家虽然来自各个省份,但都能在一起愉快相处,互帮互助,每一个人都很热情很真诚,和他们在一起我很开心”,这是张滔对新同学的印象。话语间他看了看室友们,大家都爽朗地笑起来。远离家乡,有了朋友们的陪伴和关怀,张滔感到温暖,也满怀感激。

前锋访谈 06 期“中国大学生自强之星”是怎样炼成的

记者：李怡贤

扫码观看

采访视频截图

刘智鹏　重庆大学计算机学院 2015 级研究生，中国大学生自强之星，获得国家奖学金，中国电信奖学金，重庆大学海云天大数据奖学金，研究生 A 等奖学金。第十届挑战杯全国铜奖，第三届创青春中国青年互联网创业大赛全国铜奖等国家级奖项十余项。“校招导师”“校园说”“零食蜂”创始人，2016 年成为阿里巴巴集团全球梦想家之一。

本期看点

No. 1 他拒绝高薪 offer，只为潜心深造追逐心中梦想！

No. 2 拿奖拿到手软，大奖收割机！

No. 3 创业之旅让众人惊叹！

“优秀毕业生、五四青年奖章、创业大赛金奖……”刘智鹏这些年获得的奖不胜枚举,去年还入选了阿里巴巴集团仅在全球发放 30 份 offer。那么他的这一切是怎么开始的呢?

2011 年,刚进入大学的刘智鹏还有点消极,因为遗憾没有进入理想的大学。进入社团后,有一天,刘智鹏在整理师哥师姐的档案时,发现原来他们都是如此优秀,他深深地被触动了。

接下来的日子里,刘智鹏就开启了“外挂模式”,每天早上六点起床,六点二十就出发去图书馆门口排队占位置,晚上十点图书馆关门后才冲回宿舍。

就这样,大一的时候刘智鹏拿到校级二等奖学金,大二的时候拿到校级一等奖学金,大三的时候拿到国家奖学金,大四,他又成功地将华为的 offer 收入囊中。

然而,刘智鹏并不甘心只做一名“学霸”,在慎重思考后决定放弃高薪 offer 选择边保研边创业,这也就有了后来的勤奋蜂科技团队。

“趁着年轻多学点,多做点,试试自己到底有多大的能耐”。

回忆起刚开始做项目的时候,刘智鹏说他们只有 3 个人,既要研发、设计平台系统,还要寻找合适的供应商,经常通宵达旦地工作。为了不影响其他室友休息,他们在外面合租了一间房,没有钱添置家具,3 个大男生便挤一张床。

为了解决人员短缺问题,刘智鹏只要打听到有这方面的人才就会立即去联系,虽然常常被拒绝,但还是厚着脸皮去找,最终通过不懈努力组成了现在 6 人团队。

从项目策划到运行,除了经常熬更守夜的脑力劳动,还要做许多体力活。货到了之后,为了客户能及时得到商品,他们就得自己去搬,为此,他们常常打趣自己是“棒棒”。

一步一步脚踏实地地走下来,刘智鹏作为创始人领导的大学生创新创业团队“勤奋蜂科技”开发了“零食蜂”“水果蜂”“校园说”等平台,在各种创业大赛上获奖无数,目前还与深圳某投资机构签署了 200 万意向融资协议书。

“让每一个在校年轻人都能找到自己的职业梦想,用努力去改变命运”。

刘智鹏表示,自己当初进入大学的时候也很迷茫,一直找不到奋斗的方向。一路走来见过太多同学不知道该如何过好大学生活,太多应届毕业生不知道怎么去找个适合自己的好工作,见过太多同学有问题却没人帮忙解决。

“让每一个在校年轻人都能找到自己的职业梦想,用努力去改变命运”,这是刘志鹏的初心。

团队运行至今,其中一个项目已经引导和培养出了许多优秀人才:有保送中科院、重庆大学、电子科大的优秀本科生;有获得腾讯、华为、京东、百度高薪 offer

的互联网实践家；有挂科留级两年重新找到职业梦想成为公职人员的榜样……

刘智鹏说："作为一个创业者，我们没有时间去想太多，想到了就要去做。创业不是儿戏，在人生最好的年华里，拼尽全力去做一件有意义的事，即使最终失败了，也不会虚度青春。"

"学霸寝室"是怎样炼成的

记者：王苏妍

扫码观看

"学霸寝室"成员合影

"保研"是很多大学生的"人生小目标"，而同寝室的四个人都能保研，更是很多人心中"不可能完成的任务"。但在重庆大学，有这样四个人：从校级到国家级，他们获得的奖项不计其数；从团员到党员，他们一路进步光荣入党。今年，他们更是都拿到了保研资格，成为众人羡慕的对象。而这四位优秀的同学还是同寝室友，他们的寝室也成为了人们口中的"学霸寝室"。

重庆大学2013级材料科学与工程学院赵广、胡龙、肖旺、黄茂智便是这“学霸寝室”的成员。在学习上，被称为“广神”赵广起了重要的带头作用。作为美国大学生数学建模竞赛特等奖得主，他在大二时获得唐立新奖学金，学习成绩始终名列前茅。对于这样一个“大神”级别的室友，胡龙表示“我们都很崇拜他，在‘广神’的带领下，我们收获颇多。”

虽然成绩优秀，但他们并不是一心只读圣贤书的书呆子。胡龙擅长羽毛球，爱看电影；肖旺与黄茂智坚持健身；赵广喜欢游泳，还爱吹笛、做视频。对于学习与娱乐间的平衡，赵广有自己的看法：“学习不是生活的全部，我也不赞成只顾埋头学习的生活方式，适时地放松和休闲是十分必要的。但也不能对自己太过宽容，机会永远偏向有实力的人，我们不一定要去选择，但一定要有可以选择的权利。”

任何路途都不会是一帆风顺的。胡龙坦言，自己刚上大一的时候，也为成绩苦恼和烦忧。“感觉旁人学高数、物理都轻轻松松，我就是怎么也学不会。”他笑了笑，“但总不能遇到困难就放弃啊！万事开头难，不能轻言放弃，努力了还有希望，不努力就什么希望都没有了。”

对于自己未来的发展，四人也都有各自的规划打算。黄茂智希望在上海读研，并从事经济方面的工作；肖旺在武汉读研后希望进入车企工作；而赵广希望自己研究生毕业可以出国读博，并从事科研工作或自主创业；胡龙则希望自己争取到出国深造的名额，学习一年后进入名企工作。“梦想还是要有的，万一实现了呢？”肖旺笑道。

福利来了！福利来了！福利来了！重要的事情说三遍！你还在为学不好高数而苦恼吗？别急，高数大神送来了满满的爱：

1. 上课真的很重要！上课一定要认真听，不然知识点很难掌握。

2. 对于老师说的、书上有的例题，要在课后及时复习，作为对知识的巩固。

3. 临考的时候，很多人忙着刷题，其实考前突击也是有技巧的。先重做一遍例题，唤醒对知识的记忆，借助例题把知识疏通。若有时间的话再去做书后的习题和以前的试卷，对知识回顾贯通。

4. 错题本从小学到大学都不过时。

前锋访谈:学霸出没,请注意(下)

扫码观看

策划:胡芸熙、李怡贤、付彦博、肖镕

摄影:徐嘉程、张旨脉、庞舒予、唐西涯、隋邦科

后期制作:谢凯、黄玉俏、李怡贤

剧务:唐西涯、隋邦科

主持人:李怡贤　邓毅

采访视频截图

赵乘

2016 年 5 月　重庆大学 2015—2016 学年“争先创优”优秀学生先进个人标兵;曾经拿过满绩点! 奖学金收割王! 保送北京大学光华管理学院科学与工程专业!

方筑

2016年5月　重庆大学2015—2016学年“争先创优”优秀学生先进个人标兵；美国大学生数学建模大赛特等奖，全国大学生数学建模大赛重庆市一等奖！保送清华大学直博！

【人物】心怀梦想，咏唱青春

记者：郝文慧　邹雨昕

扫码观看

图书馆七楼，漂流书屋的书架整齐地排列着，正对门摆着一张略显凌乱的桌子，冷风从四面吹进，着实算不上暖和，但与胡可一的交流却让人感到温暖，驱散了些许初冬的冷意。

胡可一获奖照片

2015年10月29日晚，重庆大学第25届校园歌手大赛决赛落下帷幕，胡可一摘得桂冠。已经大三的她，在主攻专业课的同时，也正准备着托福考试，参加各种比赛，生活忙碌而有序。说起自己拔得头筹，她依旧显得很兴奋："这算是我获得的最有意义的冠军了，毕竟高手很多，想要获奖难度很大，有这样的成绩还是很高兴的。"她也坦言，运气同样重要，选的歌曲"讨巧"，观众喜欢，得票较高。而这次比赛中收获到的，不仅是冠军头衔，更是结交了很多不同专业的朋友，"很新奇，很有趣。"对于落选的同学，她感到惋惜："我觉得他们唱得很好，准备很充分，在他们身上我看到了很多闪光点，学到了很多东西，看到他们落选，我很难过。"她微微皱眉，声音低了下去。

有能力夺冠的人付出的努力是常人难以想象的，这一点胡可一也不例外。她的每一首歌都要听三四十遍，排练好几十次，直到非常熟悉才会走上舞台。正应了那句谚语："熟能生巧。"

除此之外，她还透露了一个小秘诀："风格很重要，学会和乐器配合，要扬长避短。"这也正是她选择音乐剧作为参赛曲目的重要原因。

谈到喜欢的音乐和舞台，她感叹道，或许很多人觉得拿奖才是参赛最终的目的，但她更为看重的是站在一个广阔的舞台上唱歌。而这个比赛最触动她的一点是大家并非纯粹竞争，而是为了使这个舞台更加夺目。比赛的第一轮，正是一种以合作为核心的共同演绎。每位选手都会给其他人提建议，帮助彼此改进，"这样的氛围很融洽！"

私下里，胡可一喜欢观看现场演唱会和参加合唱团活动，"演唱会感染力强，让我学会很多小技巧；合唱团也一样，老师会让我感受很多不同领域的音乐，对我帮助很大。"对于每一次学习机会，胡可一都非常珍惜。

谈起最初接触音乐的经历，她回忆道："我小时候参加过许多兴趣班，学习过古筝、葫芦丝、电子琴、书法和舞蹈，但坚持到现在的还是唱歌和钢琴。"生活在充满音乐氛围的家里，她从小便受到家人的熏陶。她至今仍记得小时候外婆弹着琴、妈妈唱着歌、自己在后面伴舞的温馨场景。

要么唱歌，要么行走，身体和灵魂定要有一个在路上。除了音乐，旅行也是胡可一生活中不可或缺的一部分。"这辈子我会以音乐为职业，而挣得的所有钱便是为了去旅行。"她喜欢户外徒步，用自己的手和眼睛探索脚下的世界。"旅行，我一定不会停下。"对于这一点，她十分肯定。而对于梦想，她更为执着。

她曾为出国求学暗自下过这样一个决心，在考上理想学校之前，绝不会出国旅游。她想出国在音乐剧领域继续深造，在她看来，就像学京剧一定要来中国一样，学音乐剧也一定要到如百老汇、波士顿这样的地方，才能体会到那一份原汁原味。

“音乐剧在国内还没有真正流行起来，它和观众之间还是有一定的距离。不像流行音乐的市场已过于饱和，音乐剧市场还没有完全被开发。但这也正是一种趋势，我希望自己能为它的开拓和发展尽一份力量。”

说到对未来生活的期待，胡可一怀着憧憬勾勒出向往的生活。她想要成为大学里的音乐剧老师，带出优秀的学生，闲暇时间便去旅行。在属于自己的房子里，放着喜欢的音乐，品着茶，一边练习书法，一边欣赏自己旅行时拍摄的照片。

书屋里，练完《心经》的胡可一又拿起托福资料，同时随意地哼出一首曲子，沉浸在自己的音乐世界里。

【专访】黎明破晓前，追梦进行时

记者：郝文慧　邹雨昕

扫码观看

清晨6点，校园里寂静无声，唯独操场传来陶鹏晨读的声音，他大声地朗诵着英语，未曾停歇。晨读过后，他打开微信，浏览着当日“Echo陪你练口语”推送的信息。“这已经成了我的常态，只要一天不做，生活似乎就不完整。”他笑着说。晨读是陶鹏坚持已久的习惯，正是对英语的热爱、并想把这份坚持与热爱与大家分享的想法，让他和“Echo陪你练口语”微信团队的成员们走到了一起。

“Echo陪你练口语”是一个由重庆大学管理学毕业、目前就读于中山大学行政管理专业的研究生柏士雄创立的微信公众号，重庆大学通信工程学院2013级的陶鹏就是团队的成员之一。

谈到参与这个平台的初衷，陶鹏说道：“最初是怀着一份想要与大家分享并交流学习的心态加入了团队。我坚持晨读很多年，而很多同学在大学里处于浑浑噩噩的生活状态，他们想要学英语却不知道从哪里入手。有了这样一个平台后，无论他们自身基础怎样，都可以从中有所收获。”而这个公众号的特色便在于将早起与晨读结合在了一起，他们坚持每天早上六点更新，从创立至今无一天间断。这样便能在提升大家学习英语热情的同时，顺便帮助大家一起养成早起的好习惯。

陶鹏在校园内晨读

虽然目前团队中只有四位成员，但在创始人柏士雄看来，团队不需要很多人，一个精干的团队，胜过千军万马。刚开始只有柏士雄一个人，文案写作、排版、录音都要由他一个人完成，常常忙完工作已经过了12点。虽然很想休息，但会有种责任感促使他完成今天的任务。

陶鹏和其他成员一样，是充满激情、心怀梦想的90后。他们根据最近时事或同学们感兴趣的、对同学们有帮助的话题以及自己的经验分享作为微信推送的内容。因志同道合而走到一起的他们都认为，与一群充满正能量的伙伴一起为了共同目标而奋斗，是一件快乐又有意义的事。

他们对于公众号的运营有种使命感，希望把它做成中国最有影响力的公众号之一，所以大家都为公众号的内容与宣传尽心尽力。“在为了提升稿件的精彩度花费四五个小时加工完善时，我不仅提高了自己的工作能力，也能够与大家分享更多有深度、有内容的稿件。在帮助别人的同时，看到别人脸上的笑容，我的内心也会十分高兴。”这样的经历令陶鹏难忘。

在合作的过程中，陶鹏认为自己发挥了自己的作用，能够为别人带来实实在在的帮助，再累也是幸福的。

在陶鹏看来，无论是英语还是其他语言的学习，都是一个长期练习和积累的过程。短暂的练习可能没有明显的进步，但长期的坚持便会带来从量变到质变的飞跃，良好的习惯是可以让人终生受益的。

“在奋斗的道路上,你并不孤单,我们与你一起结伴前行。”陶鹏不仅对英语学习有着极大热情,对生活也极其热爱,他喜好运动、摄影和阅读,曾读过很多西方哲学家的著作,尤其敬佩苏格拉底,“我很想和苏格拉底进行一次对话,和先贤一起探讨人生的意义。‘知道自己无知的人才是最聪明的人’,这句话教会了我谦虚,也让我正视自己,发现自己的不足。”正是这句话,让他开始慢慢学会发现别人身上的闪光点,并不断学习借鉴,把他人的优势转化为自己的优势,使自己成为一个更优秀的人。

作为一个有志青年,陶鹏对未来有着自己的规划,他希望自己的生活始终有阅读和写作相伴,如果有机会,他还希望出国深造,体验不同文化背景下学习知识的乐趣。在建设“Echo 陪你练口语”微信平台的方面,他希望能和团队一起努力,网罗各种人才,增加平台特色,更好地服务大学生,和更多有梦想的人一起奋斗,把“有情怀”的平台做大做强。

天色已晚,陶鹏戴上耳机,听着英语,开始夜跑。暮色下,一个心怀梦想的人正在坚定前行。

【专访】垂直绿化创业团队 GREEN DAY:积跬步,至千里

记者:冯珺

扫码观看

赵纯强,重庆大学经济与管理学院工商管理专业 09 级 MBA 联合会副主席;靖晋曦,重庆大学建设管理与房地产学院 14 级研究生,本科期间多次获得国家奖学金、国家励志奖学金及各类专项奖学金,“深圳中原地产策划精英赛”全国亚军;骆超强,重庆大学材料科学与工程建筑学院组织部部长。当这些优秀学生干部和各类专业学霸大神的名字汇集在一个即将腾飞的创业团队成员名单上,灯火璀璨的未来其实早已在前方静候。

GREEN DAY 团队成员合影

垂直绿化源自法国,是从属于景观园林的一个分支,2010 年上海世博会上的植物墙和屋顶绿化展出后,以北上广领衔的国内城市才开始初步试水这个领域。汇聚这样一群跨专业的卓越研究生作为团队骨干,垂直绿化创业团队 GREEN DAY(以下简称 GREEN DAY)负责人赵纯强介绍说,来开辟重庆市稀缺的垂直绿化行业,他其实已经颇有底气。

从 2015 年 4 月份,GREEN DAY 团队已经开始初步摸索这个创业计划项目,通过不断地征求意见与交流改进,9 月份已经将这支研究生的精干团队组建完毕。风景园林设计、病虫害防治均由对口专业的研究生负责,再加上严谨细密的组织协调分工以及充分利用新兴营销媒体联网进行的微营销推广,一个大学的创业便应运而生。理论与实践平衡的工作自此由重庆大学起航。同时另外一支校外团队专门负责理论部分的执行运营。各个部门各司其职,充分发挥各自作用。

起步时期,团队运营实行“三步走”战略。首先在植物墙继而在校园广泛推广小型植物“多肉”;通过为办公室免费租赁安装墙面,利用老师及学校的资源进行推广,提高团队知名度;最终以学校作为辐射面,向外推广此项目。

犹记得 2014 年李克强总理在参观创业成果展时曾说过的“实事求是,敢为人先”八个字,也在 GREEN DAY 淋漓尽致地体现。同很多公司起步时期一样,这种实践活动更需要投入大量精力敲定细节,完善方案,再加上研究生本身课业繁重,加班到深夜已经是 GREEN DAY 的家常便饭。

团队成员也时常会在项目走向、方案落实等方面思维碰撞、创意交锋,意见产生分歧更是常有的事,此时创业经验颇丰,作为师兄的赵纯强会将创业理论的构想及对方案的调整,进行理论梳理,保证创意想法的最终落实并及时与校外团队交接。浓烈的团队意识也在互相的让步磨合中逐渐达成一致。

在被问及对 GREEN DAY 创业路上前景的展望时,赵纯强说:“团队还在不断完善,尚在理论落实阶段的大家斗志昂扬,但未来一切难说。我们能做的就是勇敢漂亮地迈出重庆市垂直绿化领域的第一步,给公众传输全新的绿色生活、绿色空间概念。”短期内,团队希望 GREEN DAY 在“新尚杯”“科慧杯”和重庆市第五届创业大赛上摘得好的名次,不负大家长时间的努力付出。

志存高远,意守平常,积跬步,终至千里。经历过失败,也有过放弃,但在创业过程中始终信奉生存、盈利、成功本就不是一蹴而就的,千锤百炼中塑造了一个坚决果敢、勇于拼搏、思路清晰的理性领袖赵纯强。咬紧牙关在失败和挫折中坚持向前、无惧一切挑战才能在人生路上昂首踏步,走得更为稳健。

【暑期社会实践】嗯,可爱的人——记 90 后博士志愿者的一天

记者:许晓艳　杨晨　夏翰林

扫码观看

“我是地地道道的重庆人,大家可不要嫌弃我的普通话哟。”2015 年 7 月 16 日,清晨的大足万古镇格外静谧,突然一句“我是地地道道的重庆人,大家可不要嫌弃我的普通话哟”,瞬间戳中了所有来自重庆大学电气工程学院“三下乡”实践团队志愿者们的笑点。“原来是他呀,姚志刚姚同学……”有人起哄道。他在团队中算不上最年轻的小伙子,却是最可爱的人:90 后,唯一的博士志愿者。

早上 7 点,大足万古静谧清凉,而石香社区便民服务中心就因窸窸窣窣的脚步声,热闹了起来。“嘿,慢点慢点……嗯,放放放……”姚同学满头大汗地比画着。今天他要为这里的留守儿童送上一堂 40 分钟的“科学实验课”,为此,他足足筹划了一周多。

“我是地地道道的重庆人,大家可不要嫌弃我的普通话哟。”姚同学半开玩笑地开始了讲课。今天的“科学实验课”内容包括温差发动机、水果电池、盐水浮蛋、鲁班锁等一系列科学实验。虽然对它们的原理了如指掌,但面对陌生的讲台与淘气的小朋友,这位重庆小伙儿还是显露出了一丝羞涩。随着与小朋友们互动的深

入,他的讲授也变得轻松愉快。尤其在做番茄插上铜锌片发电的“水果电池”时,一群“小粉丝”跃跃欲试,举手呼喊“选我！选我!”原本计划只选一组同学实验,但面对“小粉丝”们水汪汪的大眼睛,他不厌其烦地指导“小粉丝”们轮流亲身体验。

志愿者团队与孩子在一起

他除了担任今天“科学实验课”的主角儿外,还是此次三下乡活动后勤组的负责人,肩负着保障全团队的衣食住行的责任。在中午十一点半活动收尾工作结束之前,他的身影早已悄无声息地消失在服务中心了,只为让志愿者们吃上一顿饱餐。其实关于订餐,他不知纠结过多少次,“除了保证每一顿有新花样,还要兼顾大家的口味,还得在预算范围内。”他边走边说道,“考虑到一些沿海同学的口味清淡,今天还特别嘱咐老板少放点盐。”这一切,其实志愿者们都看在眼里,感动在心上。

午饭后,顾不上午休,他又为下午的拜访孤寡老人采购物品忙碌起来。听闻老人们喜爱象棋,他还特意买了两副特别好的象棋。下午两点半,团队来到万古镇敬老院进行会场布置,此刻的他精神似乎不太集中,笔者想走近采访时,也被委婉拒绝了:“有点晕,怕(采访)效果不好。”

文艺演出是志愿者们为老人准备的慰问品之一,而姚同学参与了其中的集体舞。舞蹈开始之初,他一直低着头跳,动作僵硬,“没办法,这两天事情太多,练习舞蹈的时间不够,而且我也是第一次跳舞……嘿嘿”,事后他对笔者说道。

有一种感受叫作感同身受。当他与一位有轻微老年痴呆和眼疾的老奶奶闲聊时,因老奶奶耳朵不好使,他只能做个倾听者,听着老奶奶反反复复地讲诉自己年轻时受过的苦。心细的他发现老奶奶指甲有很多伤痕,一问才知这位92岁高龄的老奶奶早就看不清东西了,导致之前自己剪指甲时一直剪到肉里却浑然不知,于是敬老院索性没收了指甲刀,并定时为老奶奶修理。“看到她仿佛看到了我的奶奶,我从小就跟着奶奶,是奶奶把我抚养成人,如果她能活到现在,估计也像这位老人家一样的年纪,所以忍不住想为她做些事情。”姚同学帮着老人剪完手指甲,又帮着剪脚趾甲,而老奶奶的眼睛里早已藏满了闪烁的泪花。

他是一个90后,有着年轻人少有的担当与责任;他是一位博士,学术与公益活动兼顾;他是一个志愿者,满心的无私与无怨无悔;他是一个感性的人,用淳朴和厚道去履行自己对自己的承诺。

这就是姚志刚姚同学,嗯,可爱的人。

【人物】重大——学生放弃30万年薪推迟毕业研发社交APP

扫码观看

刘宇、孟飞讨论测试Feeling软件

又到毕业季,李秀、杨学君两位母亲的心又紧张起来,她们担心在重庆大学读书的儿子刘宇、孟飞会不会因为创业又要休学一年。

2013 年 4 月,出生于 1992 年的刘宇和出生于 1991 年的孟飞,为了研发一款社交 APP,不顾家人反对,放弃年薪近 30 万元的工作,休学留校创业。

放弃高薪休学创业

来自包头的刘宇和来自成都的孟飞是同班同学,他们 2010 年考入重大,就读于土木工程学院。

2014 年,即将毕业的刘宇和孟飞都找到了不错的工作,刘宇拿到三星和碧桂园两份年薪近 20 万元工作 offer,孟飞被某建设集团国际海外事业部录取,第一年年薪就有近 30 万元。

但是,他们却面临烦恼——从大二就开始研发的 Feeling 社交 APP 正处于攻坚阶段,如果毕业去上班,这个 APP 就会无果而终。

如何选择? 刘宇最先给出答案:放弃工作休学创业。为什么要休学? 刘宇解释,一方面这款产品主要针对的是大学生群体,所以他想尽量保持学生的身份来进行产品设计,这样才能更了解大学生的需求;另一方面则是可以尽量把企业放在学校,享受各种创业的优惠政策,吸引更多学生一起干。

"一边是难得一遇的好工作,一边是全家都不支持的休学创业,我最后还是选择了休学创业。"孟飞称,之所以做出这个决定,是因为不想为青春留下遗憾。

风投愿投资 500 万元

2015 年 5 月 2 日,Feeling 在苹果 App Store 上线,至今已有 14000 多名全国各地的大学生注册。

孟飞介绍,与其他社交软件相比,该款软件只有实名注册才能使用,而且上传头像与学生证和校园卡上头像一致,才能与其他好友聊天互动。Feeling 还有个特点,所有用户的头像自动设置为模糊状态,想要知道对方长什么样,只有与对方多聊天,多互动,提高相互之间的亲密值,头像才会慢慢变清晰。

浙江伯乐遇马天使投资有限公司投资总监沈宽洲称,Feeling 区别于常规社交软件的最大特点,就是实名认证,能够提供真实纯洁高质量的交友环境,所以这款软件有市场。他说:"我们可以提供最大额度 500 万投资,不排除未来 B 轮继续投资。"

放弃高薪家长咋看

尽管时隔多日,但对于孟飞的选择,母亲杨学君还是有一点不理解:"年薪近 30 万,全国只招 3 个人,这种机会并不多见,他却把机会放弃了。"

"家里做了一点小生意,家庭条件还不错,我和他爸曾对他说,你不用去外面辛苦打拼。"刘宇母亲李秀称,对于刘宇放弃高薪选择创业,只能被迫接受,只希望他今后不要留下遗憾。

【人物】漫舞蹁跹正青春

记者：卢星宇

扫码观看

郭喆喆，毕业于重庆大学艺术学院2009级舞蹈系，现就职于重庆北碚区文化馆两江艺术团，担任一级演员。2009年，年仅15岁的她考入重庆大学艺术学院，在校期间，她是一舞倾城的校园明星，荣获大学生艺术展演群舞一等奖、重庆市第二届舞蹈比赛群舞一等奖、重庆市第三届舞蹈比赛表演一等奖；毕业之后，她是一往无前的文化使者，于2013年赴西班牙参加国际民间艺术节，并获最佳表演奖；于2015年出访新加坡、马来西亚进行舞蹈表演、交流访问。

15岁，该是怎样的花季？当同龄人正奋笔疾书准备着中考，她却迈着翩跹舞步走进了重庆大学的校门。抛开年龄的差距，不惧成长的茫然，有着青春的姿态，她凭着一腔赤忱、一心执念，印证了“兴趣是最好的老师”这一箴言。

郭喆喆对舞蹈的爱是自幼就有的，是刻在骨子里的。人们对于执着的事物总有些最初的启迪作为起源，而当她谈及对于舞蹈的喜爱，却坚定地说：“就是天生的喜欢。当时太小了，没有太多欣赏舞蹈的记忆。”很干脆地，喜欢就是喜欢，无须用过多理由来佐证自己的热爱。显然，她的父母也发现了她比同龄人在舞蹈方面有着更好的领悟力，于是将九岁的她送入舞蹈院校进行了五年的专业训练。

或许在旁人看来，年纪轻轻的她通往大学的路是条“捷径”。然而这条“捷径”的艰苦、个中的滋味，只有她自己最明白。早上6点起床开始基本功和体能训练，白天上午下午皆是满课，晚上9点在晚自习之后仍要跑步。学校要求严格，每周一次的称重时若长胖一斤便要罚款和罚跑，她回忆道：“我们要小心翼翼地控制好体重，不能随心所欲地吃自己喜欢的东西。记得有一次被老师发现吃了个冰淇淋后，被罚带着四公斤的沙袋跑步两小时。”身为舞者，需要保持纤柔的体形、优美的身段，因此她们在体重方面做的努力并不少。

看似水到渠成、自然而然的舞蹈生涯，却也有着或大或小的困难。首先，身高就成了先天的困扰，一米六六的身高在平常女生中是不逊色的，但在舞者中相比，却并非那么令人满意。“我的个子不是特别高，这在比赛、就业等方面都是个瓶颈。在学校的时候，由于身高问题失去过很多演出的机会，当时我学习舞蹈的信心也因此受到了影响,很多次觉得自己不适合跳舞。”而在练功的过程中,别人能比较轻松完成的动作,自己做起来却比较吃力,她坦言:“在柔软度和弹跳能力方面,我的先天条件并不够好。”无数个本该轻松一刻的午间或傍晚,在别人饭后休息时,她会独自去排练厅,通过压腿、下腰,练习身体的柔软度和其他能力技巧。经历着这些挫折,她也曾动摇过,但每每她都会思考最初为什么学习舞蹈,“既然真心喜欢舞蹈,既然自己选择了,不管多难都要坚持下去”。就是靠这样一种信念,她最终脱颖而出,实现了“成为一名舞蹈演员”的梦想。

舞台上的郭喆喆

毕业之际,上海歌舞团曾来到郭喆喆所在的班级招收舞蹈演员,最后只看中了她一人。然而,她却放弃了这个机会,而选择供职于本地的北碚文化馆,对此,她解释道:“经过斟酌,我感觉到北碚文化馆对艺术的追求更符合我心目中对舞蹈的感觉。”追逐心中所想,便可放下功利的考量,在她看来,自身所择所持,才是所谓机遇。

迈着舞步走过的这些年,最令她难忘的不是各项耀眼的荣誉奖项,而是重庆市城乡文化互动工程的送演出进基层活动。由于重庆周边县区生活环境的恶劣,她起初是不适应的:“厕所比较脏,换衣间只是一个棚,演出场地常常是硌脚的水泥地。”但后来,每当看见老百姓们观看我们舞蹈时露出的笑容和认真的眼神、孩子们因想学舞蹈而比画着的手脚,她便感受到舞蹈的神奇魅力——予人快乐,自己也享受着。

汗水浸染,她涤尽铅华,以肢体语言诉说了一份缱绻执念;脚背绷直,她步步生莲,用柔美步调迈开了一段心路历程。台上台下,丰姿绰约恰年少,曼舞翩跹正青春。

【专访】唐懋操,在读创业的典范

记者:王正源

扫码观看

打开饿了么APP,排名靠前的闷小呆餐馆对于大多重大学子而言早已不陌生,这家餐馆背后的经营者唐懋操目前仍然是重庆大学体育学院的一名大四学生,他的经历和生活也一如他的菜品一样,百味陈杂、丰富多彩。

曾经在校学生会等众多部门的工作履历赋予了唐懋操同学丰富的校园工作经验。这些宝贵的经历不仅为他增添了一段人生中最美好的回忆,也帮助他在自主创业、迈步人生的过程中走得更为稳健。

"谁都不是生下来去给别人打工的",坦言自己是一名"有梦想的大学生"的唐懋操利用自己课余时间充足和已经支教保研的便利条件,结合外卖餐饮需求量大、接受度高、复制性强、管理方便及成本低廉的特点,开设了属于他的餐馆。

不同于一般的外卖,唐懋操努力想带给同学们的,不只是饱腹的食物,更是不一样的消费体验。他独出心裁地建立起用户之间的微信群,在其中分享餐馆的各种信息,利用便捷的平台以促成最周到的服务;他在外卖餐盒上添上二维码标签,通过扫二维码免单或是买二赠一等活动增强了与客户之间的联系;在送餐方式、送餐人员的选择上他也打破了普通外卖的固定模式,以同学们的需求为出发点不断创新、更新。值得一提的是,他引进O2O的现代化经营理念,依托互联网平台对自家品牌进行推广宣传,于线上线下同时服务于客户。可他并未止步于此,仍然在这个过程中不断千锤百炼,做出改变。

唐懋操分享创业经验

说起面临的困难,唐懋操很是轻松,目光流转,谈吐不凡。对于对手的一切他都已了然胸中,知己知彼的他,并不畏惧挑战。随着第三方电商平台开始逐渐打开并进入大学市场,他也面临了一些餐馆经营上的麻烦。高校是一个大市场,众多资本竞相涌入,除了面对更多的同类企业的市场竞争,一些大企业也产生了想要收购他的餐馆的念头。可是,并不以盈利为终极目标的他始终不认为这是对自我锻炼的最好选择,反倒是在与众商家斡旋的过程中,使他日趋轻车熟路,并将自己的品牌不断推广,市场份额及销售量更是一直处于饿了么 app 上的前列。

面对未来,打造工业化、标准化以及流程化的校方推荐外卖餐饮品牌是唐懋操同学对自己的期待。不过,他的想法很简单,即每天将新鲜安全的套餐送到同学们面前,所以,“人性化”才是他的核心目标。谈及人性化,唐懋操从两个方面予以描述:一是在力所能及的范围内满足客户的多样化要求,使客户的选择更为灵活与随性;二是言出必行,精益求精,力求对所有客户做到贴心与舒心。另外,他也在为推广全新的配送理念而精心构造一个属于自己的团队。他很有信心,不仅计划着与重大的校方联系,使名下的餐馆成为虎溪校区的首选供应商,更是意欲开拓更为广阔的市场,营造出更大的商业规模。

谈到自己,他显得很是谦逊,他眼中的自己是一个追求梦想、爱奋斗、努力奋斗的大学生,“大学生不能没有追求、没有梦想”。然而他也并非立于神坛之上,除了工作和一些商业事务,他也和许多大学生一样,爱运动,爱音乐,爱 LOL。除此之外,他还十分积极地参加各类校园活动,从重大女神评选现场的伴舞到校艺术团的大号演奏手,从暑期市民学校三下乡到中国大学生足球联赛,他的身影处处时时可见。

也许正如他自己所说的,"任何事都不难被理解,只要你肯做。"初次来到重大故事的餐馆总能给人宾至如归的惊喜,虽然面积不大,装潢也未必奢华,但是墙上一张张记载着重大之景、重大之人、重大之事的照片,可见是他极具匠心的设计与构思。前路漫漫,唐同学必以其天马行空的想象与全面周全的设计,带领着他充满活力、充满梦想、充满责任与创造力的队伍走得更远。而他自己,也将在这一段路程之中砥砺磨炼,品味不一样的风光。

第八篇 08

指尖微课堂

前锋网络文化工作室密切关注党和国家对青年的号召，关注社会热点问题，关注时令变换，关注青年人的教育，锋哥在关键时刻开放了指尖微课堂，为广大学子提供假日出行指南、特殊天气注意事项、防骗指南等，以通俗易懂的方式普及常识，在广大学子中广受好评。

工作感悟：网络是大学生的第三课堂，前锋网络文化工作室在工作中积极发挥网络育人的功能，把"中国梦"和中国特色社会主义理论、习近平总书记系列重要讲话精神、大学生的日常教育等重要内容通过碎片化、网络化的分解、创作，形成了一系列网上学习内容，让大家在指尖学习。

必读|大一新生防骗手册

扫码观看

本手册由教育部首批大学生网络文化工作室——重庆大学前锋网络文化工作室推出，重大青年公众号发布，适合新生安全教育推荐阅读，各高校大一学生适用。手册中归纳提出了 10 条防骗准则，针对 14 个容易发生的案例提出安全提示，供高校师生参考。

一、请提前规划好到校报道的行程安排，尽量提前准备好路途食宿，尽量选择白天抵达的交通方式。购买车票和机票前请仔细核对是不是官方网站，或者打电话咨询确认，避免在虚假网站购票上当，请勿相信任何非官方渠道的低价票和黄牛票。

二、可以和同学结伴而行，请保管好自己的财物，学费存银行卡通过自动扣款缴费，不随身携带大量现金。请勿轻易相信沿途的陌生人，不和陌生人攀谈。

三、杜绝乘坐黑车和沿途拉客的车辆，随时向家里和朋友报告行程动态。

四、学校在车站有迎新站点，请正确识别学校迎新车辆，切勿上错假冒的迎新车辆。请勿轻易相信车站附近吆喝住宿、打车、旅行的信息，请选乘正规的公交线路或在出租车乘坐点换乘。

五、请务必记住公安部门提出的"六个一律"：接电话，不管你是谁，只要一谈到银行卡，一律挂掉；只要一谈到中奖了一律挂掉；只要一谈到是公检法税务或领导干部的一律挂掉；所有短信，但凡让我点击链接的，一律删掉；微信不认识的人发来的链接，一律不点；所有 170 开头的电话一律不接。

六、请记住学校和官方任何组织不会要求通过ATM或网络渠道转账，不要进行任何转账操作；学校任何工作人员不会帮忙代缴学费，不要把现金交给任何陌生人，要自行在学校迎新现场通过工作窗口缴费。

七、请谨慎对待“热心的帮助”和搭讪，除学校专门的行李寄存点，不要将行李交给陌生人看管，不要把手机借给陌生人使用。

八、不要在任何地摊和上门推销处购买生活用品，任何生活用品请到校园超市和周边商场超市购买。不要轻信陌生人推销教材，任何需要的教材等候授课老师介绍后在正规渠道购买。

九、不要在地摊和陌生人推销处办理任何电话卡。不要轻信陌生人办理任何会员卡。学校所有学生社团和组织不收取任何会费，请勿相信任何兼职实习单位收取押金。

十、请把自己的物品锁在寝室的柜子里，任何时候离开寝室随时关门。

点评：在新生入学季，重大青年率先推出“新生防骗手册”，为初入大学的新生提供了具有参考价值的防骗指南，为新生融入新学校提供了很好的渠道。

安全不放假|暑期防暑、防溺水指南看这里

扫码观看

一、防暑小知识

当温度超过32℃、湿度超过70%时，就要预防中暑了。今天锋哥就“趁热”跟大家说说，怎么补上那些容易被忽视的“中暑漏洞”，安全度过高温天。

高温天，室内也不安全，空气不流通易中暑：

室内相对湿度高，如果空气不流通，汗液难以蒸发，不利于身体散热，老人的发汗机能退化，在室内更容易中暑。

空调温度低也会中暑：

空调为我们带来了凉爽，但长时间待在温度低于26℃的房间，会降低人体对高温的耐受程度，如果室内外温差过大，出门时更容易中暑。

（一）防暑必备小妙招

1. 保持水分充足

水分补充不够，不利于身体排汗散热。需要提醒的是，喝冷饮并不能防止中暑，还会使体内温度骤降，使中暑的概率更高。

2. 注意排汗

先天汗腺不发达，或使用了某些可能抑制排汗的药物，会让身体散热功能失衡，更易中暑。

3. 讲究食品卫生

要保证饮食安全，因为腹泻会导致身体水分流失过多缺水，进而引起中暑。

（二）防暑"安全漏洞"

1. 保持室内通风

不通风、室内温度过低，容易导致"室内中暑"。因此，室内要注意通风降温，并适当使用电风扇或扇子。

2. 喝水不可"牛饮"

天热口渴会让人不由得大口灌水喝，但这样会使水分在体内短时间积累，不利于吸收，导致中暑。

3. 出汗时别立即冲凉

剧烈运动后或大汗淋漓时，不少人会立即洗个凉水澡，或者直接躲进空调温度开得特别低的室内，这两种方式都不可取。

二、防溺水小知识

恰同学暑期，在大家"中流击水，浪遏飞舟"的同时，也不要忘记时刻要防范溺水。在溺水事件频发的夏季，对于重大的学子来说，了解一些防溺水小知识是有必要的。

接下来，让锋哥带领你们回顾溺水的事故，去了解夏季溺水事件的频发率和严重性。

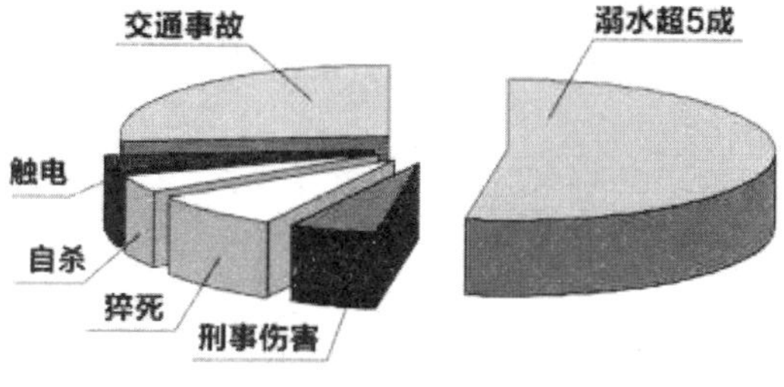

暑期意外死亡事故饼状图

据图片显示，暑期溺水的事故发生概率，已经超过了五成，位于首位，甚至比交通事故还高。

网上的溺水事故的消息层出不穷，这也给我们大学生敲响了警钟。尽管同学们大多已经成年，但溺水问题始终不容忽视。

那么，看了这么多溺水事件的消息，

锋哥不由得要敲黑板了，

安全第一，安全第一，安全第一，

重要的事情说三遍，

下面是锋哥找来的一些防溺水小知识，小伙伴们要认真看哦！

（一）防溺水，做好“四不要”

1. 不要随便到野外水域游泳；

2. 不要去不熟悉水域，以及深水区、冷水区、污染水域游泳；

3. 不要在危险地段，推拉玩闹、清洗衣物、打捞物品等；

4. 不要在恶劣气候条件下游泳。

（二）游泳小常识

1. 单身一人去游泳最容易出问题。如果你的同伴不是家长、成年人，在出现险情时，很难保证能够得到及时妥善的救助。

2. 身体患病者不要去游泳。中耳炎、心脏病、皮肤病、肝肾疾病、高血压、红眼病等慢性疾病患者以及感冒、发热、精神疲倦、身体无力都不要去游泳。

3. 参加强体力劳动或剧烈运动后，不能立即跳进水中游泳，尤其是在满身大汗、浑身发热的情况下，不可以立即下水，否则易引起抽筋、感冒。

（三）游泳前准备活动

1. 通过跳跃、慢跑使身体发热但不出汗至 2 ~ 4 分钟，其目的是使身体内各个器官进入活动状态。

2. 做徒手操。体育课老师经常采用的，使身体各关节、韧带及身体肌肉做好充分活动准备以防受伤。

3. 入水前用冷水淋浴一下，以适应水温，然后下水；入水后不宜马上快速游泳，更不宜游入深水区。

（四）水中抽筋及处理方法

1. 手指抽筋。将手握成拳头，然后用力张开，这样迅速交替做几次，直到解脱为止。

2. 一个手掌抽筋。另一手掌猛力压抽筋的手掌，并做振颤动作。

3. 上臂抽筋。握拳,并尽量曲肘,然后用力伸直,反复几次。

4. 小腿或脚趾抽筋。先吸一口气,仰卧在水上,用抽筋肌体对侧的手握住抽筋的脚趾,并用力向身体方向拉;另一只手压在抽筋一侧肌体的膝盖上,帮助伸直,就可以得到缓解。如一次不行,可以连续做几次。

5. 大腿抽筋。吸一口气,仰卧水上,弯曲抽筋的大腿,并弯曲膝关节,然后用两手抱着小腿用力使它贴在大腿上,并加振颤动作,最后用力向前伸直。

(五)溺水自救篇

1. 呼救。不会游泳,要边拍水边呼救。

2. 漂游。顺着水流,边漂边游。

3. 放松。如有人相救,不可紧紧抱住抢救者。

大家知道防溺水小知识了吗?

在游泳降暑的时候,要谨记安全第一！锋哥希望所有的同学,能有一个快乐的暑假,开心安全地度过！

点评:众所周知,重庆的夏天高温不断,而如何防中暑就成了极为关键的问题。而随着夏日的持续升温,游泳成了许多人的最佳避暑选择。锋哥为大家在夏日避暑时的防溺水提供了指南,是一篇实用的干货文！

必听|锋哥的安全提醒…

扫码观看

“叮叮当,叮叮当,铃儿响叮当。”又到一年西方圣诞节,还有几天后的元旦跨年,同学们是不是已经按捺不住青春的心,想去热热闹闹过节了呢?圣诞树下,红梅丛中,和心爱的他一起过节,想想还有点小激动！但是——安全才是第一位哦！锋哥特意送上年末安全小贴士,帮助大家平平安安迎新年！

一、年末安全小贴士

1. 拒绝跟风——圣诞节和元旦期间,重庆市主城区商圈实行交通管控,请远离人流密集处,避免拥挤发生踩踏事件。

2. 骗子也要冲业绩——各类诈骗年末进入高发状态,请警惕网络和电信诈骗,返程车票、机票请到官方网站或其他正规渠道购买,切勿从黄牛党手中购票。

3. 手就一双，剁前三思——请理性消费，合理安排支出，切勿在不良网络借贷平台借款，有生活困难请向家庭和学校寻求帮助。

4. 不是三星也要注意——请高度重视消防安全，请勿在寝室使用大功率电器，请勿在床上使用充电器，请勿在校园和市区燃放爆竹，晚上睡觉或外出请检查电器设备是否关闭。

5. 不开不开我不开——做好防盗安全措施，妥善保管好个人的财物，做到人走即关好门窗，拒绝任何陌生人到寝室推销宣传。

6. 真的不差这一会儿——请注意交通安全，切勿在过马路时低头看手机，尽量走人行道，外出请勿搭乘三轮摩托等非正规运营的交通工具。

7. 没有健康，何必远方——注意食品卫生安全，仔细查看食品保质期，不在卫生条件较差的地方就餐。同学聚餐请勿酗酒。

8.“家”门口的庆典——倡导在校内举行小型分散的活动，学校举办了丰富的文化活动，欢迎同学们的参与。同时，不得以年级、班级、社团等任何名义组织外出游乐活动。

9. 节假日也要学习——请注意安排好期末复习，争取考出优异成绩。诚信参考，切勿作弊。

10. 冷静，冷静，冷静——如遇任何突发状况，请保持冷静，以安全为主，及时通过辅导员、保卫部门、物业告知情况。

二、节日安全手册

1. 提前做好出行规划，告知室友、父母去处。若夜不归寝，提前向辅导员请假。

2. 外出时，将放在寝室的贵重物品稳妥收好，确保锁上房门，以防不法分子入室盗窃。

3. 注意交通安全，不乘坐“三无”和超载车辆。

4. 注意财物安全，随身携带的贵重物品尽量不要外露，不要轻易带过多的现金。

5. 注意食品安全，小心食物中毒。勿暴饮暴食，勿过量饮酒。

6. 注意人身安全，避开人群过度密集区，避免发生踩踏等意外事件。

7. 最好结伴而行，相互照应。

8. 尽量避免在深夜人少的时候独自外出，不要独自滞留在外或行走在偏僻、阴暗处。

9. 保证通信，能够及时联系他人和被联系。

点评：大学生依然是一个心智不完全成熟的群体，初入社会时很容易遭到不法分子的欺骗。锋哥的安全提醒列举了大部分不法分子的惯用手段，为重大学子提供了较好的参考模板，以防被骗。

安全|平安夜，出行平安

扫码观看

按照往年惯例，平安夜重庆还将再现“堵人”壮观！妥妥的是年度超豪华重金制作的大戏！重庆各大院线将激情上演由重庆人民倾情演出的大片：《决战解放碑步行桥》《致命南坪大道》《恐怖观音桥》《地铁登陆大作战》《平安夜之我与小偷的故事》《火力全开挤公交》《那些年我们一起打不着的车》《堵王之王 2015》也将很火热。

平安夜，要平安不要狂欢！

圣诞期间部分路段交通管制具体路段及时段如下：

管辖区域：解放碑步行街；观音桥步行街；三峡广场；大学城熙街；南坪步行街、万达广场；杨家坪步行街广场。

管控区域：占道停车位禁止停放车辆，商业配建停车场（库）禁止临停车辆停放。同时，对驶入管控区域的车辆实施交通管制，禁止除公交车、出租车以外的车辆驶入该区域。

管控时间：2015 年 12 月 24 日、25 日、31 日晚 18 时至次日凌晨 2 时。

轻轨不停站：

地铁 1 号线：不停靠小什字站、较场口站、七星岗站、两路口站；

轻轨 2 号线：不停靠较场口、临江门站；

轻轨 3 号线：不停靠两路口站、华新街站、观音桥站、红旗河沟站；

地铁 6 号线：不停靠小什字站、红旗河沟站。

如何自救：

（1）举止文明，人多的时候不拥挤、不起哄、不制造紧张或恐慌气氛。

（2）尽量避免到拥挤的人群中，不得已时，尽量走在人流的边缘。

（3）发觉拥挤的人群向自己行走的方向来时，应立即避到一旁，不要慌乱，不要奔跑,避免摔倒。

(4)顺着人流走,切不可逆着人流前进;否则,很容易被人流推倒。

(5)假如陷入拥挤的人流时,一定要先站稳,身体不要倾斜失去重心,即使鞋子被踩掉,也不要弯腰捡鞋子或系鞋带。有可能的话,可先尽快抓住坚固可靠的东西慢慢走动或停住,待人群过去后再迅速离开现场。

(6)若自己不幸被人群推倒后,要设法靠近墙角,身体蜷成球状,双手在颈后紧扣,以保护身体最脆弱的部位(头、颈、胸、腹部)。

(7)在人群中走动,遇到台阶或楼梯时,尽量抓住扶手,防止摔倒。

(8)在拥挤的人群中,要时刻保持警惕,当发现有人情绪不对,或人群开始骚动时,就要做好准备保护自己和他人。

(9)在人群骚动时,脚下要注意,千万不能被绊倒,避免自己成为拥挤踩踏事件的诱发因素。

(10)当发现自己前面有人突然摔倒了,马上停下脚步,同时大声呼救,告知后面的人不要向前靠近。

点评:历年来的平安夜,解放碑等中心繁华地带总是人潮汹涌,重庆市在平安夜的交通管控也随之而来。重大青年及时推出交通管控时间及路线,为重大学子的出行提供了参考。文中亦普及了如果在公共场合不幸发生踩踏事件时的自救措施,为广大学子的出行安全又加了一把“保险锁”。

警惕|拒绝校园不良网络借贷,向入坑说 No

扫码观看

随着互联网金融不断渗入人们的生活,网络借贷也逐渐发展,并以其方便快捷的借贷方式、低息诱人的条款、几乎无门槛的申请办法迅速在学生群体中流行开来。一些 P2P 网络借贷平台更直接向各大高校拓展业务,部分不良网络借贷平台也趁势而入,通过虚假宣传、降低贷款门槛、隐瞒实际资费标准等手段,诱导学生过度消费,侵犯学生合法权益,造成了不良的影响。近年来,校园不良网络借贷的新闻事件频出,希望各位学生吸取教训,树立正确的消费观念,远离不良“校园贷”。

惨痛案例：

案例一

四川巴中一位农民求救，称其读大学的儿子通过数家校园借贷平台借款约一万元，利滚利已欠十万元。为了还贷，其子卖掉手机和笔记本，东躲西藏，5 天没吃饭，晚上睡公园。

案例二

6 月初，广州一所高校的学生小包（化名）和同学在逛街时看中了一件衣服，无奈于临近放假囊中羞涩而放弃购买。回到学校后，小包无意中在微信朋友圈里看到了有关“借贷宝”的信息。出于试一试的心理，小包当即下载并安装了“借贷宝”APP。小包成功地在“借贷宝”平台上完成了一笔 1000 元的借贷后，经过几轮“借新还旧”，最终欠下近 7 万元债务。

案例三

江苏常州的一位女大学生李丽因裸条借贷 500 元，周息 30%，利滚利到欠款 5.5 万元。在家人的帮助下还上欠款后她表示：“那段日子真的是太可怕了，一点不想回忆。”目前已有相当数量的在校女学生掉入裸贷陷阱，大量视频照片外泄。“裸贷”是年轻女性以拍摄裸体视频和裸照为前提向债主借钱，逾期不还者，债主以公布裸条相逼，劝女孩出卖身体。

河南某高校爆出在校生因无力偿还“校园贷”的数十万元贷款而跳楼自杀的惨剧后，舆论对于加强校园网贷平台监管的呼吁也日趋强烈。今年 4 月，教育部办公厅、中国银监会办公厅联合印发了《关于加强校园不良网络借贷风险防范和教育引导工作的通知》。明确规定，各高校要建立校园不良网络借贷日常监测机制，联合银监局等相关部门密切关注网络借贷业务在校园内的拓展情况。但是作为一名在校大学生，我们自己又应该怎么识辨陷阱、防范不良借贷的风险呢？

锋哥借贷策略：

对于大学生自身来说，要选择较为正规的贷款途径，在决定办理分期贷款前，仔细对比各家平台产品信息，以及所有附加费用，在签订合同之前，要看清利率和违约条款以及提前还款条约。在考虑分期期数时，要注意比较不同期限的分期费率差额，期数越多、费用越高。另外，多期限的分期，虽然每月还款金额低，但是总费率较高，大学生应该结合自身情况选择合适的分期。

同时，切不可将私人隐私的照片、视频作为抵押进行借贷活动。

此外，专家提醒说：“在校大学生贷款购物前一定要考虑自身的收入和还款能力，避免冲动消费、盲目贷款，一旦因不能及时还款而造成信用不良，将会影响到未来申请信用卡以及贷款买房、买车，可谓得不偿失。”

"花明天的钱,圆今天的梦"的消费观念隐患重重,超前消费对于缺乏理财概念的在校学生来说有着极大的风险,社会经验少、缺乏自我约束力都是诱导学生们陷入不良网贷陷阱的原因。只要同学们树立合理消费、理性消费、适度消费的观念,养成量入为出、勤俭节约的生活习惯,加强安全防备意识,保护好自己的信息、财产安全,不贪小便宜,在合法正规的平台办理网络贷款,大家就能对不良网贷说"拜拜"。

点评:近日来,校园不良网络借贷的案例在身边屡见不鲜,其造成的恶劣影响可见一斑。重大青年及时收集信息,通过案例讲解和专家提醒等为重大学生敲响了警钟,并号召大家在真正缺钱时通过合法贷款或向学校申请助学金等多种渠道获得资金,而不是为了贪小便宜误入歧途。

生活|理性消费,拒绝剁手	扫码观看

剁手小 A 君:

我控制不住我的手了。再这么下去,土都吃不起了。

锋哥会给你答案(滑板鞋节奏)。

机智锋哥:

第 1 分钟成交额突破 1 亿! 6 分钟成交额破 10 亿! 21 分钟成交额突破 30 亿……85 分钟成交额破 80 亿……看到属于我们的骄人战绩,你是否也有剁手的冲动?

什么! 你说你可以吃土,太天真了孩子。

要想知道如何让自己在明年双十一劫中幸存下来,了解自己的购物心理至关重要。

一、面子心理

钞,稀有金属,放在钱包里极其不稳定。所以,钞 = 金 + 少。将该稀有金属放到支付宝这一器皿中,加入双十一这种催化剂,可瞬间变成空气,留下一堆残渣叫快递。

独特的文化背景,导致中国消费者有很强的面子情结,在面子心理的驱动下,我们的消费会超过甚至大大超过自己的支付能力。双十一营销恰好利用这种面子心理,为奢侈品及轻奢商品找到市场,达成销售。

剁手指数:★★☆☆☆

二、从众心理

从众指个人的观念与行为由于受群体的引导或压力,而趋向于与大多数人相一致的现象,即大家说的羊群效应。

双十一消费者在很多购买决策上,会表现出从众倾向。看到销量榜里的热门商品会不自禁产生好感及购买欲。这也是影响最大的一种消费心理,在学生党中尤为普遍。(你是不是就是跟从室友走上剁手路的呢?)

剁手指数:★★★★★

三、崇尚便宜

还记得我们当初为什么学习用淘宝吗?是为了省钱!

双十一狂欢购物潮之所以如此成功,迎合消费者心理是必不可少的。比起质量,或许跳楼价、吐血价更合消费者胃口,因为双十一谁都想买得便宜实惠,但殊不知这种心理会增强购物欲望,而且某些不良商家会抬高原价从而提高降价力度。

剁手指数:★★★☆☆

剁手小A君:

双十一什么最应该打折?

自己的手……

锋哥小贴士:

切勿将"狂欢"变成愁,自觉做到理性消费:

一是按生存需求、发展需求、享受需求的顺序,慎重考虑家庭的消费开支;

二是量力而行,精打细算,注重效益,不仅要算金钱账、时间账、精力账,还要注重消费每种产品的效用;

三是消费要适时适度。在网购消费中要注意消费观念、消费习惯的变化,尽量避免在"过时"或即将过时的消费品上花钱而造成浪费,从控制基本消费、选择最佳性价比做起,以保障和满足自己的基本生存与生活需求为准则。

点评:随着双十一的来临,无数人早已选好心仪的商品坐等零点开抢。然而巨额成交额的背后也意味着许多人尤其是大学生等没有自己收入的群体生活费大笔支出，这可能对之后的生活造成不利影响。本篇文章分析了大学生的购物心理，并针对部分心理给出了应对小贴士。有助于广大学子有限“剁手”，不要真正在双十一之后“吃土”。

生活|剁手后，锋哥教你省钱过冬！

扫码观看

剁手少女：

经过一天恶战，终于接近尾声了，然而现在的我只想剁手，以后的日子要靠吃土过了。

锋哥：

现在连土也吃不起了，还是快来看看下面的省钱小妙招吧。

Tip1

坚持记账

进入大学以后与之前在家的时候有很大不同，什么都要自己管，因此怎样才能省钱一直是大学生头疼的问题。

其实坚持记账是非常重要的。拿出一本笔记本作为记账专用，每天晚上回顾一下白天都花了哪些钱，然后一笔笔记下来，从记账的过程中可以算出自己的支出并累积经验，知道哪些该花哪些可以省。

Tip2

多用现金

不要每次买东西的时候都使用信用卡或者借记卡，它们会让你体会不到花钱的感觉，因而买东西买得更加“放肆”。

所以想省钱的话下次买东西就尽量用现金吧，保证结账的时候会心疼到不节约不行。

Tip3

少打长途

上了大学不少同学都是外地生,因此和父母朋友聊天时难免会打很久的长途电话,话费自然也少不了。

然而,微信、QQ 这些软件的语音通话功能可不是白白开发的,除了有急事需要联系的情况,日常通过这些软件聊天也是个不错的选择。

虽然有时候没有直接打电话方便,但省下来的话费却是非常可观的。

Tip4

下载电子杂志

很多同学喜欢看杂志,但是杂志期刊定时更新,买了总觉得翻了一遍就没用了,然而不买又没有办法获取自己想看的东西。

其实很多平面杂志都提供电子杂志下载,既环保又省钱,有的杂志会节选部分章节刊登,有的则整本提供下载,当然也有一些畅销杂志可能不会提供免费下载,但是收取的费用也仅仅是实体杂志价格的一半。

Tip5

兼职赚钱

大学期间做份兼职的确是个很不错的经历,既能赚钱又能增加社会经验。但是我们都知道不是每个大学都有时间让你一边上学一边打工的,如果你觉得自己有能力平衡二者,放手去找份兼职吧。

如果你做不到,试着在网上完成一些有偿的调查问卷或者针对特定群体的市场调研也是个很好的赚钱机会。

看了上面的小贴士想剁手的少男少女们不要再等了,赶快行动起来,省下钱迎接明年的双十一吧。

点评:双十一的浪潮尚未褪去,锋哥的省钱小贴士就已经来了(好了好了,知道你们管不住自己的手)。本篇文章为"剁手族"提出了许多可参考性建议,有助于大家在购物浪潮过后及时省钱,可以说是非常实用了。

干货|写论文神网站

扫码观看

唉，写论文的时候真的是好着急！那么多参考资料该从哪里找？

锋哥整理了几个写论文的神网站，赶快收藏吧！

资源篇：

http://dir.cnki.net/

学术网站大全。

此网站包含了差不多可以查文献的所有网站，妈妈再也不用担心我找资料找不到啦！

http://www.nssd.org/

国家哲学社会科学学术期刊数据库。

此网站定位为国家级、开放型、公益性的哲学社会科学信息平台，收录期刊数百种，简单注册后即可在线阅读和全文下载。

https://openstaxcollege.org/

此网站是盖茨夫妇建立的免费大学教科书数据库，全部都是合法图书。

http://www.sci-hub.io/

这个网站不需要在教育网登录，在家里也可以自行下载。很多学校教育网上没有的资源这里也都可以找到。

http://worldwide.espacenet.com/

欧洲专利局专利数据库。

http://www.ibm.com/ibm/licensing/

IBM 专利数据库资源。

专业篇：

还在被如何为你的算法程序理论取一个狂帅酷霸炫的名字而困扰吗？你还在为英文不好、想到的名字而伤心吗？你还把时间花在想首字母缩写这么浪费人生的事上吗？

http://acronymify.com/

一次性解决所有问题！

为了让算法有个好记又好读的英文缩写名字,学 machine learning 和信号处理的同学请收好!

http://www.gradesaver.com/

http://sparklight.trade/

神器:gradesaver 和 sparklight

英专的小朋友请收好!

http://www.westlawchina.com/index_cn.html

万律中文网。

学法学,尤其是国际法的小伙伴一定会用到的,虽然刚开始比较难,但是很好用哦!

http://data.stats.gov.cn/

国家数据库。

学经济类商科的同学请好好利用!

收藏好这些网站!

点评:世界上最遥远的距离不是生与死的距离,而是看着论文在我眼前却下载不了。锋哥就为好学的各位整理了很多个下载论文的网站,妈妈以后再也不用担心你下载不了论文啦!

科普|世界艾滋病日:你知道多少?

扫码观看

2015 年 12 月 1 日是第 28 个"世界艾滋病日"。

锋哥:

一、艾滋病基本知识

艾滋病是一种病死率极高的严重传染病,目前还没有治愈的药物和方法,但可以预防。

目前还没有能够治愈艾滋病的药物,已经研制出的一些药物只能在某种程度上缓解艾滋病病人的症状和延长患者的生命。

积极接受医学指导和治疗,可以帮助艾滋病病人缓解症状、改善生活质量。

至今还没有研制出可以有效预防艾滋病的疫苗。

二、传播途径

艾滋病主要通过性接触、血液和母婴三种途径传播。

在世界范围内,性接触是艾滋病最主要的传播途径。

男女之间传播。性接触者越多,感染艾滋病的危险越大。

共用注射器吸毒是经血液传播艾滋病的重要危险行为。

输入或注射被艾滋病病毒污染的血液或血液制品就会感染艾滋病。

使用被艾滋病病毒污染而又未经消毒的注射器、针灸针或其他侵入人体的器械会传播艾滋病。

1/3 的感染了艾滋病病毒的妇女会通过妊娠、分娩和哺乳把艾滋病传染给婴幼儿。

大部分感染了艾滋病病毒的婴幼儿会在 3 岁以前死亡。

三、如何预防艾滋病

1. 艾滋病是一种病死率极高的严重传染病,目前还没有治愈的药物和方法,但可以预防。

2. 艾滋病主要通过性接触、血液和母婴三种途径传播。

3. 与艾滋病病人及艾滋病病毒感染者的日常生活和工作接触不会感染艾滋病。

4. 洁身自爱、遵守性道德是预防经性途径传染艾滋病的根本措施。

5. 正确使用避孕套不仅能避孕,还能减少感染艾滋病、性病的危险。

6. 及早治疗并治愈性病可减少感染艾滋病的危险。

7. 共用注射器吸毒是传播艾滋病的重要途径,因此要拒绝毒品,珍爱生命。

8. 避免不必要的输血和注射,使用经艾滋病病毒抗体检测的血液和血液制品。

9. 关心、帮助和不歧视艾滋病病人及艾滋病病毒感染者是预防与控制艾滋病的重要方面。

10. 艾滋病威胁着每一个人和每一个家庭,预防艾滋病是全社会的责任。

点评:由于缺乏普及教育,当今许多人对艾滋病的认知并不完整,也依旧存在很多误解。锋哥在世界艾滋病日来临之际为广大读者普及了艾滋病的详细信息,包括其传播方式及预防方式等,有助于提高大学生的防范意识,并通过对部分错误观点的纠正,改正人们对艾滋病人的偏见。

注意！返校在即，切勿陷入刷单陷阱

扫码观看

近期，刷单诈骗案件高发，重庆网警已接到多名受害学生举报。不法分子首先通过诈骗短信引诱学生群体参与，随后逐步展开套路，更有学生借钱参与刷单被骗。网警注意到，由于学生群体利用闲暇从事兼职的意愿强烈，更易于遭到各种招工、刷单骗局的蛊惑、引诱而上当。

很多同学都想在学习之余，做一点力所能及的兼职。然而他们却忽略了，“刷单”“刷信誉”之类的行为本来就是违反公平、诚信的行为。

有同学感兴趣之后，就开始加了短信上留下的 QQ 号码。随后，“客服”会发送一系列“规章”，告诉刷单员怎样刷单，怎样获得“酬劳”（很显然，事后看来这些都是套路）。

当刷单的同学开始要求这些“客服”返还本金的时候，“客服”就开始寻找各种借口了，一会儿要你继续刷到一定额度，或者推脱系统问题之类的，最后“客服”看到你已经醒悟，立即拉黑。

最近，这类刷单诈骗高发，再次提醒学弟学妹们千万不要相信什么刷单兼职。

同时，希望老师、家长们多加强与孩子们的沟通：能靠自己的本事挣钱是好事，但刷单之类的“兼职”，既不能提高自身能力，也不算良好的实践经验，更容易遭遇到骗局，真是百害无益，千万别碰！更要注意的是，孩子们一旦上当，经济压力和心理压力都会加大，需要耐心疏导和及时帮助。

点评：随着各种网络爆料的出现，“刷单”这一时下流行的诈骗手段日渐为我们所知。锋哥也收集到了不少刷单被骗的案例，用以提示时常收到“找人刷单”信息的大学生们提高警惕，万万不要因为一时被金钱的假象迷惑而掉入陷阱。

【安全】教你快速变身“电梯侠”

扫码观看

近几年电梯安全事故层出不穷，总是害怕自己哪天也被电梯“吞”掉了怎么办？不怕，不怕！今天锋哥来教你如何快速变身“电梯侠”！

《电梯侠》是由国家质检总局特种设备安全监察局、教育部基础教育一司共同策划、制作的电梯安全宣传动画片。这个动画片通过丁丁和墩墩一家四口在“电梯侠”幸福陪伴下游览电梯城的故事，向大家介绍了电梯安全知识，倡导了安全、文明的乘梯行为。

1. 安全注意事项

（1）请勿超载：超载会导致电梯无法运行，请耐心等候下一趟电梯。

（2）请勿吸烟：烟头掉进井道会引起火灾，请提醒身边的乘客不要吸烟。

（3）请勿触碰电梯门：请不要用手推门、撬门，以防电梯门开时手被卷进门缝，非常危险。

（4）请勿蹦跳打闹：在电梯里嬉闹，会给周围乘客带来困扰，同时可能导致电梯骤停，造成乘客被困。

（5）电梯不是逃生工具：发生火灾或地震时可能出现的供电中断会导致电梯无法运行，此时请勿使用电梯逃生。

（6）请勿靠门：为避免电梯门突然打开造成跌倒，候梯时请与电梯门保持一定距离。

（7）请勿在电梯门口玩耍：在电梯门口玩耍，可能会给其他乘客带来困扰，还有可能发生碰撞。

（8）注意牵绳：如携带宠物，请注意不要让电梯门夹住宠物牵绳，以免造成危险。

2. 救援措施

救援电话：质监部门在电梯内分别贴上了一个小长方形标识，在醒目的电梯应急救援电话“96333”下方都写有一串 7 位数字的电梯识别码。市民拨通 96333 后，只需告诉电梯识别码，监控中心通过 GIS 地理信息系统定位电梯的准确位置，即刻锁定电梯位置，立即就近调动救援力量，实现快速有效的应急救援。

救援三级响应:

一级响应:在接到电梯困人报警后,监控中心迅速启动一级响应。派遣被困电梯所属的维保公司实施快速有效的救援。

二级响应:如果一级响应启动失败,监控中心即刻启动二级响应,派遣离困人电梯最近的二级救援站前往救援。

三级响应:如果前两级都发生伤亡事故的医疗救护启动失败,监控中心立即启动三级响应,马上通知119消防战士前往救援。同时协调110、120等呼叫中心,实施电梯困人报警信息共享。

点评:日常出行中我们总是会遇到各种各样的事故,这篇文章中,锋哥主要为观众们提供了乘坐电梯时的注意事项,以及若不幸遇到事故时应及时采取的各种措施。

假期|十一出门必备利器大集合

扫码观看

十一长假真正开始了。在绵绵阴雨中军训了18天的小绿人们,终于在30日迎来了久违的阳光与放假的好心情……

现在的你,或许归心似箭,或许浪心四起,当然也不排除学霸们誓死守卫图书馆的一心淡然澄净……

无论你是回家,出游,还是就在重庆本地耍耍,身与心,总有一个在路上;人与包,都得要带上!

看着这两路口的人山人海,小编想想当时自己推着旅行箱的惨样,也是胆战儿……

为了包裹更加轻便,小编特地为大家整理了十一出门必备利器大集合!

一、证件

1. 身份证。买火车票飞机票、住酒店都需要它。一定要收好哦。

2. 信用卡。现金带太多容易被盗,所以带上重大发的中行信用卡吧,异地取钱不收手续费呢。

二、出门三宝

手机、耳机、充电宝。

三、防变天

雨伞是一定要带的,万一来个说下就下的雨呢?

出门前最好看看未来几天的天气,这样可以提前准备太阳镜、防晒霜或是雨伞雨衣这些东西。

四、轻便衣物

箱子容量有限,衣服要叠要压,就别带太多难以打理的衣服吧。

在火车飞机上,以舒适为主,穿些不易皱且耐脏的衣服吧(空调温度往往较低,建议穿长裤)。

五、卫生用品

1. 纸巾。不妨多带上一些纸巾和湿巾以备不时之需,晚上也可以用湿巾洗脸。

2. 洗漱物品或护肤品。虽然酒店有,但是自己的用起来更放心。

六、充气 U 形枕与耳塞眼罩

U 形枕乃火车飞机睡觉防落枕,长旅途防脖子疼神器。充气版本更容易携带。

耳塞与眼罩能助你在世事纷扰中,唯睡眠永恒。

淘宝上有很多,价格便宜,同学们可自行搜索。

七、手机固定支架

火车飞机上无聊,看视频看书总抱着电子产品手太酸。

买一个便宜的支架就好啦,解放双手妈妈再也不怕我看视频没手吃东西啦。

八、藿香正气水(丸)

藿香正气水可以治疗感冒中暑、腹胀腹泻、头疼昏重、晕车晕船等。

功能强大、疗效迅速。小编出门总会带上它。

当然,也要视个人情况而定,同学们可以带上自己的常备药物与创可贴。

最后,祝祖国妈妈 66 岁生日快乐!

祝同学们假期愉快,一路平安!

点评:本文顺应十一出行的潮流,为广大出游学子尤其是初入大学刚结束军训的大一新生们提供了一个较为完整的出行攻略,详细列举了出行时的必备物品及注意事项,为大家的安全出行提供了保障。

注意！暴雨来袭，这些常识你必须 get

扫码观看

各位同学：

根据最新气象资料分析，预计今晚（2017 年 5 月 31 日）至 6 月 1 日上午，我市有一次较强降雨天气过程，主要降雨时段在今晚（31 日）夜间，中西部偏南地区及东南部 40～80 毫米，局部 120 毫米左右；长江沿线地区 20～40 毫米，局部 60 毫米左右；长江以北地区 10～20 毫米，局部 40 毫米左右。最大时降雨强度达 40～60 毫米/小时。部分地区伴有短时强降水、雷电、短时大风等强对流天气。

此次降雨天气过程相对集中、降雨量大，影响范围广。重庆市教委发通知，要求各地、各校（园）、各单位高度重视，做好各项防范应对工作，锋哥提醒各位同学高度注意。

在此期间尽量减少外出或户外活动，防止发生意外。

请关闭好门窗，锁好锁扣，以免被强风吹开或撞碎玻璃。

置于室外、阳台、露台的花草植物盆景等易移动物品应及早搬离，以免因高空物品坠落造成伤害事故。

请检查阳台或露台的地漏口情况，以确保流水通畅无阻，如发现地漏堵塞请及时联系物业维修。

晾晒在室外的衣物请将其收回室内，以防风力太大而被吹走。

如遇雷电时请及时关闭电器的电源，防止雷击对电器造成损坏，同时，请准备照明工具，以防备临时突发断电所需。

外出时携带雨具，注意避开容易发生雷击或高空坠物的电线杆、广告牌、树下等危险区域。

步行或骑自行车请避开积水地带，绕开有窨井盖的地方，以免踩空或掉入。

楼道飘雨后湿滑，请尽量穿防滑鞋底的鞋子，不在高层楼道打闹追逐。

做好财物安全保管，随时关闭房门，谨防因混乱发生盗窃行为。

遇到灾情不要慌张，及时告知辅导员、物业及安全保卫部门。

愿这场雨是给各位宝宝带来的六一儿童节礼物，有惊无险，降温以备期末考试。

点评：锋哥不仅是实事播报小能手，也是天气预报小助手噢！雷电恶劣天气近日来临，锋哥为大家普及了雷电天气相关注意事项，并温馨提示大家极端天气减少出行，做好预防恶劣天气的准备。

【安全】遇到沉船我们应该如何自救！	扫码观看

今早（2015年6月2日），新闻里报道，6月1日约21时28分，一艘从南京驶往重庆载有458人的客船在长江中游湖北监利水域沉没。船沉的过程中其实有一些自救逃命比较好的方法或者一些需要注意的事项，而且会水和不会水也会有不一样的逃生方法。赶紧学习起来！

假设场景：没有其他救援条件，船已经开始沉没。

第一原则是抓紧时间，以下任何准备都是很容易随手抓到的，如果没有，不要强求，逃命要紧。

不管会不会游泳，找几个空的矿泉水瓶，越大越好，倒空，拧上盖子，塞进衣服里——别塞在裤子里，要不然等下大头朝下漂在水里就糗大了。

朝船上翘的一端跑，尽快入水。

入水后玩命地往远处游，一般人的体力耗尽之前也不会游出太远，当然如果你是运动员就别撒开游了，当心救援人员找不到你。

一般情况下最多几小时就会有救援，所以饮水和食物不用太担心，冬天最危险的是失温，尽量收拢身体保持体温。

如果前面没有找到瓶子或任何漂浮物，把裤子脱下来扎紧裤角兜上空气压进水里也能临时当救生圈，不要对自己的游泳太自信，因为你不知道要坚持多久。

再者，运载旅客的轮船遇险后，乘客需要保持冷静，沉着应对；要听从工作人员的指挥，迅速穿上救生衣，不要惊慌，更不要乱跑，以免影响客船的稳定性和抗风浪能力。

如果水性不是很好，只能勉强保护自己而无力救助他人时，应尽量不要从他人面前游过，以免被不会游泳的游客抓住不放，而耽误你的自救，导致双双遭遇不幸；如果在船上不慎落水，除了保持身体悬浮于水面之外，最重要的就是要引人注意,寻求救援或呼救,拍击水面发出声音是行之有效的办法。

救生筏载人不宜过多。救生筏容纳的人数有限,如果人员过多,反而增加了全体人员再次落水的危险。

专家提示:乘船落水时如何自救。要保持镇静、清醒,坚定获救信心。

以下几点一定要注意。

1. 跑到甲板上

如果乘船时遇险了,要在短时间内奔到通向甲板的最近出口,尽快跑到甲板上。首先是遇险人员间要相互鼓励,树立求生的信心,在使用救生设备,如救生艇、筏时要注意听从指挥,保持秩序,特别要强调的是树立一定能活着回去的信心。

2. 发送求救信号

要通过一切可能的手段,将自己遇险的具体情况(时间、地点、遇险性质、所需帮助等)和报警求救信号发送出去,一般可通过甚高频电话(VHF)、DSC、GMDSS卫星通信系统、卫星应急示位标、单边带电台等船用救生设备,在条件允许时,也可直接用手机拨打水上遇险报警电话:城市区号“+12395”求救。

3. 穿上救生衣

要尽快穿好救生衣,在条件允许时要尽快放下救生筏和艇,并且在落水前要保证吃饱、穿暖,使自己有一个充足的体力,同时要尽量不落入水中,特别是在水温较低时,要尽量待在船上或是救生艇筏上等待救助,不要贸然跳水。

4. 跳到水中保持最合理姿势

如果不得不离船时,一定要穿好救生衣,跳水时尽量选择较低的位置,同时要避开水面上的漂浮物,从船的上风舷跳下。如果船左右倾斜则应从船首或船尾跳下。跳到水中时应采取最好的姿势,双脚并拢屈到胸前,两肘紧贴身旁,交叉放在救生衣上,使头颈露出水面。这样做对保持体温很重要。

一旦落入水中,一定要保持情绪稳定,不能慌张,尽量减少在水中的活动,特别是水温低时尽量不要游泳,最大可能地保持体力,延长在水中的待救时间。

5. 在水中相互贴近保存体力

一般来说,为保存体温和体力,对落水者的要求是:弃船时,应多穿保暖防水的衣服,将头、颈、手、脚遮护好,袖口、裤管口、腰带等扎紧;落水后不应进行不必要的游泳,并应采取国际上有名的姿势,即三人一组,肩搭肩围成圈,每个人蜷缩双腿、双脚、双膝贴近腹部,以减少体温扩散,互助互惠,保存体力,浮于水面等待救助。

6. 冬季落水后,不要把衣服脱掉,以免冻伤如果穿救生衣或持有救生圈在水中,那么应采取团身屈腿的姿势以减少体热散失。除非离岸较近,或是为了靠近船舶及其他落水者,以及躲避漂浮物、漩涡,一般不要无目的地游动,以保存体力。

要设法发出声响(例如吹救生衣上配备的哨笛)和显示视觉信号(例如摇动色彩鲜艳的衣物),以便岸上或其他船只上的人们发现。

7. 轮船上发生火灾时的自救方法

客船发生火灾时,盲目地跟着已失去控制的人乱跑乱撞是不行的,一味等待他人救援也会贻误逃生时间,积极的办法是赶快自救或互救逃生。

当客船在航行时机舱着火,机舱人员可利用尾舱通向上甲板的出入孔逃生。船上工作人员应引导船上乘客向客船的前部、尾部和露天板疏散,必要时可利用救生绳、救生梯向水中或来救援的船只上逃生,也可穿上救生衣跳进水中逃生。如果火势蔓延,封住走道时,来不及逃生者可关闭房门,不让烟气、火焰侵入。情况紧急时,也可跳入水中。

当客船前部某一楼层着火,还未蔓延到机舱时,应采取紧急靠岸或自行搁浅措施,让船体处于相对稳定状态。被火围困人员应迅速往主甲板、露天甲板疏散,然后,借助救生器材向水中和来救援的船只上逃生。

当客船上某一客舱着火时,舱内人员在逃出后应随手将舱门关上,以防火势蔓延,并提醒相邻客舱内的旅客赶快疏散。若火势已窜出封住内走道时,相邻房间的旅客应关闭靠内走廊房门,从通向左右船舷的舱门逃生。

当船上大火将直通露天的梯道封锁致使着火层以上楼层的人员无法向下疏散时,被困人员可以疏散到顶层,然后向下施放绳缆,沿绳缆向下逃生。

最后,祈祷!

愿东方之星客船的乘客平安!

点评:随着从南京驶往重庆载有458人的客船在长江中游湖北监利水域沉没新闻的推出,如何在沉船上自救成了锋哥关注的问题。掌握沉船时的自救知识虽然较为冷门,关键时刻却能救命。

【美食】重庆小面标准出炉|教你做正宗重庆小面

扫码观看

由重庆市餐饮行业协会起草的重庆小面首个地方标准《重庆小面烹饪技术指南》已审批通过，并开始实施。标准规定了小面烹饪技术的术语和定义、原辅材料种类及要求、制作过程技术规范、成品感官要求、最佳食用温度与时间。标准强调了卫生与操作规范，从而进一步保证了重庆小面的质量，提升了餐饮企业和重庆小面行业的品质和形象，也有效地保护了消费者的利益和安全。

看看这碗"正宗"的重庆小面：

合不合你的胃口？

怎么做一碗重庆小面？

一、准备工作

主料：碱水面条。

标准要求：面条长度、宽窄、粗细均匀、质地柔韧、富有弹性、气味清香，本品固有的颜色。

辅料：蔬菜、高汤、水、食用猪油。

标准规定：重庆小面里的蔬菜可选用各类时令豌豆苗、空心菜、莴苣叶、卷心菜、大白菜、生菜等的嫩叶或嫩茎。

调料：酿造酱油、姜水、蒜水、红油辣子、味精、鸡精、食用植物油、熟芝麻、芝麻酱、花椒粉、酿造食醋、熟碎花生仁、榨菜粒、葱花。

二、具体步骤

（一）粗加工

1. 认真检查待加工原料，发现有腐败变质的原料不得进行加工。

2. 各类原辅料应先进行挑拣，剔除老、黄叶茎和不能食用部位。

3. 用流水清洗，去掉原料中残留的泥沙、虫卵和杂质。

4. 对不同原料、半成品、成品分类贮存，合理保管，防止二次污染。

（二）辅料

1. 制高汤：选用猪筒骨、杂骨，清洗后放入沸水锅内出水，捞起用温热水将血垢和浮沫洗净，锅中另掺清水放入筒骨、杂骨，用小火慢炖，至汤味香醇。

2. 炼制猪油：猪板油洗净后撕去皮，改成2厘米的块，用小火熬制，待猪油出油已尽，形态干缩时，打去油渣，把油汁盛入容器中备用。

（三）调味料

1. 炼红油：选用表皮光亮、色红肉厚的干辣椒，去蒂、去籽后放入铁锅内，加少许食用植物油翻炒炕熟，冷却后舂成碎末，装入容器内；食用植物油入锅内烧至160℃～190℃，然后将油舀入盛辣椒末的容器内，边舀入食用植物油边搅动辣椒末，达到色泽红亮，辣中带香的要求。辣椒末与食用植物油比例为1∶2.5～3.0。

2. 调制姜水：老姜洗净去皮，捣绒后用冷开水调匀；其与冷开水的比例均为1∶3～3.5。

3. 调制蒜水：大蒜去皮，捣成泥后用冷开水调匀；蒜泥与冷开水的比例均为1∶3～3.5。

4. 预制榨菜粒：榨菜经洗净，挤干水分，切成约0.3厘米的颗粒状。

5. 预制葱花：小葱或火葱经粗加工清洗干净后，沥干水分，切成长度为0.3～0.5厘米的葱颗备用。

6. 预制熟碎花生仁：花生仁洗净后沥干水分，投入到热植物油锅内炸至酥脆起锅，冷却后铡成颗粒状。

7. 预制熟芝麻：芝麻淘洗后沥干水分，放入铁锅内用小火炒香至熟。

8. 预制芝麻酱：将芝麻酱用芝麻油调散，呈浆状；芝麻酱与芝麻油的比例为1∶1.2～1.4。

9. 预制花椒粉：将干燥去籽花椒，粉碎成粉。

（四）调味

将酱油、榨菜粒、味精、鸡精、红油辣子、食用猪油、姜水、蒜水、熟碎花生仁、芝麻酱、花椒粉、葱花等调味料，按照干熘、宽汤、清汤、红汤等食用要求、味型要求、以及与主辅料用量相适宜的要求，按一定比例均匀地放入面碗内进行调配。

（五）煮面

1. 面条煮制：在煮面锅内掺入冷水，用大火将水烧至沸腾，投入面条，煮至面条翻滚浮于水面，再掺入适量冷水，待到再次沸腾、煮熟后，用漏瓢捞起，盛入事先已调好味的面碗内。

2. 蔬菜制备：在煮面的过程中，将洗净的蔬菜，投入到沸水锅内煮熟捞出盛入碗内。

一碗小面怎样才算好？

一看:汤色面条质地有要求

首先,从色泽上来看,重庆小面红汤的汤色要红亮、清汤的汤色则应呈乳白或浅黄。除此之外,面条要显微黄,绿色蔬菜显嫩绿,其他蔬菜则呈本色。面条的质地应达到柔软不断,蔬菜口感嫩脆。

二尝:麻辣味浓或咸鲜适口

再从口味上来说,红汤小面吃起来麻辣味浓,特色鲜明;清汤小面吃起来则咸鲜适口,鲜香宜人。

三品:不要超过两分钟再吃

标准推荐的重庆小面最佳食用温度是65℃ ~75℃;最佳食用时间是从面条煮熟后食用,不超过2分钟。相关负责人介绍:"这是通过反复制作、测试、品尝,最终得出的结论。"能够保证小面的各种调料在已煮熟的面的温度作用下,达到最佳的出味效果。

点评:小面是重庆最有名的食物之一,那么今天锋哥为大家准备了一份"小面是如何制成的"教案,敲黑板啦画重点啦!赶紧学起来回家做给爸妈吃吧。

6月1日开始实施的《网络安全法》,你get了吗?

扫码观看

6月1日,《中华人民共和国网络安全法》(以下简称《网络安全法》)正式施行。这是我国首部网络安全法,保护个人信息是其重要内容。

近年来,我国个人信息泄露事件频发,窃取个人隐私手段不断翻新,移动互联网以及物联网的快速发展又给网络安全带来新的隐患。

《网络安全法》相当于一部小型的"个人信息保护法"。法律规定,网络运营者不得收集与其提供服务无关的个人信息,不得违反法律、行政法规的规定和双方的约定收集、使用个人信息,并应当依照法律、行政法规的规定和与用户的约定,处理其保存的个人信息。个人发现网络运营者违反法律、行政法规的规定或者双方的约定收集、使用其个人信息的,有权要求网络运营者删除其个人信息;发现网络运营者收集、存储的其个人信息有错误的,有权要求网络运营者予以更正。网络运营者应当采取措施予以删除或者更正。

同时,依法负有网络安全监督管理职责的部门及其工作人员,必须对在履行职责中知悉的个人信息、隐私和商业秘密严格保密,不得泄露、出售或者非法向他人提供。

《网络安全法》解读

《网络安全法》是我国第一部全面规范网络空间安全管理方面问题的基础性法律,是我国网络空间法治建设的重要里程碑,是依法治网、化解网络风险的法律重器,是让互联网在法治轨道上健康运行的重要保障。

《网络安全法》将近年来一些成熟的好做法制度化,并为将来可能的制度创新做了原则性规定,为网络安全工作提供切实法律保障。本法在以下几个方面值得特别关注。

一、《网络安全法》确立了网络安全法的基本原则

(一)网络空间主权原则

《网络安全法》第1条"立法目的"开宗明义,明确规定要维护我国网络空间主权。网络空间主权是一国国家主权在网络空间中的自然延伸和表现。习近平总书记指出,《联合国宪章》确立的主权平等原则是当代国际关系的基本准则,覆盖国与国交往各个领域,其原则和精神也应该适用于网络空间。各国自主选择网络发展道路、网络管理模式、互联网公共政策和平等参与国际网络空间治理的权利应当得到尊重。第2条明确规定《网络安全法》适用于我国境内网络以及网络安全的监督管理。这是我国网络空间主权对内最高管辖权的具体体现。

(二)网络安全与信息化发展并重原则

习近平总书记指出,安全是发展的前提,发展是安全的保障,安全和发展要同步推进。网络安全和信息化是一体之两翼、驱动之双轮,必须统一谋划、统一部署、统一推进、统一实施。《网络安全法》第3条明确规定,国家坚持网络安全与信息化并重,遵循积极利用、科学发展、依法管理、确保安全的方针;既要推进网络基础设施建设,鼓励网络技术创新和应用,又要建立健全网络安全保障体系,提高网络安全保护能力,做到"双轮驱动、两翼齐飞"。

（三）共同治理原则

网络空间安全仅仅依靠政府是无法实现的，需要政府、企业、社会组织、技术社群和公民等网络利益相关者的共同参与。《网络安全法》坚持共同治理原则，要求采取措施鼓励全社会共同参与，政府部门、网络建设者、网络运营者、网络服务提供者、网络行业相关组织、高等院校、职业学校、社会公众等都应根据各自的角色参与网络安全治理工作。

二、《网络安全法》提出制定网络安全战略，明确网络空间治理目标，提高了我国网络安全政策的透明度

《网络安全法》第 4 条明确提出了我国网络安全战略的主要内容，即：明确保障网络安全的基本要求和主要目标，提出重点领域的网络安全政策、工作任务和措施。第 7 条明确规定，我国致力于“推动构建和平、安全、开放、合作的网络空间，建立多边、民主、透明的网络治理体系。”这是我国第一次通过国家法律的形式向世界宣示网络空间治理目标，明确表达了我国的网络空间治理诉求。上述规定提高了我国网络治理公共政策的透明度，与我国的网络大国地位相称，有利于提升我国对网络空间的国际话语权和规则制定权，促成网络空间国际规则的出台。

三、《网络安全法》进一步明确了政府各部门的职责权限，完善了网络安全监管体制

《网络安全法》将现行有效的网络安全监管体制法制化，明确了网信部门与其他相关网络监管部门的职责分工。第 8 条规定，国家网信部门负责统筹协调网络安全工作和相关监督管理工作，国务院电信主管部门、公安部门和其他有关机关依法在各自职责范围内负责网络安全保护和监督管理工作。这种“1 + X”的监管体制，符合当前互联网与现实社会全面融合的特点和我国监管需要。

四、《网络安全法》强化了网络运行安全，重点保护关键信息基础设施

《网络安全法》第三章用了近三分之一的篇幅规范网络运行安全，特别强调要保障关键信息基础设施的运行安全。关键信息基础设施是指那些一旦遭到破坏、丧失功能或者数据泄露，可能严重危害国家安全、国计民生、公共利益的系统和设施。网络运行安全是网络安全的重心，关键信息基础设施安全则是重中之重，与国家安全和社会公共利益息息相关。

为此,《网络安全法》强调在网络安全等级保护制度的基础上,对关键信息基础设施实行重点保护,明确关键信息基础设施的运营者负有更多的安全保护义务,并配以国家安全审查、重要数据强制本地存储等法律措施,确保关键信息基础设施的运行安全。

五、《网络安全法》完善了网络安全义务和责任,加大了违法惩处力度

《网络安全法》将原来散见于各种法规、规章中的规定上升到人大法律层面,对网络运营者等主体的法律义务和责任做了全面规定,包括守法义务,遵守社会公德、商业道德义务,诚实信用义务,网络安全保护义务,接受监督义务,承担社会责任等,并在“网络运行安全”“网络信息安全”“监测预警与应急处置”等章节中进一步明确、细化。在“法律责任”中则提高了违法行为的处罚标准,加大了处罚力度,有利于保障《网络安全法》的实施。

六、《网络安全法》将监测预警与应急处置措施制度化、法制化

《网络安全法》第五章将监测预警与应急处置工作制度化、法制化,明确国家建立网络安全监测预警和信息通报制度,建立网络安全风险评估和应急工作机制,制定网络安全事件应急预案并定期演练。

这为建立统一高效的网络安全风险报告机制、情报共享机制、研判处置机制提供了法律依据,为深化网络安全防护体系,实现全天候全方位感知网络安全态势提供了法律保障。

六大亮点

全国人大常委会法工委经济法室副主任杨合庆:网络安全法现在有 7 章 79 条,内容是十分丰富的,我在工作中归纳总结大概有六方面的突出亮点。

第一,网络安全法明确了网络空间主权的原则。

第二,明确了网络产品和服务提供者的安全义务。

第三,明确了网络运营者的安全义务。

第四,进一步完善了个人信息保护规则。

第五,建立了关键信息基础设施安全保护制度。

第六,确立了关键信息基础设施重要数据跨境传输的规则。

从这些内容可以看出,网络安全法有这样几方面的特点。

一是比较全面,具有全面性。网络安全法比较全面和系统地确立了各个主体包括国家有关主管部门、网络运营者、网络使用者在网络安全保护方面的义务和责任。另外,它确立了保障网络的设备设施安全、网络运行安全、网络数据安全,

以及网络信息安全等各方面的基本制度。它是我们网络安全领域里基础性的法律。

二是非常有针对性。网络安全法从我们国家的国情出发,坚持问题导向,总结实践经验,也借鉴了其他国家的一些做法,建立保障网络安全的各项制度,重在管用、重在解决实际问题。

三是具有协调性。网络安全法在立法过程中始终坚持安全与发展并重的原则,协调推进网络安全和发展。非常注重保护网络主体的合法权益,保障网络信息依法、有序、自由地流动,促进网络技术创新,最终实现以安全促发展,以发展来促安全这样一个目的。

怎么样?对《网络安全法》有更多的了解吗?我们在享受智能生活的同时还是不应忽视潜在的信息泄露风险哦!要学会用法律手段保护自己哦。

消防安全日|锋哥说:消防安全,人人有责

扫码观看

今天(11 月 9 日)是全国消防安全日,对于消防安全,同学们又了解多少呢?和锋哥一起来看看下面的高效安全防火知识吧,预防火灾,人人有责!

大学校园安全防火知识

(一)高校发生火灾的原因

1. 使用明火不慎,引起火灾。如违章点蜡烛、点蚊香、吸烟、使用液化气和焚烧垃圾等。

2. 电气火灾。如违章用电、使用电器不当。

3. 违反实验室操作规程。

(二)怎样预防火灾

防止火灾发生的关键,是做好火灾的预防工作。广大师生要认真贯彻消防法规,自觉遵守消防安全管理规定,预防火灾的发生。

1. 学生宿舍防火。在宿舍,学生应自觉遵守宿舍安全管理规定,做到不乱拉乱接电线;不使用电炉、电热杯、热得快、电饭煲等电器;使用台灯、充电器、电脑等电器要注意发热部位的散热;室内无人时,应关掉电器和电源开关;不在宿舍使用明火和焚烧物品。

2. 教室、实验室、教研室的防火。在实验室、教研室实习或工作时,一定要严格遵守各项安全管理规定、安全操作规程和有关制度。使用仪器设备前,应认真检查电源、管线、火源、辅助仪器设备等情况,使用完毕应认真进行清理,关闭电源、火源、气源、水源等,还应清除杂物和垃圾。尤其是使用易燃易爆危险品时,更要注意防火安全规定。

3. 体育馆、报告厅、舞厅、食堂的防火。要遵守消防安全制度,做到不携带易燃易爆品,如汽油、酒精等;不吸烟或随地丢弃烟头、火种,保持安全通道的畅通等。

4. 山林草坪防火。严禁到山林、草坪吸烟、玩火,一旦发现火苗要及时拨打火警电话。

(三)容易起火的方式

1. 电路着火:首先关闭电源开关,然后用干粉或气体灭火器、湿毛毯等将火扑灭,切不可直接用水扑救;电视机着火应从侧面扑救,以防显像管爆裂伤人;

2. 油锅火灾:可直接盖上锅盖,使火焰窒息熄灭,切勿用水浇;

3. 煤气、液化气灶着火:首先关闭进气阀门,然后用湿布、湿围裙或湿毛毯压住火苗,并迅速移开气瓶、油瓶等易燃易爆物。

4. 衣服、织物及小家具着火:迅速拿到室外或卫生间等处用水浇灭,切记不要在家中乱扑乱打,以免引燃其他可燃物。

5. 固定家具着火:先用水扑救,如火势得不到控制,则利用消火栓放水扑救,同时迅速移开家具旁的可燃物。

6. 汽油、煤油、酒精等易燃物着火:切勿用水浇,只能用灭火器、细沙、湿毛毯等扑救。

7. 身上衣物着火:可就地打滚压灭身上火苗,千万不要奔跑。

8. 电线冒火花:不可盲目接近,以防发生触电事故,应先关闭电源总开关或通知供电部门,断电后再进行扑救。

9. 密闭房间内着火:扑救房间内火灾时不要急于开启门窗,以防新鲜空气进入后加大火势。

(四)发生火灾时如何报警

发生火灾速打火警电话119向消防队报警。报警时要讲清起火单位名称、地址、着火部位、着火物质、火情大小、报警人的姓名及报警使用的电话号码,然后,派人在路口迎候消防车。

（五）火场逃生常识

1. 熟悉环境，临危不乱。每个人对自己工作、学习或居住所在的建筑物的结构及逃生路径平日就要了然于胸；而当身处陌生环境，如入住酒店、商场购物、进入娱乐场所时，为了自身安全，务必留心疏散通道、安全出口以及楼梯方位等，以便在关键时候能尽快逃离火场。

2. 保持镇静，明辨方向，迅速撤离。突遇火灾时，首先要强令自己保持镇静，千万不要盲目地服从人流和相互拥挤、乱冲乱撞。撤离时要注意朝明亮处或外面空旷地方跑，要尽量往楼层下面跑，若通道已被烟火封阻，则应背向烟火方向离开，通过阳台、窗台等通往室外的出口逃生。

3. 不入险地，不贪财物。在火场中，人的生命最重要，不要因害羞或顾及贵重物品，把宝贵的逃生时间浪费在穿衣服或寻找、搬运贵重物品上。已逃离火场的人，千万不要重返险地。

4. 简易防护，掩鼻匍匐。火场逃生时，经过充满烟雾的路线，可采用毛巾、口罩蒙住口鼻，匍匐撤离，以防止烟雾中毒、预防窒息。另外，也可以采取向头部、身上浇冷水或用湿毛巾、湿棉被、湿毯子等将头、身体裹好后，再冲出去。

5. 善用通道，莫入电梯。规范标准的建筑物，都会有两条以上的逃生楼梯、通道或安全出口。发生火灾时，要根据情况选择进入相对较为安全的楼梯、通道。除可利用楼梯外，还可利用建筑物的阳台、窗台、屋顶等攀到周围的安全地带；沿着下水管、避雷线等建筑上的凸出物，也可滑下楼脱险。千万要记住，高层楼着火时，不要乘普通电梯。

6. 避难场所，固守待援。假如用手摸房门已感到烫手，此时一旦开门，火焰与浓烟势必迎面扑来。此时，首先应关紧迎火的门窗，打开背火的门窗，用湿毛巾、湿布等塞住门缝，或用水浸湿棉被，蒙上门窗，然后不停用水淋透房间，防止烟火渗入，固守房间，等待救援人员达到。

7. 传送信号，寻求援助。被烟火围困时，尽量待在阳台、窗口等易于被人发现和能避免烟火近身的地方。在白天可向窗外晃动鲜艳的衣物等；在晚上，可用手电筒不停地在窗口闪动或敲击东西，及时发出有效求救信号。在被烟气窒息失去自救能力时，应努力滚到墙边或门边，既便于消防人员寻找、营救，也可防止房屋塌落时砸伤自己。

8. 火已及身，切勿惊跑。火场上如果发现身上着了火，惊跑和用手拍打只会形成风势，加速氧气补充，促旺火势。正确的做法是赶紧设法脱掉衣服或就地打滚，压灭火苗。能及时跳进水中或让人向身上浇水就更有效。

9. 缓降逃生，滑绳自救。高层、多层建筑发生火灾后，可迅速利用身边的绳索或床单、窗帘、衣服等自制简易救生绳，并用水打湿后，从窗台或阳台沿绳滑到下面的楼层或地面逃生。即使跳楼也要跳在消防队员准备好的救生气垫或4层以下才可考虑采取跳楼的方式，还要注意往有水池、软雨篷、草地等地方跳。如有可能，要尽量抱些棉被、沙发垫等松软物品或打开大雨伞跳下。跳楼虽可求生，但会对身体造成一定的伤害，所以要慎之又慎。

第九篇 09

精彩图片集

用镜头记录生活的点滴,书写光和影的故事。

《重大青年》精彩图片集板块,包括原创设计和摄影作品两个部分。原创设计以校徽等为设计原稿进行创作,并设计了代表重大前锋的锋哥形象。摄影作品包括人物写真、校园风光等多类,内容丰富。

工作感悟：拍照是大多数人每天的日常行为，一部手机随时记录眼中的世界。重大青年坚持不断强化美工设计，加大原创摄影作品的生产力度，同时还创作了大量的宣传海报和文化产品，包括重庆直辖20周年锋哥看重庆系列明信片等，如一缕缕清风注入网络空间。

锋哥——创作我们的形象代言

我是重大青年，大家都叫我锋哥，我牢记校训，会唱校歌，“复兴民族兮，誓做前锋”是我的口号。我一直很自豪我能成为西南一流学府重庆大学的学子，这里的每一个人都和我一样，明明可以靠脸吃饭，却偏偏要靠才华！热爱学习，热爱生活，朝气蓬勃，我的生活状态简单而积极！

锋哥形象设计图

其实我很忙的，有课的时候，我或是奔波在一教和DYC之间，甚至有时候我还会穿行在老校区和虎溪之间，脚步匆匆，我却不觉得疲劳，因为校园的每个角落都有着不一样的美等着我。

锋哥形象(图书馆场景)

老校区人文气息是最浓厚的,民国风的图书馆最能让我平静,一本好书,一手好字,没课时,安静的午后是惬意而充实的,幽雅的环境让我有一种怀旧的心情,却又同时兼有旧时代独有的满腔热血。

虎溪则让人感到浪漫又激情,比如银杏大道的秋色,缙云湖畔的休憩都是缓慢而浪漫的;体育场却是澎湃而激情的。每一步都踩出重大青年独有的节奏,新与旧的融合,潮流与经典的交汇,矛盾却不相悖,碰撞却不冲突,也就迸发了无数的灵性和灵感。

锋哥形象(运动场景)

缓则如溪水潺潺，急则如飞瀑急湍。其实我萌萌哒的外表下有一颗火热的心——“复兴民族兮，誓做前锋”。

锋哥形象（毕业季校园场景）

我是锋哥，重大青年是我，也是每一个重大学子。如果你想知道与重大青年有关的一切，关注我——“重大青年”微信公众号，与你分享。

点评：为了更好地开展网络文化宣传，重庆大学前锋网络文化工作室创作了形象代言人——锋哥，经过积极宣传打造，锋哥的形象已经深入人心，被大家所接纳。锋哥被成功塑造成了正能量的化身，依托动漫创作，结合重大事件和时间点还创作了丰富多彩的不同版本的锋哥，增强了趣味性和吸引力。

毕业丨重大学子航拍毕业照	扫码观看

小学妹：“又到一年毕业季，经常看到师兄师姐们在拍毕业照呢。”

小编：“妹子，现在拍毕业照也不是件容易的事呢，看看我们学校电气学院的毕业照,居然动用了航拍,看起来真是创意非凡、爱意满满呢!”

小学妹:“真的吗!快让我看看!”

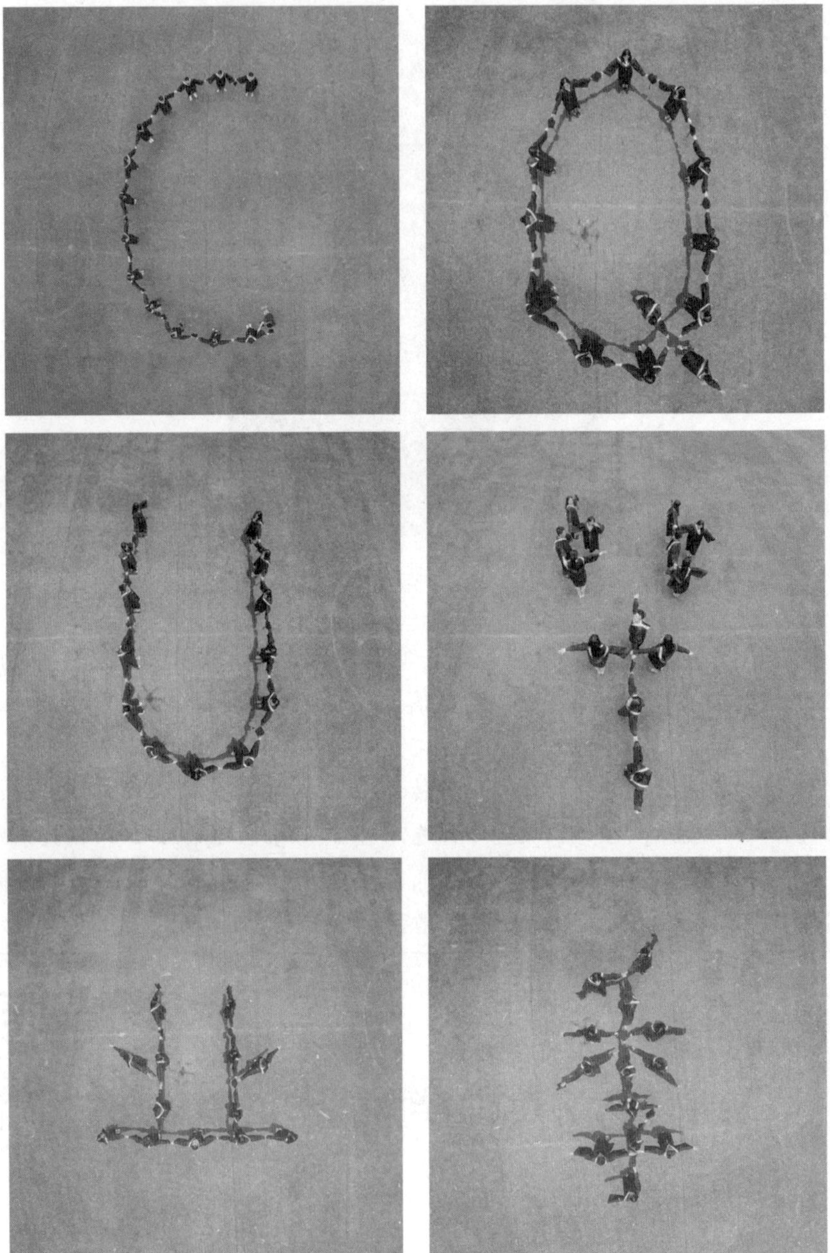

学生人体拼出“CQU 毕业季”

小学妹:"CQU 毕业季"! 真的好特别啊!
小编:除此之外,还有太极图案呢!

网友点评:
@主义:换一个角度看看我最爱的你。
@豆子:学长学姐们的毕业照好漂亮! 我们毕业的时候也要拍!!
@a:毕业快乐,重大四年是我生命里最值得纪念的时光之一,母校万岁。

点评:毕业时分总是淡淡的伤感,而重大青年的小编们用一组创意毕业照,给毕业生们留下美好的青春回忆。

图集|重大女神,不爱红装爱武装	扫码观看

谁说军旅只是男性的领域? 在秀色怡人的重庆大学,永远不缺少那一抹亮丽的武装。各路颜值爆表的重大女神们纷纷出镜,前方高萌哦!

军训期间的女生造型

不爱红装爱武装

军训期间的女生造型

艺术学院女生大秀基本功

军训期间的女生造型

享受军训期间的片刻休息

军训期间的女生摄影作品

暖心的笑容

军训期间的女生摄影作品

鼓点暗藏玉笛声，
兰桂沁心醉山城。
溽暑盛夏无所畏，
秋意渐浓迎风中。

军训期间的女生造型

军训期间的女生摄影作品

军训期间的女生摄影作品

军训期间的女生摄影作品

军训期间的女生摄影作品

军训期间的女生摄影作品

军训期间的女生摄影作品

军训期间的女生摄影作品

清水芙蓉出山城，
玉笛善和巴人声。
军营牡丹多繁盛，
安得绿意半日森。

网友点评:

@主义:小姐姐们好漂亮。又想起自己一年前军训的时光,痛并快乐着。

@a:重大女神,不爱红装爱武装,可以说是非常厉害了!

@....:一个个绿色的身影在草地上旋转跳跃,翩翩起舞,是军训中最美丽的风景。

点评:军训是大学生们入学第一课,对于重庆大学的学生来说,每年在烈日和炎热下进行的军训对新生们是极其艰苦的考验。然而,组织拍摄的军训“美图”让大家觉得军训的美丽和舒适,原来军训也可以给大家带来很多美丽的风景,一组图振奋大家军训的士气。

团徽乘着核心价值观的春风来卖萌啦!

扫码观看

小伙伴们还记得高中课本里学的社会主义核心价值观吗?这次小编特意为大家找来了萌萌哒图片来帮助大家理解社会主义核心价值观的24字基本内容:倡导富强、民主、文明、和谐,倡导自由、平等、公正、法治,倡导爱国、敬业、诚信、友善。大家快来看看吧!

学生设计的“富强”宣传画

富强

富强即国富民强，是社会主义现代化国家经济建设的应然状态，是中华民族梦寐以求的美好夙愿，也是国家繁荣昌盛、人民幸福安康的物质基础。

学生设计的“民主”宣传画

民主

民主是人类社会的美好诉求。我们追求的民主是人民民主，其实质和核心是人民当家作主。它是社会主义的生命，也是创造人民美好幸福生活的政治保障。

学生设计的“文明”宣传画

文明

文明是社会进步的重要标志，也是社会主义现代化国家的重要特征。它是社会主义现代化国家文化建设的应有状态，是对面向现代化、面向世界、面向未来的民族的科学的大众的社会主义文化的概括，是实现中华民族伟大复兴的重要支撑。

学生设计的“和谐”宣传画

和谐

和谐是中国传统文化的基本理念，集中体现了学有所教、劳有所得、病有所医、老有所养、住有所居的生动局面。

学生设计的“自由”宣传画

自由

自由是指人的意志自由、存在和发展的自由，是人类社会的美好向往，也是马克思主义追求的社会价值目标。

学生设计的“平等”宣传画

平等

平等指的是公民在法律面前一律平等，其价值取向是不断实现实质平等。它要求尊重和保障人权，人人依法享有平等参与、平等发展的权利。

学生设计的“公正”宣传画

公正

公正即社会公平和正义，它以人的解放、人的自由平等权利的获得为前提，是国家、社会自然的根本价值理念。

学生设计的“法治”宣传画

法治

法治是治国理政的基本方式,依法治国是社会主义民主政治的基本要求。它通过法制建设来维护和保障公民的根本利益,是实现自由平等、公平正义的制度保障。

学生设计的“爱国”宣传画

爱国

爱国是基于个人对自己祖国依赖关系的深厚情感,也是调节个人与祖国关系的行为准则。它同社会主义紧密结合在一起,要求人们以振兴中华为己任,促进民族团结、维护祖国统一、自觉报效祖国。

学生设计的“敬业”宣传画

敬业

敬业是对公民职业行为准则的价值评价，要求公民忠于职守，克己奉公，服务人民，服务社会，充分体现了社会主义职业精神。

学生设计的“诚信”宣传画

诚信

诚信即诚实守信，是人类社会千百年传承下来的道德传统，也是社会主义道德建设的重点内容，它强调诚实劳动、信守承诺、诚恳待人。

学生设计的“友善”宣传画

友善

友善强调公民之间应互相尊重、互相关心、互相帮助，和睦友好，努力形成社会主义的新型人际关系。

点评：学习践行社会主义核心价值观，重大青年的小编制作贴近青年的图片来帮助大家理解社会主义核心价值观的24字基本内容。这些原创图片不仅贴近生活，更是生动形象地将社会主义核心价值观的基本内容展现了出来。

【首发】手绘长征，锋哥明信片带你回味二万五千里征程

文字：林佳妮　孙祺玮　赵晨翔

扫码观看

今日（2016年10月21日）正值纪念红军长征胜利80周年纪念日，重庆大学前锋网络文化工作室推出一套纪念明信片，锋哥我也上镜啦！想知道这套明信片都是关于长征哪些内容吗？快跟随锋哥一睹明信片真容吧！

七律长征

“风卷红旗过大关”

“雄关漫道真如铁”

“风卷红旗过大关”学生设计的长征系列动漫明信片

“雄关漫道真如铁”学生设计的长征系列动漫明信片

“红军不怕远征难”学生设计的长征系列动漫明信片

“今日长缨在手，何时缚住苍龙”学生设计的长征系列动漫明信片

“踏遍青山人未老，风景这边独好”学生设计的长征系列动漫明信片

“大时代担重大使命，新长征做青年前锋”学生设计的长征系列动漫明信片封面

创作背景

为隆重纪念中国工农红军长征胜利 80 周年，传承长征精神，凝聚民族力量，重庆大学前锋网络工作室特设计了一套富有纪念意义的明信片，希望以此来激发广大青年学生的民族自豪感和责任感，更希望通过这些明信片来带领大家重温那段历史。

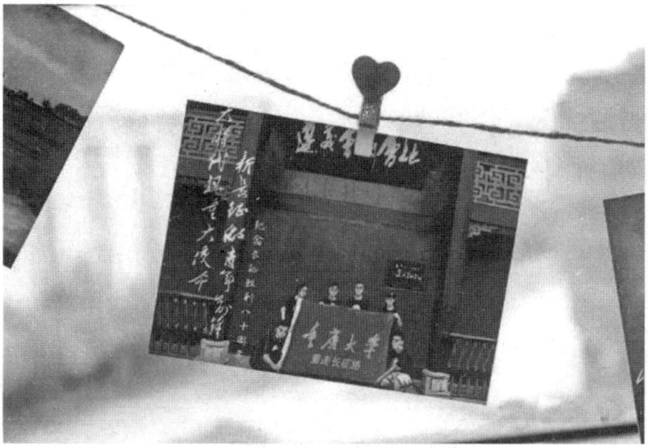

团队成员漫画形象明信片展示

创作目的

明信片中一部分取材于前锋工作室的成员暑假期间“重走长征路”的调研活动,另一部分则是将“锋哥”形象与历史场景相融合,旨在让锋哥带领大家重温长征历史,更有现代高科技军事设施的展示,彰显出当代青年继往开来的精神风貌。

用锋哥与红军战士的形象结合,展现了长征中经过的雪山、草地等场景,展现了红军战士在长征过程中的行军、修整、战斗的场景。代表新时代青年的锋哥与传统革命先烈的形象结合,是新时代青年学习长征精神、弘扬长征精神的象征。

长征系列漫画明信片展示

创作心得

整套明信片以长征为主题,将“重大青年”的锋哥形象融入了长征“爬雪山,过草地”等场景中,每张都配有毛主席诗词中的经典选句让我们仿佛置身于那个年代，重温了那段峥嵘岁月。明信片中有两张为现代军事场景，彰显这80年来在长征精神的影响下一代又一代人前赴后继不断奋进，使得长征精神薪火相传。最后一张是2016年暑假前锋工作室的同学们参与“重走长征路”社会实践活动时的合影。重大青年做前锋，身为当代大学生，我们或许无法真正体验长征的艰辛，但我们有责任延续长征精神，将其在新世纪发扬光大。

共青团重庆大学委员会官方微博发布

点评：2016年10月22日是红军长征胜利80周年纪念日，当年暑假前锋工作室的同学们参与了“重走长征路”社会实践活动，并创作了纪念长征胜利80周年主题明信片套图，整套明信片以长征为主题，将“重大青年”的锋哥形象融入了长征“爬雪山，过草地”等场景中，每张都配有毛主席诗词中的经典选句让我们仿佛置身于那个年代，重温了那段峥嵘岁月。

重庆大学校徽表情包，萌萌哒

文字：贾子初　周炜然　王子路

图片：董相宜

扫码观看

学生设计的校徽表情图

鲜衣怒马在重大，人不风流枉少年。从诗词歌赋到人生哲学，从画法几何到机器代码，小伙伴们盼星星盼月亮，历尽考试锤炼，终于愉快地扑进了寒假的怀抱。来，让我们愉快地带上类似皇家土木的高冷范儿，来回顾一下这个学期吧！

学生设计的校徽表情图

重庆的太阳简直不容小觑，哥戴墨镜的样子有没有很酷呢？抬头看天空蔚蓝无际，阳光洒在刚刚入学的新生身上，闪耀着金色的光芒，只觉得到处都闪眼，屋顶上、墙壁上、地上，白亮亮一片，重庆大学的一切都在焕发着朝气！

学生设计的校徽表情图

To be, or not to be, that is the question——晒黑,还是晒不黑,从来都不是问题!九月军训火辣辣,浑身汗水随便擦,晒得一身黑油亮,回家妈妈不认啦!

学生设计的校徽表情图

热气开始在食堂上空蒸腾,食堂的叔叔阿姨们又在做香喷喷的饭菜了。哇哦,我们食堂的饭菜真是品种繁多呢,什么干锅虾、水煮鱼、糖醋里脊等。真是看得我眼花缭乱呀,食堂的饭菜如此丰盛,忍不住流口水了,等我,我来啦。

学生设计的校徽表情图

深秋时节,银杏大道名不虚传,散落满地的银杏叶,仿若进入了一个梦幻般的世界。湖水缓缓荡开波澜,美丽的天鹅自在畅游,拂岸的垂柳,轻轻地被风撩拨着发丝,一切都美得那么妙不可言……那是……My god!美……美女!鼻血要出来了有没有!

学生设计的校徽表情图

上着上着课黑板坏了？嗯哼，有高春林老师在怕什么？57 岁？又怎样，教《工程机械》的修个黑板还不是小 case？你，对，就是你，过来帮高老师把椅子扶一下嘛。

学生设计的校徽表情图

哇，美女。喂，能不对着你们马兰坡坡花惊讶了不？看美女，来重大！中国大学校花排行榜，重大校花强中强。不信来看，第一不是吹出来的，是长出来的。

学生设计的校徽表情图

转眼就到考试周，待在图书馆的时间飞速飙升，熬夜熬出黑眼圈，目标就是超过第一名那个学霸！不过用功多，收获少，还是有点难为情……是不是该调整一下方法呢？

学生设计的校徽表情图

97 分。终于出了一门考试成绩，不过还好，我平时就一直好好学习，在图书馆和课堂中洒下的汗水终究获得了收获，嗯，果然学习是平时就应该努力的啊。

学生设计的校徽表情图

好好吃,好好睡,好好玩的寒假就来了,可是好多科成绩都没出,好担心,每日一刷教务网的节奏……有的课平时分也不高,难道要挂在高数上了?谁有老师电话啊,老师老师,快救救我,我下学期一定好好学习……

网友点评:

@主义:超可爱的表情包,拿来做头像也不错啊哈哈哈。

@君成同学:这个表情包不错哦,好玩,可以在QQ群、微信群里发一下。

@cookie:重大青年很有创意啊,很不错的表情包,希望以后有更多此类的精彩创作。

点评:前锋工作室的小编们用重庆大学校徽为载体,以校徽表情包的方式表达自己对校园生活的心情动态。

【图集】重大人的街拍时刻

文字:邓毅　李妍

图片:李妍

扫码观看

不知不觉,

重庆进入了漫长的冬日雨季。

街上行人匆匆,步履忙忙。

抛开厚重臃肿的羽绒服,

让我们拥抱一份新意。

自由不受限制与阻碍。有人将标新立异的穿着定义为偏离,偏离生活的色彩,偏离大众的图腾。然而,偏离是一种自由。拒绝大众化的审美,拒绝火爆与平庸。

学生街拍照片(新闻学院刘畅)

学生街拍照片(新闻学院连心瑀)

学生街拍照片(新闻学院韦姮)

学生街拍照片(新闻学院李妍)

学生街拍照片(生命科学学院张晋豪)

学生街拍照片(艺术学院张露月)

学生街拍照片(艺术学院陈鹏)

情怀

复古是一种情怀。80 年代的老电影,胶片里的颗粒质感,电瓶车当当的响声,咖啡厅弥漫的浓郁,不及恰到好处的几分装点。

学生街拍照片(艺术学院李博琼)

学生街拍照片（艺术学院陈雪）

学生街拍照片（艺术学院白芸）

学生街拍照片(艺术学院吴燕楚)

学生街拍照片(艺术学院马晓斐)

学生街拍照片(艺术学院王越)

学生街拍照片(艺术学院沈靖然)

学生街拍照片(艺术学院刘文洁)

态度

精致与细致。生活不只是诗与远方,还有浪漫和汤。对于生活的感念与器物的感情,抛开堆砌,还原最舒服的一个自己。

学生街拍照片(新闻学院邱迪)

学生街拍照片(公管学院王檬)

学生街拍照片(经管学院梁芮源)

学生街拍照片(艺术学院冯晨)

学生街拍照片(通信学院安亦乾)

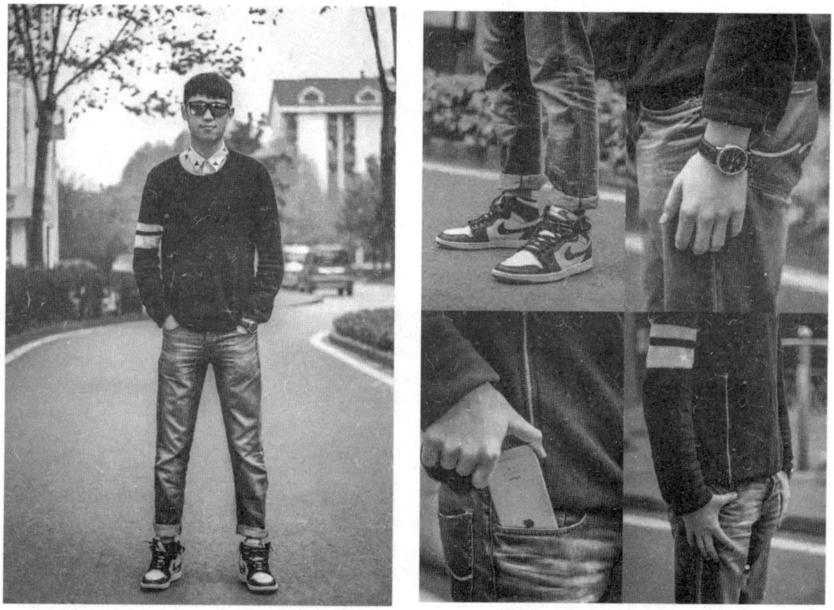

学生街拍照片(新闻学院郭奥)

格调

特有的温柔与情才,随意撩拨,经意回眸。匆忙仍然从容,平淡的日子里流露惊喜。生活宜慢宜淡然。

学生街拍照片(艺术学院孙雅培)

学生街拍照片(艺术学院邬奕欣)

学生街拍照片(艺术学院曾煌容)

学生街拍照片(艺术学院王蓓薇)

学生街拍照片(艺术学院袁雪)

网友点评：

@番茄小丸子：我重大女神赶紧又搞起来，颜值太高了。

@Huang YH：不错，大新闻的杠杠的，单反给力。

@wuhao：锋哥送福利了，颜值爆表啊。

@Frigidité：秋冬季节穿衣以深色系为主，想搭配出时尚感还是很考验个人品位的，我校的同学们穿衣都很有水平啊。

@喵喵喵：身边有美女帅哥的朋友们，举起你们的双手来！

@兮汀：文字、摄影真棒，重大的学生很时尚啊！

@Rosylean：我要回我大重庆，坐轻轨到解放碑打望。

点评：冬天拍摄的一组街拍，表达了重大青年的摄影师们对于时尚的理解，校园服饰怎么搭配才更能彰显青春的活力与个性，他们在一组街拍照片中表达自己的想法。

【图集】A4 腰|重大之美　别样发现

文字：程雅妮　尹晨阳　邹雨昕　顾婧　闫悦沛

图片：朱婧　刘益含　孙祺玮

扫码观看

听说，继反手摸肚脐、锁骨放硬币之后，“A4 腰”一夜爆红，成为衡量美女的终极标准。今天锋哥就带你一起看看春日重大校园里别样的“A4 腰”！

重庆大学虎溪校区校内主干道

主干道,沿街法桐无一不秀着一排齐整的A4腰,总引得平日里过路的行人不禁纷纷侧目,或驻足凝望,心生艳羡;或匆匆掠过,欣然自得。.

重庆大学虎溪校区新闻学院一角

每一个入口两侧明黄色的廊柱支撑起延绵的学院楼群,是莘莘重大学子遨游专业知识的象牙塔,探索人生哲理的圣地,心之所向,亦是神之所往。

重庆大学虎溪校区综合楼

综合楼的砖墙不规则立柱总是在不经意间流露出几许古朴典雅之气,站在廊檐下,目光穿梭于明暗相间的光影交错之中,一步一景,移步换景,是迂回曲折后的豁然开朗,亦是回环往复中的别有洞天。

重庆大学虎溪校区周恩来雕像

肃穆庄重的周恩来半身像伫立于综合楼一角,四周植被繁盛更衬其威严,虽神情凝重亦不失平易近人。立于像前举目瞻仰,脑中映出毕生铭记的重大校训:"耐劳苦,尚俭朴;勤学业,爱国家",只愿与诸君共勉。

重庆大学虎溪校区综合楼水塘

颇具几分观赏性的鱼塘在断层空间之中自成一体,鱼池、环池石凳与贯穿其中的长木板桥共同构成独具一格的开放平台。于桥上环顾四周之景,水下红鲤怡然自适,水边绿植随风轻拂,足下木板嘎吱作响,独享不可多得的一份惬意。

重庆大学虎溪校区第一教学楼

阶梯盘旋直上云霄,通向迷宫般的一教楼。昨日教授的高谈阔论,考场中学子们的奋笔疾书,各色宣讲会面试纳新经验交流分享,发生在这里的故事仿佛都历历在目。暮色四合,玻璃幕墙上透射出夕阳西下的几缕光晕,为清冷的一教披上一层暖意。

重庆大学虎溪校区图书馆远景

咦，这大树的腰怎么比 A4 还细，弯曲还略微带点弧度，莫非这就是传说中的标准水蛇腰？我低头默默看自己的 A3 腰，不说了，让我哭一会儿。

重庆大学虎溪校区马寅初雕像

锋哥：那歪脖子树欺负我，长得高，身材好，整天蹲在图书馆门口当学霸，关键是头大挡太阳，到了夏天妹子都爱从他身边走。

马寅初：他是个驼背，哪里身材好？

他是 A4 腰啊，刚刚立春，他就迫不及待地开始秀腰了，呜呜……

老夫我给你看个东西啊。

只要角度好，天天都是 A4 腰。

（锋哥破涕为笑）

重庆大学虎溪校区云湖风景

春光笼罩着湖面，湖面倒影着蓝天。蓝天轻垂着薄纱，薄纱轻抚着灰阁。云湖畔，嫩柳边，爱神悄悄送平安。轻轻舒展着画卷，默默谱写着诗篇。

重庆大学虎溪校区缙湖湖畔雕塑

每次锋哥看到第二实验楼前这对社会主义小情侣，总是忍不住驻足，呼吸一下只属于一个人的空气，再看看不远处芳草遍地的情人坡，顺便期待你们美丽可爱又善解人意的锋嫂（咳，请注意发音）到来跟我一起走向现代化，共筑中国梦。

艺术楼前，透窗见天。艺术楼配上 A4 腰真是相得益彰。一个个舞动的柔软腰肢,一阵阵轻柔传出的音乐,整栋楼散发着与实验楼截然不同的艺术气息。

重庆大学虎溪校区综合楼花坛

“CQU”大字前,花团锦簇。古朴墙面,婆娑树影。你说我没有 A4 腰?我可比对面的第一教学楼腰更细!拥有比第一教学楼更加紧凑简洁的建筑结构的综合楼,与“CQU”相伴相随,遗世而独立。

湖畔的的重庆大学图书馆

好像比 A4 腰宽了这么一点。不过这是有原因的!身为图书馆,我有那么多丰富的知识,身材丰满一点也不为过哈!同学们在追求 A4 腰的时候可别忘了丰富自己的头脑哟。

重庆大学虎溪校区智慧树

楼上图书馆君的话不完全对哦！我是大名鼎鼎的智慧树，但我可是标准的A4腰！所以同学们放心读书，有智慧也可以有好身材！

重庆大学虎溪校区智慧树

火树银花不夜天，不如智慧树一片叶。综合楼前的一棵棵"智慧树"是十字路口区别综合楼与第一教学楼的标志。"若我不是A4腰，那无人与我争窈窕。"象征着智慧的金色小树，在综合楼前扬起高傲的头。

鲜花簇拥中的重庆大学图书馆

最美的不是下雨天，是虎溪的春天。随着气温的回升，虎溪也因为鲜花的装点更美了呢！锋哥期待与A4的你在花丛中相遇！

重庆大学虎溪校区艺术楼高空走廊

A4腰对于艺术楼无压力，毕竟我常常随同学们美妙的歌声和动感的舞蹈摇摆摇摆！一年之计在于春，追求 A4 腰的同学学习之余要多运动哦。

重庆大学虎溪校区艺术楼假山

“我不是一座普通的假山，我可是拥有传说中的 A4 腰的假山哦！”教学楼旁，假山矗立。山水园林成画，朗朗书声化诗。漫步虎溪，精雕细琢与无心插柳相伴，转头间不经意处假山忽现。

重庆大学虎溪校区第二实验楼

思维碰撞产火花，固液相遇偶得烟。理科学术氛围浓厚的第二实验楼，也欲在这“万花丛中”争得一抹艳。“我有 A4 腰，容万般方程，纳百种试剂。纤细不是我的目的,我更希望拥有更宽广的胸怀,让重大儿女创精彩。”

从第一教学楼远眺图书馆

古有兰亭之茂林修竹,今有虎溪之绿树成荫。虎溪图书馆畔,草木蓊蓊郁郁,配上红砖碧瓦正相宜。作为虎溪校区标志性建筑的图书馆,无论是身在校内还是校外,都能用它醒目的“重庆大学”四个大字为你指引前进的方向。别看它 A4 蛮腰细,不想千万图书腰中藏。

重庆大学虎溪校区艺术楼

艺术楼的构造从来没有摸清楚过，权且当走迷宫了。外观上还真是又红又“砖”啊，难怪有那么标准的 A4 腰。

重庆大学虎溪校区老校门

有没有发现 A4 纸上的图案和东大门很像！自从军训拉练过后，你来过东门几次呢？上了年纪的柱也很寂寞啊，虽然上窄下宽，身材走样了点，但吸吸气，找个好角度，加把劲还是算得上 A4 腰的。

重庆大学虎溪校区第一教学楼

人来人往的一教，迷宫一样的格局。刚来虎溪，从二楼走上楼梯结果还是二楼,走下楼梯发现也还是在二楼的时候仿佛看到了奇迹。放学时为了哪怕一分钟早到食堂,大家多少都练就了竞走的本领。闲下来时在一教逛逛,还是十分有探索乐趣的！这不,一个 A4 腰又被发现啦！

重庆大学虎溪校区第一教学楼远眺图书馆

课间十分钟,你会不会靠在一教南侧的栏杆上享受植物园旺盛的绿意,会不会随着缙湖上的黑天鹅游弋自己的目光,会不会看着古朴而雄伟的图书馆,对着它的 A4 腰想来一场和学习的约会——虽然方方正正了点,但我也是 A4 腰啊！

网友点评:

@番茄小丸子:决定带学姐夫秀一波 A4 腰。

@^O^MDZZZZZ:哈哈哈哈,重大一波儿 A4 腰,果真是山好水好吃的好,花美草美啥都美,这种灵地,得多待几年(我可不要挂课或者重读啊)。

@wuhao:拿纸片妹妹的手势好多样化,也是一景啊。

@搞统计:拍的好棒！特别是艺术楼天桥那张！特别有感觉！

点评:网络上忽然火爆的秀 A4 腰,重大青年的小编也发现了校园风景中四处可见的“A4 腰”,看来重大在小编们的眼里,是身材窈窕的淑女呢！

【图集】原来你是这样的重庆地铁站

文字:郝文慧

图片:刘依雯

扫码观看

1. 海洋风情——烈士墓

海洋风情

你印象中的地铁站是什么样子的？是人山人海拥挤不堪的超级豪华套餐组合？事实上……

重庆的地铁站自带香浓海洋风情,抽象化的海洋生物,蓝白相间的亮眼油彩,仿佛让人置身海边,耳边盘旋着海鸥的鸣叫,海风挟裹着咸腥的潮气扑面而来……

烈士墓地铁站内景

烈士墓地铁站内景彩绘海鸥

烈士墓地铁站内景

2. 森林迷彩——小龙坎

森林迷彩

小龙坎地铁站内景

如果不喜欢，还有森林和迷彩风格供你挑选。清新自然的颜色搭配，消除了人潮拥挤的烦躁焦灼，时尚简约的设计让昏暗的长廊立马高大上起来。

小龙坎地铁站顶棚彩绘

3. 后现代涂鸦——烈士墓

烈士墓地铁站墙体彩绘

后现代涂鸦

然而不想当画廊的轻轨站不是好轻轨站，走进站台，乘上电梯，目光所至尽是后现代主义的配色和涂鸦，大面积不规则拼凑的色块，奶油般的质感和墙上艺术气息满满的城市群像……

坐下休息，不仅放松身心还能陶冶艺术情操，这个低配版的美术馆我给满分！

4. 都市简约——牛角沱

都市简约

牛角沱地铁站台阶彩绘

川流不息的牛角沱地铁站进站口

空无一人的大厅又是另一种气质,地板干净明亮光可鉴人,灯光和石柱的倒影自成摄影师镜头下的绝妙构图,行走其中,对称的世界模糊了真实与虚幻的界限。

走出站台,透明的玻璃包裹着熙攘的人流,时间按下快进键,人们在背后甩下飘逸的影子,你或许会思考:噫,原来你是这样的地铁站!

网友点评:

@夏目色:看到封面就进来了!

@wuhao:摄影的宝宝干得漂亮。

@搞统计:好帅! 烈士墓那个我印象很深刻!

@主义:美哉我大重庆轻轨站!

点评:各地的地铁都有自己的特色,而重庆的地铁是这样的,无论是蔚蓝的大海,迷彩的森林,后现代涂鸦还是都市简约的线条,都是重庆这个城市的文化个性。

【图集】田琦：用镜头记录重庆最美火烧云

图片：田琦

扫码观看

重庆
一座举世闻名的历史文化名城，
这里是巴渝文化的发祥地，
有文字记载的历史已达3000多年。

等待晚霞的人们

现在，重庆瞄准“一带一路”“长江经济带”战略支点地位，着力建设内陆开发高地。几十年前，人们很难想象，重庆这样一个深居西部内陆的城市，可以从开发的后方一跃成为开放的前沿。数据显示，重庆已经连续四年引进外资超过100亿美元，世界500强中247家入驻重庆。进出口贸易更是翻了10倍，由六年前的60多亿美元增长到955亿美元，已近1000亿美元。

用快门纪录晚霞的摄影爱好者

重庆,正在向世界展示她具有的悠久历史沉淀,又紧紧抓住发展机遇彰显着勇往直前的魅力。这座城市正在发生改变,并变得更加美丽。

重庆的风花雨雪被生活在这座城市的人们所记录。田琦是重庆大学建筑城规学院的老师,此外他的标签还有建筑师、人文地理摄影师、天涯旅游特邀版主等,他坚持用手中的镜头记录身边的故事和这座城市的变迁。他说"每一个在火烧云下不曾拍照的日子,都是对生命的辜负",一起来看看他的2016年7月15日拍摄的据说20年一遇的壮丽火烧云。(欣赏更多的摄影作品可以关注田老师新浪微博:@风过的午后1117)

美丽晚霞下的山城重庆

美丽晚霞下的山城重庆

千厮门大桥远景

美丽晚霞下的山城重庆

晚霞下的两江交汇

晚霞下的摩天大楼

火烧云下的重庆天际线

晚霞下的渝中半岛

长江沿岸高楼

渝中半岛夜景

点评：重庆难得的阳光，日落时分的火烧云成为大众围观的一道风景，短暂而惊艳！

【图集】虎溪之秋

文字：胡芸熙 孟显欣 索书涵 余睿 王正源

图片：孟自蹊 刘益含 孙祺玮 蒋铭心 朱婧 王刘畅 杜康迪 李妍

扫码观看

雨侵坏瓮新苔绿，秋入横林数叶红。在这正处金秋时节的 11 月，虎溪校区的秋景又会带给我们怎样的天高云淡，怎样的枫林浸染呢？快跟锋哥一起来看看吧。

重庆大学虎溪校区银杏大道

清晨袭来的秋风，寒了几枝绿叶，老了几树梧桐，秋意深浓。撒满落叶的小路尽头，晨雾沾湿长椅，余晖点染碧空。半眼流金，半眼叠翠，一路秋凉，一路霜重。

重庆大学虎溪校区后山植被

逆着光的方向寻找，柔软的晨光洒落草丛、树木，阳光的暖黄色渲染了深秋的烂漫，空气里弥漫着泥土的芬芳。新到来的每一天都如同那离树木而去的落叶，欣喜地抛开烦恼；亦如同那依旧泛绿的树叶，一样的充满希望。

透过银杏树叶发现山城美景

漫步在秋天的校园里，偶遇微风吹过时飞舞旋转着落下的金黄色的银杏树叶。你雀跃着将它从地上拾起，身边的一切美得让你忘却了身边的匆忙。深秋时节，依旧奔波的你不妨短暂驻足，用心感受这秋日风光。

松树下的秋意

在这个意味着凋零和丰收的秋天,万木丛中有着独特的"一点红",它仿佛是在用自己积攒了一年、到秋天终于变红的力量欢送着在这个季节离开的落叶、花朵,又似乎是在用它独有的火红热情欢呼着又一年丰收将至。

云湖天鹅在水中嬉戏

秋日里少有的阳光穿透云层洒落在平静的湖面上,一阵微风荡起水面的一丝涟漪,此刻缓缓游行在湖面的白天鹅似乎是不忍破坏这气氛,安然享受着秋日的静谧,又或许其间的悠然自得正应了这深秋的光景。

金黄色的银杏树

仰视着枫树，红叶轻盈，点缀在枝头间。背后白云蓝天，光线清晰而明朗。在这样的景色里，整颗心变得更干净，也更宁静。一叶一春秋，明年的这个时候，红叶也会恣意地生长，却也不是今年的模样。它们努力地翘首，等待属于自己的落幕。

银杏树下读书

晴朗的午后，去到缙湖边，在早已偷偷换了颜色的树下，拿出书本，在这秋日的美好景色中学习，静静地思考。或静立在树下，或倚着湖边的护栏，秋日的暖阳洒在脸上，不觉沉浸在这种惬意里。面对缙湖的美景，翻阅着书籍。累了，抬起头，缙湖秋日的美景便尽收眼底，这或许能带来意想不到的灵感。

重庆大学虎溪校区图书馆

光线从侧面打在欧美暖褐色的墙壁上,图书馆门前整齐地摆放着众多的自行车。在光影变换的玻璃窗后藏着很多图书,藏着很多故事,藏着很多幻想,很多的梦。这些东西安静地窝在图书馆里,在这祥和的午后时光中,等待着未知者的造访。

重庆大学虎溪校区缙湖天鹅小家

透过树枝,一个典型的欧式白色小木屋呈现在眼前。湖水清澈,映出天空的蔚蓝,湖面蔚蓝,写实般再现木屋的小巧。它白身红顶,可爱得像是童话中的场景。屋里黑乎乎的,什么也看不见,但是谁又知道里面藏着什么样的秘密呢?

重庆大学虎溪校区缙湖黑天鹅

在宁静的湖边绽放着两个优美的生物，两只优雅而低调的黑天鹅。它们羽毛呈现微紫色，漾出华贵的倒影，与鲜红的喙相得益彰。一只温柔地轻啄背部的羽毛，另一只伸过脖颈触碰岸边。它们宁静地活动着，只留下微微的涟漪。而岸边的青草知道，身边有两只温柔的伙伴与它们一同享受自然。

重庆大学虎溪校区情人坡大树

在朦胧亮丽的光影里，黄绿色的草坪上站着一棵树，一棵美丽的树。它的身躯自然而幽美感地伸展着，顺着空气，顺着泥土，顺着它想要的方向。它挺拔地站着，显示出勃发的生命力。它看着，感受着，这是属于一棵树的冥想曲。也许人来人往，也许空无一人，它永远默念自己的信仰。

重庆大学虎溪校区校内小径

再不见烈日蒸干流淌的汗水，球场少了浮躁的激情，转而换上深秋的沉静。不经意间，夏季的蝉鸣消逝，树木撤下浓荫。薄暮下的阳光穿透稀疏的秋叶，斑驳的光点随秋风变幻，编织一季秋的斑斓。

重庆大学虎溪校区后山

秋雨洗尽尘埃，画就一幅山明水净；秋风敲打寒叶，染出几树深红浅黄。交织在晴空下，秋色是一丝悠远的茶香，充满韵味；沉淀在空气里，秋色是一道缤纷的虹，流光溢彩。

校园山坡草坪上休息的人们

秋,是天涯断肠人的一声哀叹;

秋,是他乡漂泊者的满腹思念;

秋,也是父慈母爱之家的和乐之语;

秋,也是垂髫孩童脸上的纯真笑颜。

在一个阳光柔软的午后,在散着落叶与花香的草地上,玩一两个最爱的游戏,唱一两首最爱的童谣,听一两个古老的故事。童年,就应该这样无忧无虑地过。

网友点评:

@ Frigidité:很喜欢情人坡大树的那一张,满满的禅意。

@ Paul:好漂亮已经为自己一年后搬到老校区感到深深的担忧。

@ 番茄小丸子:待我回虎溪,领我去走银杏大道可好?

@ 韩束一叶子 - 申勇荣:

秋,是天涯断肠人的一声哀叹;

秋,是他乡漂泊者的满腹思念;

秋,也是父慈母爱之家的和乐之语;

秋,也是垂髫孩童脸上的纯真笑颜,

写得很好,写出了各类人对秋的感觉。

@ a 甘:喜欢秋的美,如梦如幻,喜欢走在金黄树叶飘落的街道上的感觉,喜欢那种意境。

@ 狂奔|勿语:图片里的景色太美,美得让人心生波澜,附图的文字也令人不禁在虚拟世界中失足,跌落回现实的唯美妩媚中来,虎溪必将伴我走过无悔的四

年。少年啊,不要让自己堕落了!

@би чамд хайртай!:现在才发现,以前看过的每一眼都成了过去!怀念不已!

@大鹏则刚:开学之初在重大玩了一圈,发现重大校园很大,很美,唯一就是没看到传说中的黑天鹅,这次终于看到了!超棒!画面和姿态都很美!赞一个!

@知了:大爱它的配字。

点评:秋天的重庆大学校园美成一幅画,而重大青年的摄影师们用相机做画笔记录下满园秋色。

【图集】重大美,暖冬再忆校园秋

文字:付彦博　曹偌琳　闫涵　蔡淑婷

图片:重庆大学团委宣传部视觉中心

扫码观看

导语

秋是安静的,在这个季节可以静下心来品味生活的每一段。

秋是喧闹的,也只有在这个季节才能尽情地品尝每一份收获的喜悦。

1

枝丫间的光影

泛黄树叶映出的流金,是阳光留下的吻痕。凋零的叶片带走了新绿,也带走了时光。斑驳的光影,交错的枝丫,在成为春泥之前,他们留下了自己最后的美。

旧城旁的红叶

几片霜红妆点一面墙,景色里藏着的是厚厚的故事,也许是旧城里曾仰头赏花的姑娘,也许是曾摸着粗糙的砖瓦走过那段路的游人,多少声叹息都湮没在花瓣末梢的墨色。

布满青苔的台阶

台阶上布满绿茸茸的青苔,那样鲜嫩,那样可爱。《陋室铭》有云:“苔痕上阶绿,草色入帘青。”咏一片青苔,颂一份心志,求一种超脱。“耻桃李之暂芳,笑兰桂之非永。故顺时而不竞,每来幽而自整。”飘飘乎如遗世独立之青苔,其与世脱俗的形象,坚韧不拔的品格令人折服。

湖畔的天鹅

小塘一方,汀兰几叶,白羽浮起清雾,踏碎两潭水波。青竹遮不住的是曲径的清灵,石径带着垂柳将影子投向水面。伫立水岸,遥望天边,清冷的色调渲染一方空灵,天也寂寥,水也寂寥。

凝视远方的猫

自然造物,有灵且美。和煦的阳光将一丛灌木映成仙境,凝望远方的小猫呀,你是否在寻找爱丽丝梦游时经过的身影?

草丛中嬉戏的猫

重庆的秋天,不只有草木凋零的凄清,也有方兴未艾的生意盎然。生活总喜欢给我们太多惊喜,比如它遇见了这丛芳草,比如我遇见了你。

天朗气清,惠风和畅。在这样一个深秋,漫步在一幢白楼周围,仰头看丝絮一样的云朵下,枫叶的金色书写着一个季节的故事。最是灿烂留不住,但曾经有一次邂逅,让叶子缝隙间落下秋日的光影跳跃在指尖,就已经无憾。

2

操场旁的石阶

日影斑驳,枝木婆娑。沧桑石阶在冬日暖阳下泛着柔柔微光,给过往的行人送去莫名遐想。时间的针脚停驻于这个安静的午后,洗去繁杂,褪却倦怠,让你我共度闲暇一刻。

航拍操场

蒙蒙雾霭遮不住远远群山,簌簌寒风吹不灭似火激情!冬日的操场依旧热闹,卸下沉重的包袱尽情奔跑吧,让嘉陵与山城见证这场青春的盛宴,这段难忘的峥嵘岁月!

缙湖湖畔的第二实验楼

缙湖之秀,秀于湖光,秀于山色。清晨,手捧一卷书,倚在小木桥上静静品味,疲倦时便抬眼远眺,倦意也随湖畔吹来的丝丝凉风而消失殆尽。缙湖还流淌着关于黑天鹅美丽的传说,仪态万千,命运多舛,逝者如斯,唯有达观。景情交融,缙湖令人心向往之。

从云湖远眺图书馆

岸旁，随风摇摆的垂柳悄然而立，袅袅婷婷的姿态宛若对镜梳妆打扮的少女。泛黄的柳叶蕴含浓浓的秋意，漫步柳湾，举目远眺，水皆缥碧。清风吹来，拂过澄澈无瑕的湖面，心也如湖水般平静、恬淡。淡泊明志，宁静致远。看湖水，便是看自己。

航拍建工馆的红墙绿瓦

赤红的砖瓦，浓密的树荫，冬，你慢些来。最美不过那扇小小的窗，最难忘不过那个星空璀璨的夜。你我攀上不高的平房，在微风里抚平内心的躁动。此时，心无旁骛；此刻，心静如水。

3

弹吉他的女孩

我和你一样,喜欢无人的秋日下午。云雾渐淡,天空渐蓝,阳光正暖,草坪正温,我们的影子渐渐变长,但我不愿时光如此流逝。想轻抚你的耳朵,想凝望你的眼眸,和你一起度过慵懒的下午。你今天格外安静呀,不知你是否和我一样有所思呢?

秋日中总是想放慢脚步,在柔软草地上等待和你的相逢。低头站着的你啊,你和秋天一样温柔。你从何处而来呢,是林中来的吗?天气渐冷,快回家吧。让动作和时光都再慢一些,待我举起相机,让此刻的美好长存。

抚摸可爱的宠物狗

秋天啊请再长一些,叶子啊请再慢些飘落。请再给我些时间,让我为秋日写一首歌,让我用音乐留住,沐浴暖阳的温暖秋日。和暖日光中,林间微风下,吉他弦动，弹出阳光的温度，奏出黄叶的声音。轻快温柔，那是秋天的旋律。

女孩与宠物狗

自古逢秋悲寂寥，我言秋日胜春朝。秋日绝不是肃杀萧瑟、生机渐衰，更是骄阳之明亮，运动之热血。且看身形健硕，动作勇猛，标枪欲发，刺破长空；那是闪耀秋阳下，生命迸发的力量。

湖畔桌椅看书的情侣

柳色和着晨曦，你饮尽一杯清晨。纸页的气息里踏一束阳光，何妨书海一徜徉。那一刻世界安静得只剩下你的呼吸，时间仿佛停滞在这一秒。池塘借芳草，兰芷袭幽衿，劝君惜取少年时。

扔标枪的运动员

不必浪迹天涯，不必轰轰烈烈，在柔和的阳光下感受自然，也在美好的清晨选择努力。安安静静，脚踏实地，奋斗才是青春最美丽的样子。

4

枯萎的荷花(一)

万籁俱寂，草木枯竭，灰褐卷曲的骸骨诉说着寒风凛冽与苦苦煎熬。尚存的一抹绿意不甘离去，茕茕孑立于冬之序曲的开篇音节，为低沉的篇章注入一丝希冀。严冬带来生命的流逝，却也为新的开始埋下伏笔。

枯萎的荷花(二)

秋之荷,盛季已过。昔日的风姿绰约已恍惚不见,眼下风烛残年、枯黄衰败的景象令人唏嘘不已。"留得残荷听雨声",李义山之诗句一改秋日的悲怆,以其宁静温馨的笔调打动人心。残叶枯梗,实际上是荷的一种坚守,一种在逆境之中的温柔与倔强。读懂了残荷,也便读懂了人生。

网友点评:

@旭日东升:好美哇,我要哭了。

@主义:陪你在虎溪的街道走一走,路过春夏与秋冬,每一个角落都是点滴回忆。

@豆子:虎溪很美,以后要常回来看看!

点评:冬日的重庆虽不至苦寒,倒也是略显湿冷,重大青年的摄影师们在冬日发布了一组校园秋意图,让温暖的秋再次回到我们的心中。

重大校徽迎新年

图文:李裕强　王正源　周炜然

扫码观看

还记得上次萌萌的
重大校徽表情包吗
新年将至,当然也少不了
我们的重大校徽
重庆大学在此
送上新春的祝福

校徽设计:恭贺新禧

年味是什么?爆竹、春联、年夜饭?一年的辛勤劳作,无数的阴晴圆缺,这样的祈求,那样的想念,在这岁末的钟声之中融进了一句“恭贺新禧”的道贺声中。一个福字,就足以让千家万户不后悔一载风霜。千言万语不如你——重大为你祈福。

校徽设计:门神

驱邪辟鬼,卫家宅,保平安,助功利,降吉祥。新春之际,家家户户的门前自然少不了门神。《礼记·祭法》云:王为群姓立七祀,诸侯为国立五祀,大夫立三祀,适士立二祀,皆有“门”“庶士、庶人立一祀,或立户,或立灶”。先秦以来,上自天子,下至庶人,皆崇拜门神。这新的一年有了门神镇守家门,一定平安顺利。

校徽设计:庙会

庙会是古典的狂欢,是民俗的沸腾。祭神、祁子,数来宝、高跷等演出,洋溢着浓浓的古典民俗味,增添了丰富的年味。空竹、扑扑登、走马灯等民间玩具让人眼花缭乱。感受最纯粹最原始最古老的中国年味,怎么可以少了庙会呢?

校徽设计：鞭炮

爆竹声声辞旧岁，伴随着隆隆的鞭炮声，重庆大学在此送上新春的祝福！红色的鞭炮点燃了火红的激情，更驱散了灰色的阴霾。一切都在发生着蜕变，新年的希望仿若也在天空轰然作响，新的一岁，新的希望，新年的斗志在阵阵鞭炮声中也显得越发浓烈。

校徽设计：春联

“喜气临门红色妍，家家户户贴春联。旧年辞别迎新岁，时序车轮总向前。”每逢春节，春联自然是必不可少，辞旧迎新，迎接新年的到来。万象更新之际，重庆大学也在渐渐走向成熟。数风流，还看重大今朝。

校徽设计:灯笼

张灯结彩,薪火相传。红色的灯笼迎来了一批又一批重大学子,又送走了他们,它瞩目着重大点点滴滴的变化,看着这文化的继承和发展,看到重大的校园创造出一批批优秀的人才,这不仅是文化的团圆,更是点亮了社会的未来。

校徽设计:高跷

腿绑高跷,在音乐的伴奏下翩翩起舞,舞姿雄健,激动人心。踩高跷,闹新春,重庆大学在此希望大家在新的一年步步高升。站得越高,看得越远,这便是来自踩高跷的鼓励和祝福。高跷,舞出人们心中的喜悦,也舞出了人生。

网友点评:

@肖铁岩:祝“锋哥”新春大吉,再接再厉!

@wuhao:珍惜韶华,用青春铺路,让理想延伸。新的猴年继续努力,像猴子一样机灵、勇敢、有为。

@冯珺:全年无休的锋哥新年好呀!

@主义:新年校徽 hin 好看,锋哥新年快乐。

@陶宁:首先祝锋哥团队猴年大吉,衷心希望锋哥团队为更多的重大青年创作出更多正能量的作品。韶光易逝,重大紧张而充实的生活将是永恒的回忆。衷心祝愿重大青年成为祖国建设的前锋!

点评:校徽迎新年,重大青年的小编们脑洞大开,我过年的习俗融入校徽制作的套图,在年关发布,新奇又充满创意。

游在重庆

重庆夜景

“不览夜景,未到重庆”,没有领略过重庆的夜景绝对是一大遗憾。独特的城市风貌,让人无论站在哪个位置,都能欣赏到层层叠叠的灯光。重庆的夜晚,被万家灯火和闪烁的霓虹点缀得梦幻又璀璨,倒映在波光荡漾的江水里,错落有致。

如果说北京、上海的夜景是一种“大气“,那么重庆的夜景则是一种“感动”!“两江游”是一个巧妙地将重庆的山水与闻名天下的重庆夜景相结合而成为城市名片;是一个让外界直观、立体、动态、全方位、近距离、了解认识重庆、展示魅力重庆的最佳窗口,乘游船夜游两江,犹如在星河中畅游,两岸灯火通明,星月华灯倒影水中,江水悠悠,江风轻拂,清茶淡酒,一洗世间烦恼。云流影清,流光溢彩,火树银花,万家灯火,天河群星,交相辉映……当重庆夜幕降临,所有形容世间温暖的所有让人感激生命的词都成了它的描述!

重庆解放碑夜景

重庆是一座凝结了红色精神与无数历史尘雾的城市，而今在鳞次栉比，密不透风的高楼中耸立着的解放碑显得有些矮小了，但恰好是对历史的一个交代。

解放碑之于重庆，就像王府井之于北京，北京路之于广州，南京路之于上海，春熙路之于成都一样。解放碑展示重庆独有的都市形象，集逛街购物、娱乐、小吃于一体。这里是重庆的 CBD，更是这座城市的时尚高地，最让人目不暇接的是出没在重庆时尚风口浪尖上的重庆美女。于是在解放碑打望重庆美女成为很多外地人的幻想，自然更不虚此行。就凭这一点，就足以将其推上重庆十大旅游目的地前三的宝座。

朝天门广场夜景

朝天门广场就修建在码头的上面,远看朝天门广场就像一艘扬帆远航的巨轮,气势磅礴,因此朝天门广场也被称为重庆的泰坦尼克号。站在广场上,可以看到两江交汇,黄色的长江水与碧绿的嘉陵江水在交汇处泾渭分明,形成了一道独特的景观。

伴随西部大开发,重庆大发展的力度加大,以朝天门为中心的区域正在经历一场华丽的巨变。为了抢占两江汇合的绝佳景色,紧挨着朝天门而建的地标性建筑犹如雨后春笋一般冒了出来。首先是南滨路,然后是重庆大剧院,再后是洪崖洞,现在是喜来登大酒店。在经历了这场巨变之后,朝天门广场渐渐成为了配角。孰知,这丝毫没有减缓朝天门的人潮涌动,反而加剧了这一现象。过去人们来重庆看朝天门,现在人们来朝天门看山城。

磁器口古镇门口

磁器口最早的名字叫白崖场,始于宋真宗咸平年间(998—1003 年),因为这里曾有一座白岩寺而得名。据说:明建文四年,建文帝朱允炆被其四叔朱棣篡位,从地道仓皇逃出皇宫后削发为僧,浪迹天涯。当他流落到巴蜀一带时,曾在白岩山上的宝轮寺隐匿长达四五年。后来,世人知道事件真相,就以皇帝真龙天子曾经隐居在此的事实而将宝轮寺改名为龙隐寺。如此这般,白岩场也被改称为龙隐镇。这个龙隐寺的香火从此更加旺盛,成为川东远近闻名的古刹。

现在的磁器口其实是远近闻名的重庆小吃街,各种美食应有尽有,价格还相当便宜。小至辣口羊肉串、祖传凉粉,大至久负盛名的古镇鸡杂、陈麻花几块十几块都通通拿下，基本上重庆特色小吃一个也不会少，实属吃货们的天堂。

南滨路夜景

在国内除了上海和香港，还很少有能够隔水观城的地方，南滨路就是这样一个能够将山城巍峨的立体感展现得淋漓尽致的地方。尤其是夜晚，行走在南滨路江边，吹着江风，看着五光十色的朝天门，“重庆之夜越夜越美丽，越夜越动心”这句话会深深地刻进你心里。还有沿江而建的小酒吧，都是比较安静的那种，艳遇指数很高。

罗中立美术馆外观全景图

罗中立美术馆是重庆市最大的美术馆，坐落在川美新校区虎溪公社旁。

整个美术馆建筑群像是围合式院落，空间灵动而自由，外立面被巨大彩色图案所覆盖，斑驳色调极为炫酷。与传统壁画不同，罗中立美术馆外墙壁是用无数块彩色的碎瓷砖一块块拼起来的，而不是油彩，这些瓷砖是到各个工厂里去收购的废弃品。

如果美术馆碰巧没有开放的话，游览川美也是一个不错的选择哦。

洪崖洞夜景

洪崖洞是逛山城老街、观赏两江风光、品尝当地美食的好去处。在解放碑吃完晚饭，便可迈着悠闲的步伐来看洪崖洞的夜景——夜晚，重庆洪崖洞夜景奇幻美丽，仿若宫崎骏电影《千与千寻》中那条不可思议之街，引人入胜。

洪崖洞有一楼是美食街，里面有凉糕、凉虾、漂亮的冰淇淋，还有特色的糍粑和各式各样的小吃，绝对是吃货旅游不可不到的景点！

千厮门大桥夜景

领会完洪崖洞的美景后既可以过个马路去嘉陵江边看看美景，吹吹江风，拍拍照，真的很美的！

长江索道图

长江索道起于渝中区长安寺，横跨长江至南岸区上新街。

重庆长江索道，最适合解读重庆“立体交通”与“山城外型符号”。乘坐过江索道，除了可以欣赏两江美景外，还可以从索道上俯瞰洪崖洞、湖广会馆、南滨路等著名景观，是一种新鲜感十足的体验。

洋人街部分场景

重庆洋人街位于重庆市南岸区的弹子石附近,濒临长江之滨,风光怡人,欧美风情,无论刺激还是梦幻,洋人街全都有。

在洋人街中,各类小吃同样令人垂涎三尺,是周末休闲娱乐佳地。小编给你推荐美心洋人街嘉年华的面包和酸辣粉还有冰淇淋,都很便宜美味,而且分量也非常足哟!

动物园一角

重庆动物园位于九龙坡区杨家坪,公园山丘环绕,竹木茂密,绿草如茵,繁花似锦,碧绿的桃花溪绕园流淌。动物馆 20 多处,饲养动物 150 余种、1200 余只。

记得带上学生证,更有半价优惠。动物园内没有什么吃的,小编建议大家自带小零食以备不时之需。

武隆山一角

武隆以其江南独具魅力的高山草原,南国罕见的林海雪原,青幽秀美的丛林碧野景观而誉为“南国第一牧原”和“东方瑞士”。其旖旎美艳的森林草原风光独树一帜,特别适合夏季避暑、冬季滑雪。

骑马、射箭、放风筝、卡丁车、越野车、滑翔伞、滑草等游乐项目,构成茫茫草原上跳动的生命旋律。伴随着欢乐的气氛、悠扬的歌声,鲜美的烤羊,想来你的身体已经融化在这连绵的草原梦境中了吧。

重庆火锅“九宫格”

不是很能吃辣的朋友记得带点健胃消食片和降火药。因为重庆火锅真的很辣!

防晒霜一定不能忘记了! 还可以带点基础的防暑药品,现在的重庆还是很热的啦!

要爱护文物古迹,重庆很多景点都具有悠久的历史,应自觉爱护文物古迹和景区的花草树木,不要任意在景区、古迹上乱刻乱涂。

轻轨几乎能到重庆城区里的所有景点,所以这是首选的出行方式。如果有三四个人也可以选择网约车,不过要注意安全哦。

点评:“你好,我是来自重大的锋哥,这是为你精心准备的一份重庆出游攻略。”本文介绍了包括千厮门大桥、重庆洋人街等重庆较为知名的景点,都是假日里出行时的好去处。本文为当地人及初到重庆的游人们提供了一份靠谱的假日出行指南。

原创摄影作品征集|我和重庆的二十年

扫码观看

古时,世人有生花妙笔,落笔便是万千繁华。而今,手中的相机能以更加生动的方式记录下世间的美好。重庆,一座古老而又独特的山城,特殊的地形使它拥有别样的魅力。行走于重庆街头,所见所得,皆为美景。

无论是十八梯上下的老重庆还是光影重叠的两江光景,无论是阴雨天的风云变幻还是难得晴好的万里长空,都是这世界上无与伦比的美。时值重庆直辖20周年之际,重庆大学团委举办了“重庆——我和重庆的20年原创摄影作品征集大赛”。

以下是部分获奖作品。

从你的全世界路过　庞佳能

一直在追的重庆　朱赫

旧貌新颜 王舒展

奔向黄金城 姜楠

不一样的山城 姜楠

千厮门 姜楠

上下城　吕洁淳

上下城　吕洁淳

千厮门入夜　宋睿敏

华灯初上,火树银花　杨磊

重庆夜　蒋铭心

老重庆　杨雨蓉

老重庆　杨雨蓉

山城记忆　袁方

灯火辉煌时　马思源

重庆印象 蒙泓延

送货 孟自蹊

疾驰的列车 周郅璨

山城日与夜　姚鑫

长江索道　唐晓汐

山城母亲 李令

重庆有你 孙祺玮

晚安重庆　谢腾

大美重庆　蒋沛银

山城索道　颜家智

学生感言

校刊《重大青年》第49期，十周年特刊的卷首，我的师兄师姐写下“校园传媒是一种信仰，而《重大青年》是我们的信仰”。

《重大青年》杂志创刊于2000年三校合并后，曾经陪伴了一届届师兄师姐成长，后来随着新媒体技术的发展，纸媒杂志暂时停刊了。2014年3月17日，“重大青年”公众号上线，这天，重大学子自己的媒体，跨越时空，以一种新的形式在网络空间重现。

“重大青年”公众号运营伊始，仅有一个板块的内容，作为一个专门做青年专访的公众号面世。过去的14年，我们不定期的更新，影响有限，但我们始终在青年专访的路上走着，阅读量上百都会高兴的不行。那段时间运营团队的大家晚间发完内容，就隔一段时间点开看一下阅读量，疯狂的在自己的朋友圈、微信群转发，从几十、到几百、到几千，甚至上万，从纸媒到新媒体，从光辉到黯淡，从消失到重新，每个人心中的校媒信仰，支撑着我们。

如今，四年过去了，公众号的运营团队换了一批又一批，“重大青年”公众号也从青年专访一个板块内容转变成拥有丰富内容和形式的综合性校媒公众号，

创刊、创公众号的往者“经历了数不清的跌倒，承受了忘不了的失落，踏过泥泞坎坷，走过风霜雨雪，依然秉承着曾经的追求”，望来者亦能始终怀有“校园传媒是一种信仰”的心。

张璇　2011级　学生团队负责人

大学有这样那样的活动，五彩缤纷的社团，我也曾憧憬着这样的大学生活，军训完的第一件事情就是要加一个社团，我要好好的享受大学生活。在一食堂东广场的寻寻觅觅，无心的一瞥，让我与团委宣传部结缘。

“同学，来看看吧！加入我们，可以充分锻炼你的能力。”美丽的学姐说道。

我看了看部门介绍，尴尬的说道“可是我什么都不会啊。”

“什么都不会就来办公室吧，我看你身体挺壮实的”一位学长笑着说。

“这……”,在我犹豫的时候学长递来一张报名表,“填表吧”

于是我就报了办公室和新媒体,经过笔试面试,我到了新媒体中心。

万万没想到我一个不会拍照,不会写稿,连微博微信都不常用的人竟然能在宣传部待下来,一待就是四年。

我们做的第一个微信公众号叫做重大焦点,当时没有经验可以参考,团队的每个人就关注各种各样的公众号,每天从各处收集素材来发布。经过这样几个月的锻炼、磨合。同时又发挥我们做人物专访的优势。大家推出了新的公众平台——重大青年。后来制作更多的网络文化作品,我们成立了前锋网络文化工作室。

大学是一个文化包容的地方,各个地方的同学聚集在一起,每个人都有自己的特点,每个人身上都有浓浓的地域特色,似乎要形成一个集体很困难,可是因为共同的爱好目标,大家聚集在了一起。

大家都说,岁月让人成熟,毫无疑问时间会改变我们,至少让我们容颜苍老,而环境更是能塑造我们的性格,在宣传部的几年改变了我很多。每天的微信编辑审核工作,把我从小鲜肉熬成老腊肉;把一个做事情马马虎虎的我变成了细心严谨我;把一个讨厌看书的我变成乐于阅读的我:把经常逃避责任的我变成了勇于承担的我;把一个不善言辞的我变成伶牙俐齿的我;把一个怯场胆小的我变成侃侃而谈的我。真正把我塑造成了有理想,有追求,有担当,有作为,有品质,有修养的六有大学生,把我培养成了朝气蓬勃,好学上进,视野宽广,开放自信的当代大学生。

杨霄　2013级新媒体中心学生干部

转发:“团支部合唱比赛投票请投团宣一票!”

评论:“你居然胳膊外拐不帮自己班拉票!”

回复:“团宣是我大学第一个家。”

与“重大青年”四字的结缘始于军训,携笔从戎做个文兵,我们通讯员的供稿对象是“重大青年”。前辈告我们,通讯员一般在军训后会被纳入校团委宣传部,心有兴奋,自己有归属了。虽说每一位新生都已成为重大青年,但这四个字于我们而言早有另一层含义, 家的概念,也始于那个不大却足有亲切尺度的办公室1817。

而后是奔走校园,以重大青年的身份记录重大青年们的故事于“重大青年”。一份稿件,从起笔到署名都富于仪式感:在一个集体,与一群志趣相投的人一起,做一些有意义的事。拨开繁忙的学业,写些文字存在一个文件夹,密密数篇,满是成就感,而文件夹的命名也象征着自我的归属。

最初的“通讯员情结”也逐渐变成“重大青年”多层含义的身份认同感。首先是重大青年,此外,我也是“重大青年”。我很骄傲,团宣是我大学第一个家。

卢星宇　2014 级新闻中心学生干部

不知不觉中,我与“重大青年”已共度了两年的时光。

2015 年 9 月,我以重庆大学 2015 级军训师通讯员的身份第一次接触到这个平台。时值军训,我作为文字记者,和摄影记者一起,以平均每天七公里的速度在校园奔走,寻找可供采访的素材。一个月的工作和学习,让我迅速爱上了这个集体,在军训结束后,我果断地参与了报名,经过选拔,正式成为重庆大学校团委宣传部新闻中心的一员。

军训结束后,团委宣传部的工作也进入了新阶段。作为学校官方宣传平台,我们对所有重大会议进行跟进记录,并及时将会议内容和精神向同学们传达。同时,为了更好地贴近学生群体,我们组织了多次人物专访,对学生中的优秀个人、群体进行采访,分享他们的经验和感悟。除了校内的大事小情,对于国内外发生的时事热点我们也会及时报道,并勇于评论,发出专属青年的声音。

我是一个文学爱好者,喜欢“琴棋书画诗酒花”的小资情调。但回头看看之前所写的文字,总有“为赋新词强说愁”的牵强之感。而在“重大青年”参与文字工作给我最大的改变,便是在文字的力度上,抛去了漫无边际的空中楼阁,立足现实从而更具力量。

随着新成员的不断加入,我们在改变,“重大青年”也在改变:新增夜读板块,名人名家朗读学生作品;文字专访与视频相结合,多维度展现学子风采;新增书评栏目,增加与同学们的互动……挥墨成翼,以梦为马,尽志无悔,青春万岁。非常荣幸参与了“重大青年”的成长,愿我们可以拥有更加美好的未来,复兴民族兮,誓作前锋!

程雅妮　2015 级新闻中心学生干部

时间一闪而过,转眼间,一个学年即将结束,我在团宣也有了将近一年的工作体验。在这段时间里,我有着众多的收获,无论是实践能力的提高还是人际交往的拓展,都让我对这段经历满怀欣喜与感激。

第一学期纳新时,出于好奇也出于向往,报名加入了团宣办公室,在之后的工作中,学长学姐的指导与帮助,同级伙伴的合作与关心,让我在一路温暖的陪伴下获得了许多的成长。在这里,我学会了如何进行工作安排,如何做好幕后支撑,懂得了如何与别人交流,也明白了怎样才能高效地完成工作,同时对时间的协调和对任务的统筹能力也有了很大的提高。

在一次次的活动中,我不仅感受到了团宣的能力与活力,同时也感受到了团宣的可爱与温暖。我们也暗自庆幸着,有幸能参与团宣与重大青年的成长,亲眼看着它一步步由优秀走向更优秀。创新与前进是重大青年的标签,也是我们为自己设立的目标。尽管现在的我还是有着很多的不足,但我相信,压力总会有,重要的是能顶住压力步步努力,才能不断进步。希望能在今后的工作中能与团宣、与重大青年一起,获得更多的进步与发展。

张玉琳　2016 级办公室学生干部

记得第一次见到团宣的我,内心满是不安和焦虑,身边负责宣传的同学一直为我打气,鼓励我积极参与。而一转眼,我与她相处已经快要一年了,从初识的陌生,到相知相熟,我不仅“打开了新世界的大门”,认识了很多优秀的学长学姐,还懂得了各方面的道理。我懂得了要与时俱进,紧跟时代步伐;懂得了为人处世要友善与他人相处,多多站在他人的立场思考;懂得了自己负责的任务就要认真完成,负责到底;懂得了语言也需要很多技巧,且是需要从不断的实战训练中磨练出的。我也逐渐明白,与时俱进才能不断开阔自己的视野;明白虽需要为他人着想,但也需要坚持自己的原则;明白做事时从开始就要专注,尽量减少出错的机会;明白与他人交流其实并没有想象中那么困难。

在团宣的这一年仲,我感触最深是团宣勇于创新、不断向前、与时俱进的精神,我深深敬仰这样的精神,并将其当作自己的目标,努力前进。只要顶住压力勇敢地向前迈步,就能够获得自身的进步与提高。希望自己能够继续加油,也祝愿团宣及重大青年能够越办越好!

刘畅　2016 级办公室学生干部

从 2016 年 9 月踏入大学校园以来,一直到现在的大三,我的大学生活和重大青年紧紧地联系在了一起。对于我来说,重大青年,亦称团宣,是我大学里的第一个家。这里一起奋斗的同学们对于我的影响甚至超过了我四年的同班同学。刚进重大青年的时候认识了很多才华横溢的学长学姐,他们利用自己的课余时间指导我们如何写新闻稿和采访,教我们摄影和修图,制作微信推送。大二时时候结识了一批快乐活泼又充满创造力的学弟学妹,还有大三时带领着的想象力丰富,极具才华的零零后们。我很幸运,自己能够一直留在这样一个充满活力与正能量的部门里继续工作。重大青年,誓作前锋!

吴礼波　2016 级新闻中心学生干部

后　记

“复兴民族兮，誓作前锋”是《重庆大学校歌》的歌词，“重庆大学前锋网络文化工作室”因此以“前锋”命名，意味着继承先辈们的志向，勇往直前，勇当先锋。互联网已经是人们生产生活的环境，大学生是网民群体中的先进力量，理应成为互联网时代的前锋和文明的推动者。

内容建设是网络文化建设中的核心部分，只有做好了内容建设，才能增强凝聚力、吸引力和影响力，才能实现思想政治工作的传统优势和信息技术的高度融合。在内容建设的过程中，需要把握两个关键点，一是要注重引导。要把我们社会主义核心价值观教育、理想信念教育等方面的内容落小落细，融入到各种形式的文化作品内容创作中去，增加内容的灵魂和力量。这需要学校组织专门的教师力量进行研究和引导，巧妙地利用不用的形式、不同的时间点，把思想教育的“盐”融入到各种“菜肴”中去。二是要发动力量。学生是校园的主体，也是网络文化建设的力量之源。要构建一个充满活力的激励机制，形成一个良好的生态，让学生能够心领神会地充分发挥主观能动性，以他们喜欢的话语体系和表达方式，源源不断生产好作品。这两点是我在主持前锋网络文化工作室建设期间的收获和体会，我们因此生产了很多作品，得到了师生校友的好评，还荣获了第九届全国高校校园文化建设优秀成果特等奖，这是对我们极大的鼓励。未来，还要继续探索和积极工作，发扬前锋精神。

这本书主要汇集了前锋工作室创建和成长阶段（截止 2017 年）的部分成果，每一个作品都饱含了我和同学们的辛劳。由于是网络平台作品，因此形式比较活泼，网言网语的特点比较突出，创作和发布在短时间完成，有的内容还不够严谨，请读者朋友们批评指正，我们还将在后期的建设中不断加强完善。这本书同时也是我主持教育部人文社会科学研究专项任务项目（高校思想政治工作）《优秀校园网络文化作品生产引导机制研究》的实践成果，理论研究和实践相互作用，才能推动工作提升科学化水平。

感谢冯刚、肖铁岩、王旭、胡学斌、凌晓明、陈科、李成祥等领导对前锋工作室给予的关心指导，在本书的编辑整理过程中，姚璐参与了协调工作，张璇、杨霄、李佳遥及其他编委同学参与了书稿的整理，秦轩、包晗参与了书稿的创意及后期校对工作，感谢他们的辛勤付出和对本书的贡献。感谢前锋网络文化工作室全体同学的努力工作。

谨以此书献给奋斗的青春和重庆大学九十周年校庆。

吴昊

2018 年 10 月于重庆